问学：思勉青年学术集刊

执行主编
李文杰 刘彦文

编委会
李文杰 刘彦文 张春田 张子立 朱佳峰

学术委员会
陈大康 刘永翔 茅海建 沈志华 谭 帆 童世骏 王家范
许纪霖 严佐之 杨国强 杨国荣 杨奎松 郁振华 张济顺

第 2 辑

华东师范大学
思勉人文高等研究院 编

生活・讀書・新知 三联书店

Copyright © 2020 by SDX Joint Publishing Company.
All Rights Reserved.
本作品版权由生活·读书·新知三联书店所有。
未经许可，不得翻印。

图书在版编目（CIP）数据

问学：思勉青年学术集刊. 第 2 辑／华东师范大学思勉人文高等研究院编. —北京：生活·读书·新知三联书店，2020.1
ISBN 978 – 7 – 108 – 06617 – 6

Ⅰ.①问…　Ⅱ.①华…　Ⅲ.①人文科学－文集
Ⅳ.① C53

中国版本图书馆 CIP 数据核字（2019）第 095939 号

特邀编辑　孙晓林
责任编辑　冯金红
装帧设计　蔡立国
责任校对　陈　明
责任印制　宋　家

出版发行　生活·讀書·新知 三联书店
　　　　　（北京市东城区美术馆东街 22 号 100010）
网　　址　www.sdxjpc.com
经　　销　新华书店
印　　刷　北京隆昌伟业印刷有限公司
版　　次　2020 年 1 月北京第 1 版
　　　　　2020 年 1 月北京第 1 次印刷
开　　本　720 毫米 × 1020 毫米　1/16　印张 13
字　　数　203 千字
印　　数　0,001 – 3,000 册
定　　价　42.00 元

（印装查询：01064002715；邮购查询：01084010542）

目 录

曾国藩和传统文化 / 杨国强　1

清中叶牛痘法的引进过程与广东行商的作用 / 朴基水　24

属国名分辩 / 王元崇　53
　　——1876 年中日交涉朝鲜地位问题再研究

试论 17 世纪后期清朝的对俄政策 / 郭黎鹏　109
　　——以《尼布楚条约》的签订始末为中心

"不臣天子"：汉晋之际礼制与经典诠释中的王权观念 / 何繁　135

旧诗视野中的王国维之死 / 李景疆　151

吉泽诚一郎教授访谈录 / 戴海斌　186

曾国藩和传统文化

杨国强（华东师范大学思勉人文高等研究院教授）

> **内容提要** 清代自嘉道之际始，士风渐变，经世思潮兴起，学术思想和社会思想在逐渐变化。曾国藩从"时文帖括之学"取科名的士子，受湖湘学人风气的陶铸，以道德主义和功利主义胶合，代表儒学"诚意、正心、修身、齐家、治国、平天下"的理想境界，并使之更富有吸引人心的力量。在时势逼迫之下，曾国藩的经世之学又变为传统文化中率先与西方文化交汇的部分。正由此而得以"小试其锋"。结果便产生了异乎传统的另一种教育机构，制器、练兵、办学堂，成洋务事业之大端。由经世延伸而入洋务，使之成为传统文化的最后一个代表，同时不自觉地成了否定传统文化的历史中介。
>
> **关键词** 曾国藩 传统文化 晚清士风 经世之学

一 传统文化的最后一个代表

自嘉道之际始，晚清士风渐变。乾嘉诸儒"饾饤琐碎"近百年后，经世致用思潮蓬蓬然而起，促成了学术思想和社会思想的丕变。

曾国藩由"时文帖括之学"取科名[1]，呼吸于学术思想和社会思想丕变之时。

---

1 黎庶昌：《曾国藩年谱》，岳麓书社，1986年，第2页；《曾国藩全集·家书之一》，岳麓书社2011年，第86页。

他出自湖湘而受湖湘学人风气的陶铸，矜矜然以"效法前贤澄清天下之志"自别于流俗中人；[1] 他入于词垣而处京华儒林之中，得人文荟萃以破启一个山国士子持"无本之学，寻声逐响"[2]的孤陋，于是而有齐一变至于鲁，鲁一变至于道。

他曾自叙说："仆早不自立，自庚子（1840）以来稍事学问，涉猎于前明本朝诸大儒之书而不克辨其得失。"闻"桐城姚郎中鼐之绪论"，始开闭塞，而有所谓学问之取径，是以"国藩粗解文章，由姚先生启之也"。[3] 姚鼐是桐城派宗师，以文鸣于乾嘉之世，而意不仅仅在于文辞之间，"其论文根柢于性命"，"探原于经训"，多近宋儒宗旨，以为"必义理为质，而后文有所附，考据有所归"。[4] 曾国藩师法姚鼐，无疑于词章之学受益孔多，但桐城派以因文见道为家法，他所有会于心的是一种"立言"境界。因此，他一生不能忘情于诗文，而笔下多圣贤，少逸致。由姚鼐之教，曾国藩浸淫于词章而结缘于性理；稍后，他从唐鉴"讲求为学之方"，得"唐公专以义理之学相勖"，将携以入宋（理）学之门。[5] 宋学迂阔，然而它迂阔的道德主义中含结着儒学古老而又常新的人生理想。曾国藩"以朱子之书为日课"，[6] 摸索于形而上的"格物致知"。"理一分殊"之中，正体现了这种理想感召人心的力量，感召人心的东西同时又锻淬人性，"其为日记，力求改过，多痛自刻责之言"，[7] 甚至丑诋及于梦寐：

> 座间，闻人得别敬，心为之动。昨夜梦人得利，甚觉艳羡，醒后痛自惩责，谓好利之心至形诸梦寐，何以卑鄙若此！方欲痛自湔洗，而本日闻言尚怦然欲动，真可谓下流矣！与人言语不由中，讲到学问，总有自文浅陋之意。席散后闲谈，皆游言。[8]

刻责之下，几无生人之乐。从这里走出来的人不会是一个假道学，他因之而终身都保留着浓重的理学气味。直到二十多年之后，刘长佑还以"做过圣贤功夫"

1　黎庶昌：《曾国藩年谱》，第5页。
2　《曾国藩全集·书信之一》，第5页。
3　《曾国藩全集·书信之一》，第7页；《曾国藩全集·诗文》，第152—153页。
4　《曾国藩全集·诗文》，第205页。
5　黎庶昌：《曾国藩年谱》，第7页。
6　同上。
7　同上。
8　《曾国藩全集·日记之一》，第116页。

亟称之。¹ 曾国藩接受了宋学的性命义理之说，但汉宋交争，多士群鸣，处风会所扇之中又会使他抉破宋学的褊狭。道光二十六年（1846），他寓居城南报国寺，由日见顾炎武祠而遥想"亭林老子初金声"²，赞其音训之功，对于音训的赞叹，流露了一种涉足汉学之想。几年以后，他遂"好高邮王氏父子之说"³，渐得考据章法。曾国藩迟窥汉学门户而又犁然有当于心，以为"欲读周汉古书，非明于小学无可问津"。有志于学者，"不可不一窥（顾炎武、阎若璩、戴震、江永、钱大昕、秦蕙田、段玉裁、王念孙）数君子之门径"。在他的教子书中，汉学是一个大题目："望尔辈为怀祖（念孙）先生，为伯申氏（引之），则梦寐之际，未尝须臾忘也。"⁴

以孔学为主流的传统文化，在其二千年的历史演变中曾表现为由原始儒学而汉唐经学；由汉唐经学而宋明理学。它们各自有过自己的合理性和必然性，但又先后替代，显示了各自的别有义蕴，而后的"有清二百余年之学术，实取前此二千余年之学术倒卷而缫演之"。⁵ "倒卷而缫演"不过是二百余年对于二千余年的总回顾。曾国藩出入于汉学和宋学之间，由汉学以通"经"，由宋学以通"理"，这个过程会产生对儒学精神富有深度的理解。一方面，在守一家成说者断断于伐异的地方，他看到了不同义蕴中的本来价值，因此，"国藩一宗宋儒，不废汉学"。以此视当日"讲理学者，动好评贬汉唐诸儒而等差之，讲汉学者又好评贬宋儒而等差之"，皆"狂妄不知自量之习"。⁶ 另一方面，熟见"汉宋二家构讼之端"，又使他深憾于"后之见道不及孔氏者，其深有差焉，其博有差焉"。深和博的"有差焉"说明了汉学和宋学不能尽惬人心。它触发了不甘自囿于汉学和宋学的意识："窃不自揆，谬欲兼取二者之长，见道既深且博。"⁷ 其中骎骎乎有着超越汉唐宋明，追溯道之大原的深意，这种深意里包含着向原始儒学归复的趋向。

---

1 转引自《清代通史》，下卷，中华书局，1986年，第796页。
2 《曾国藩全集·诗文》，第52页。
3 《曾国藩全集·家书之二》，第3页。
4 同上；《曾国藩全集·家书之一》，第426、404页。
5 梁启超：《清代学术概论·自序》，中华书局，2011年，第2页。
6 转引自钱穆：《中国近三百年学术史》，中华书局，1986年，第585页；《曾文正公手书日记》，同治七年三月二十五日。
7 《曾国藩全集·书信之一》，第8页。

但儒学并不仅仅是一种学术。就其本义，它"是道也，是学也者，是治也，则一而已矣"。[1] 从道光十八年（1838）到咸丰二年（1852），曾国藩历经翰林院、詹事府、内阁，先后管礼、兵、工、刑、吏五部部务（侍郎），其间，他"于朝章国故，如《会典》《通礼》诸书，尤所究心"，"悉取则例博综详考，准之以事理之宜"。[2] 多方面的阅历使他"饱更世故"，目睹种种时病秕政，熟悉和了解了中国社会的多方面。由此产生的忧患意识曾一见于《应诏陈言疏》；再见于《议汰兵疏》；三见四见于《敬呈圣德三端预防流弊疏》《备陈民间疾苦疏》《平银价疏》。忧患意识反映了一个传统知识分子得自儒学的社会责任感："国藩从宦有年，饱阅京洛风尘。达官贵人，优容养望，与在下者软熟和同之象，盖已稔知之，而惯尝之，积不能平，乃变而为慷慨激烈、轩爽肮脏之一途，思欲稍易三四十年来不白不黑、不痛不痒、牢不可破之习"。[3] 这种社会责任感连接了"学"与"治"，使抱负孔孟之道者蒿目时事多艰，忾然有触于胸中之所积，走向经世致用。道光咸丰年间，中国社会正面临着近代化剧变。但在古老的传统尚未被时代波潮席卷而去之时，经世致用所寻求的出路不在未来，而在"三代"。所以，曾国藩处蜩螗当中，"退食之暇，手不释卷于经世之务及本朝掌故"。而深以为"经世之道，不出故纸之中"。[4] 比之龚自珍"药方只贩古时丹"，正可以见同一种文化造成的同一种社会心理。觅经世之道于"故纸之中"，从另一方面同样地表现了向原始儒学归复的趋向。

回归是思想史上常见的现象，但回归的结果从来不过是后人的重塑。曾国藩向原始儒学归复，他所省视的是"礼家"之言："先王之道，所谓修己治人，经纬万汇者何归乎？亦曰礼而已矣。"是以"六官经制大备，而以《周礼》名书"。[5] 在领会了儒学精神的多面意义和多种内容之后，他从"礼家"之言丰富的包容性里找到了用一元统摄多义的东西，"尝谓江氏《礼书纲目》、秦氏《五礼通考》可以通汉宋二家之结，而息顿渐诸说之争"。[6] 因此，回归的过程又会是由

---

1 《乙丙之际著议》之六。
2 《曾国藩年谱》，第12、16页。
3 《曾国藩全集·书信之一》，第413页。
4 《曾国藩年谱》，第18页；《曾国藩全集·书信之一》，第62页。
5 《曾国藩全集·诗文》，第152页；《曾国藩全集·诗文》，第410页。
6 《曾国藩全集·书信之二》，第730页。

"多"入于"一"的过程。他说:

> 有义理之学,有词章之学,有经济之学,有考据之学。义理之学即宋史所谓道学也,在孔门为德行之科;词章之学在孔门为言语之科;经济之学在孔门为政事之科;考据之学即今世所谓汉学,在孔门为文学之科。此四者缺一不可。[1]

以义理、词章、经济、考据对应孔门四科,同时是对于义理、词章、经济、考据的归一和统摄:"圣人经世宰物,纲维万世,无他,礼而已矣。"[2] 这种对应和统摄能否完全合乎孔夫子当初之意是可议的。但它显示了"姝姝自悦"于一先生之说的门户中人所缺乏的历史眼光。一方面,不同的儒术在对应于孔门四科之中"通结""息争",融为礼学内"缺一不可"的部分;另一方面,"古无所谓经世之学也,学礼而已"。[3] 古代"礼家"之言中的经世之意,因包罗了二千年儒学发展中结成的精致之物而近时务,成为晚清富有影响的经世之学。

"经世"和"经济"本是同义或近义之词。它们代表了传统文化中以实事求实功的一面,所以,嘉道之际和道咸以来,士大夫倡经世致用者多以事功为指归。严如熤撰《洋防备览》《苗防备览》《三省边防备览》;陶澍"治水利、漕运、盐政,垂百年之利";[4] 林则徐以河工、赈务、盐课施惠于当时,又以禁烟御侮留名于后世,皆其中之尤著者。而魏源助贺长龄辑成《皇朝经世文编》,则以此启一代风气。曾国藩并不漠视事功,常致力于"天下之大事,宜考究者凡十四宗:曰官制、曰财用、曰盐政、曰漕务、曰钱法、曰冠礼、曰婚礼、曰丧礼、曰祭礼、曰兵制、曰兵法、曰刑律、曰地舆、曰河渠"。[5] 但其指归则不仅仅在于事功。与同时代的经世论者相比,他多以"经济"称政事,而以"经世"名礼学,以表述两者狭义和广义的区别,广义的礼学把事功与义理、词章、考据连在一起,构成了曾国藩经世之学的内涵与外延。

他说:"自内焉者言之,舍礼无所谓道德;自外焉者言之,舍礼无所谓政事。"因此,"义理与经济初无两术之可分,持其施功之序,详于体而略于用

---

[1] 《曾国藩全集·日记之一》,第236页。
[2] 《曾国藩年谱·附二·墓志铭》。
[3] 《曾国藩年谱·附二·神道碑》。
[4] 《清史稿》卷379,第11608页。
[5] 《曾国藩全集·日记之一》,第246页。

耳"。¹ 以"体""用"论义理和经济,强调的正是道德主义与功利主义在礼学中的胶合。这种胶合所包裹的是非常现实的社会内容和富有深意的用心。有人曾抉其"微意"而言之曰:"国史自中唐以下,为一大变局,一王孤立于上,不能如古之贵族世家相分峙,众民散处于下,不能如今欧西诸邦小国寡民,以舆论众意为治法。而后天下乃为举子士人之天下,法律之所不能统,天命之所不能畏,而士人自身之道德乃特重。"所以,"舍弃经术而专营经世,其蔽必有不可言者"。² 曾国藩的"微意"反映了他对传统文化和传统社会超出侪辈的认识程度。晚清从事经世学的人们咸多"恶夫饾饤为汉,空腐为宋",³ 而实力讲求"致用"。在他们注目于功利之于事的地方,曾国藩同时又看到了道德之于人。他们的功利主义代表了无可怀疑的社会进步性;但当多数士人仍然向慕唐虞之世的时候,曾国藩以道德主义和功利主义胶合,却能够代表儒学"诚意、正心、修身、齐家、治国、平天下"的理想境界,并因之而更富有吸引人心的力量。青年薛福成曾致书曾国藩自述:

> 往在十二三岁时,强寇窃发岭外,慨然欲为经世实学,以备国家一日之用,乃摒弃一切而专力于是。始考之二千年成败兴坏之局,用兵战阵变化曲折之机,旁及天文、阴阳、奇门、卜筮之崖略,九州厄塞险要之统纪,靡不切究。盖穷其说者数年,而觉要领所在,初不止此,因推本姚江王氏之学,以收敛身心为主,然后浩然若有所得也。既又知为学之功,居敬穷理,不可偏废,而溯其源不出六经四子之说。⁴

他用自己的体验表达了一个有志于经世实学的士子又意犹未足于功利主义的心态,印证了曾国藩以"体""用"论义理和经济的题中之义。

义理和经济皆本乎礼,然而"礼非考据不明"。⁵ 就思想史的本来逻辑而言,嘉道之际经世思潮的兴起是对乾嘉考据之学的一种否定。但保存在考据之学中"详其始末""通其源流"的实证精神和历史精神又是明末清初经世人物留下的绪余,曾国藩着意经世而不废汉学,盖深悟于此中之理。他说"圣清膺命,巨

---

1 《曾国藩全集·诗文》,第410、487页。
2 钱穆:《中国近三百年学术史》,第589页。
3 《魏源集》上册,中华书局,1986年,第361页。
4 《薛福成选集》,上海人民出版社,1987年,第10页。
5 《曾国藩全集·诗文》,第207页。

儒辈出。顾亭林氏著书，以扶植礼教为己任。江慎修氏纂《礼书纲目》，洪纤毕举，而秦树澧［沣］氏遂修《五礼通考》，自天文、地理、军政、官制，都萃其中。旁综九流，细破无内，国藩私独宗之"。[1] 在当日的汉学人物中，他指"顾（炎武）秦（蕙田）于杜（佑）马（端临）为近；姚（鼐）王（念孙）于许（慎）郑（玄）为近，皆考据也"。而"许郑考先王制作之源，杜马辨后世因革之要，其于实事求是一也"。[2] 曾国藩推崇这些人"得先王经世之遗意"，[3] 然而考"制作之源"和辨"因革之要"，又说明"先王经世之遗意"是在历史的叙述中表现出来的。钱穆是有见于此者，他称曾国藩之"言礼，本之杜马顾秦，亦几几乎舍经而言史矣。盖苟求经世，未有不如是"。[4] 孔门四科无史学之目，历史意识即系于考据之中。在一个没有政治学的时代里，历史意识包含着政治意识。章学诚所谓"史学所以经世，固非空言著述也"[5]，正言乎此。阅前代典章制度、行政事实而窥成败之理，是一个温故知新的过程："窃以为先哲经世之书，莫善于司马文正公《资治通鉴》。其论古皆折衷至当，开拓心胸。如因三家分晋而论名分；因曹魏移祚而论风俗；因蜀汉而论正闰；因樊英而论名实，皆穷物之理，执圣之权。"[6] "名分""风俗""正闰""名实"都是前事昭示后人的章法和成宪。但前代典章制度、行政事实的记录，又以自身的"因革"反映了星移斗转、时易势变的代谢。所以，观"因革"会"通变"，这是不同于温故知新的另一方面："所贵乎贤豪者，非直博稽成宪而已，亦将因其所值之时，所居之俗，而创立规制、化裁通变，使不失乎三代制礼之意。"以"不失乎三代制礼之意"为前提，"通变"的本义应在于传统社会的自我改革，但它又内含着向前延伸的可能性。深厚的历史意识赋予曾国藩的经世之学以温故知新和因革通变两重秉性。当温故不能知新的时候，通变就会成为故与新嬗递的契机，所谓"苟协于中，何必古人"是也。[7]

---

1. 《曾国藩全集·诗文》，第206页。原文为"秦树澧"，查《五礼通考》作者为秦蕙田，字树峰，又字树沣，整理者误将沣之繁体"澧"作为"澧"。
2. 《曾国藩全集·诗文》，第152页。
3. 《曾国藩全集·诗文》，第206页。
4. 《中国近三百年学术史》，第588页。
5. 章学诚：《文史通义校注》，中华书局，1985年，第524页。
6. 《曾国藩全集·书信之二》，第663页。
7. 《曾国藩全集·书信之十》，第132页。

义理以"立德"为事，经济以"立功"为事；曾国藩置词章之学与两者同序，则志在立言："凡仆之鄙愿，苟于道有所见，不特见之，必实体行之；不特身行之，必求以文字传之后世。"[1] 曾门词章之学的传人黎庶昌称之为"功、德、言为一途"。[2] 曾国藩是于"古文境之美者"深有心得的人，其为文"探源扬、马，专宗退之，奇偶错综，而偶多于奇，复字单词，杂厕其间；厚集其气，使声彩炳焕而戛焉有声"，遂别开湘乡一派之局。[3] 他因之而成为晚清文学史上留下过影响的人物。但是，列词章之学于孔门四科之一，又会使词章之学具有远比文学更多的意义："大抵孔氏之苗裔，其文之醇驳，一视乎见道之多寡以为差。见道尤多者，文尤醇焉，孟轲是也；次多者，醇次焉；见少者，文驳焉；尤少者，尤驳焉。"[4] "见道"是奇偶复单气声之类以外的东西，然而它又是规定"文"之方圆，并使词章之学入于经世之业的东西。"立言"之旨即寄于此中。一代有一代之言。所以，以文"见道"固非重述往古圣贤的陈词。时人谓曾国藩"尽取儒者之多识格物，博辨训诂，一内诸雄奇万变之中"，"以理学经济发为文章，其阅历亲切，迥出诸先生上"。[5] "阅历亲切"，正是能够"见道"于当世之务的结果。在这个过程里，具体的历史内容渗入了儒学的一般观念；包含于义理、经济、考据中的经世之"道"借助"文"而表达为一代儒学知识分子的理论思考。这种思考是传统文化的延续，又是传统文化中的个性。"立德"者未必能够"立功"；"立功"者未必能够"立言"。体现一代儒学知识分子的理论思考者，同时是一代儒学知识分子中富于思想者。曾国藩因之而成为晚清思想史上留下过重大影响的人物。

义理、经济、考据、词章在礼学中汇为一体，贯通了久已变为儒学内外两端的道德与事功、经与史、道与文。由此，曾国藩重现了保留于古文化中的"内圣外王"精神。但是，当他代表儒学的时候，他也淡化了儒学与百家之间的界限，"自登第以还，于学无所不窥，九经而外，诸子百氏之书，靡不规得要

---

1 《曾国藩全集·书信之一》，第9页。
2 《拙尊园丛稿》，卷二。
3 钱基博：《中国现代文学史》，岳麓书社，1986年，第33页。
4 《曾国藩全集·书信之一》，第8页。
5 钱基博：《中国现代文学史》，第1035页；《薛福成选集》，第239页。

领"。¹ 先秦百家持异说以争鸣，表现了那个时代不同社会利益和社会理想之间的对立。百家又同源于夏、商、周三代远古文化，在对立中维系着种种同一，"其间交互影响之迹，宛然可寻"。² 西汉以后，儒术一统百家，诸子学由是衰微。然而一统和衰微没有割断同源和同一。在某种意义上，儒学之各领风骚者，常正是吸取别家之有心者。清代汉学以"节节复古"为势，六经之外，"所校多属先秦诸子"，古籍真义赖以渐明。³ "于是世人方知诸子书中尚有许多可宝之名言快论在。"⁴ 曾国藩生当乾嘉之后，所以，他比前代人物更容易比较儒学与百家，以体会其同源和同一："周末诸子各有极至之诣，其所以不及仲尼者，皆有所偏至。即彼有所独缺，亦犹（伯）夷（柳下）惠之不及孔子耳。"⁵ "偏至"说明了诸子不逮儒学，而"极至之诣"又说明了诸子本通于儒学，他说："圣人有所言有所不言。积善余庆，其所言者也，万事由命不由人，其所不言者也；礼乐刑政、仁义忠信，其所言者也；虚无清静、无为自化，其所不言者也。吾人当以不言者为体，以所言者为用；以不言者存诸心，以所言者勉诸身。"⁶ 推而论之，所谓"偏至"而"各有极至之诣"，正在于诸子各自从一面说出了圣人理所必有而言中所无的东西，因此，"大抵理之足以见极者，百家未尝不切合也"。⁷

曾国藩是一个孔孟之徒，但他比前代和同时的粹然儒者更深刻地理解诸子思想在经世之学中的价值："若游心能如老庄之虚静，治身能如墨翟之勤俭，齐民能如管商之严整，而又持之以不自是之心，偏者裁之，缺者补之，则诸子皆可师也，不可缺也。"⁸ "治身"是与道德的汇融，"齐民"是与政事的汇融，而以《庄子》与韩（愈）文并提，举为"生平好读"之书，⁹ 则是与词章的汇融。"偏者裁之，缺者补之"，表现了儒学的主体意识，在这种意识的规范下，"诸子百氏"之说皆由异端而成为曾国藩礼学的一端。曾国藩的"布衣交"兼幕府人物欧阳

1　《曾国藩年谱》，第254页。
2　胡适：《中国哲学史大纲》卷上，东方出版社，2004年，第312页。
3　《梁启超论清学史二种》，复旦大学出版社，1985年，第49页。
4　《清代通史》中卷，第751页。
5　《曾文正公手书日记》，咸丰十一年八月十六日。
6　《曾国藩全集·日记之一》，第484页。
7　《曾文正公手书日记》，咸丰十年十二月二十二日。
8　《曾文正公手书日记》，同治十一年八月十六日。
9　《曾国藩全集·家书之一》，第295页。

兆熊曾以为"文正一生三变",即任京官时"以程朱为依归";出办团练军务则"变而为申韩";第二次守制以后,又"一以(黄老)柔道行之"。[1] 他看到了曾国藩身上儒术之外的另一面,然而他过于简单地以"三变"划而分之,没有看到这一面与儒术在礼学中的汇融。

曾国藩以一身糅合汉宋,并镶接了儒学和百家,其学问关乎此,其事业也关乎此。但是,出现于中世纪和近代之交的这种"糅合"和"镶接"非中国文化自然发展的结果。作为艰难时世中的自觉者,曾国藩承受着"战战兢兢,死而后已,行有不得,反求诸己"的惕悚;又自厉于"手眼俱到,心力交瘁,困知勉行,夜以继日"的力行。[2] 惕悚和力行满包着来自现实的沉重压力。在章句之学不能沟通畛域的地方,它们会压碎藩篱,破开畛域,于是而有传统文化的兼容并包之局。以理学得名于光宣年间的夏震武曾谓:"儒者学孔孟程朱之道,当独守孔孟程朱,不必以混合儒墨,并包兼容为大也。"[3] 他意在非议曾国藩,然而"独守"造成的矮小,正使他难以懂得"并包兼容"所反映的是传统文化在内忧外患交迫之秋聚汇以应变的历史意向。曾国藩体现了这种意向,因此,在中国社会蹒跚地走出中世纪的过程里,他成为传统文化的最后一个代表。

二 传统文化铸就的多重人格

传统文化的一多相容铸就了曾国藩的多重人格,在上个世纪,他曾受到过西太后"公忠体国"的褒扬;又被气类全异于西太后的容闳目为"正直廉洁忠诚诸德,皆足为后人模范"之辈。[4] 20世纪初期,革命家章太炎贬其人,以为"曾国藩者,誉之则为'圣相',谳之则为'元凶',要其天资,亟功名善变人也"。与章太炎同时的另一个革命家宋教仁却以曾国藩之"是非亡足论,观其识

---

1 欧阳兆熊、金安清:《水窗春呓》,中华书局,1984年,第17页。
2 《曾国藩年谱》,第160页。
3 夏震武:《灵峰先生集》卷四。
4 容闳著,徐凤石、恽铁樵等译:《西学东渐记》,生活·读书·新知三联书店,2011年,第64页。《西学东渐记》虽初版于1909年,但容闳在书中对于曾国藩的评说,应是追叙上一世纪目见其人的观感。

度无忝于英雄"称道之。¹ 异途人物的同调和同途人物的异词，以他们评说之间的矛盾反衬出曾国藩多重人格的矛盾，这是一种无法用一言以蔽之的笔意来加以说明的现象，然而它确乎存在于历史之中。

（一）"拙诚"和智术

曾国藩晚年作《湘乡昭忠祠记》，返视"吾乡数君子所以鼓舞群伦，历九州而戡大乱"之迹，一归之于"君子之道，莫大乎以忠诚为天下倡"。这是论人，也是自论，由"诚"而"去伪崇拙"²本系理学家言，但在践履久之以后已成其人格的一面。李鸿章初入曾国藩幕府时，因惮于"每日黎明必有幕僚会食"之苦，曾以头痛辞。而差弁、巡捕络绎来请，不得不披衣跟跄往，薛福成记其事颇能传神："文正终食无言，食毕，舍箸正色谓傅相曰：'少荃，既入我幕，我有言相告，此处所尚，惟一诚字而已。'遂无他言而散。傅相为之悚然。"³使李鸿章"为之悚然"的东西无疑在权势和威仪之外。这并不是曾国藩的有心作态。咸丰八年（1858），他再次起复以后，在一封信中说过："余在外未付银至家，实因初出时默立此誓；又于发州县信中以'不要钱，不怕死'六字自明。不欲自欺其志，而令老父在家受尽窘迫、百计经营，至今以为深痛。"⁴在一个儒学知识分子的道德义务和人子之情之间，有着一种矛盾。由这种矛盾所产生的感情痛苦是真实的，但却不是强加的，当他自愿地选择"不欲自欺其志"的时候，他也自愿地选择了"至今以为深痛"。"拙诚"之义正见于此。在"中兴"人物中，曾国藩"每苦钝滞"，⁵远不是一个才气横溢者。然而他以"拙诚"，化"理学迂阔"之语为湘军悍勇之气。⁶"每逢三八操演，集诸勇而教之，反复开说至千百语"，"虽不敢云说法点顽石之头，亦诚欲以苦口滴杜鹃之血"。⁷灌溉久之，"朴实山农"悉成"尊上而知礼"的敢死之卒。⁸他又以"拙诚"鼓动气机，聚合了

1　《章太炎全集》第3卷，上海人民出版社，1984年，第583、600页。
2　《曾国藩全集·诗文》，第173页。
3　《庸盦笔记》卷一。
4　《曾国藩全集·家书之一》，第346页。
5　《左文襄公全集·书牍》卷二。
6　《曾国藩全集·家书之一》，第483页。
7　《曾国藩全集·书信之一》，第200页。
8　《湘军志·管制·第十五》。

患难中的有心经世的知识分子。当时人谓其"手书告劝乡人士耆老,虽幼贱,身自下之,必与钧礼",遂使"山野材智之士感其诚,虽或不往见,人人皆以曾公可与言事"。[1]于是,处大地干戈之中,展转兵间而"乘运会立勋名者,多出一时章句之儒"。[2]在这个过程里,传统道德的精神力量凝系了传统制度下的社会力量,曾国藩人格中的这一面因之而在近代中国的历史上印下了自己的溃痕。左宗棠后期与曾国藩交恶,而盖棺论定,则以"谋国之忠,知人之明,自愧不如元辅"挽之,[3]表达了一个士大夫对另一个士大夫不为意气易移的推服之心。

但曾国藩并不是一个诚而且愚鲁者,他饱阅人间世态,久知"天下事无所为而成者极少,有所贪有所利而成者居其半,有所激有所逼而成者居其半"。[4]"有所贪有所利"和"有所激有所逼"指出了"拙诚"影响不到的另一端,其言语之中全无理学迂腐气息。曾国藩未必会津津乐道于此,然而在"百废莫举,千疮并溃"之世,因人成事却不能不以此驭人。他善用绅士,心法在于"奖之以好言,优之以廪给,见一善者则痛誉之,见一不善者则浑藏不露一字",以期功善者而化不善者。此谓之"少予名利,而仍不说破,以养其廉耻"。[5]就其初衷言之,"少予名利"旨在以利成义,但取义予利之间,其用心已近道家之术。这种意思固不仅仅一见于此。咸丰十一年(1861)"祁门军中贼氛日逼,势危甚"。幕府中人已奄奄无气,做好"死在一堆"的打算,"众委员亦将行李置舟中",预为逃避之计。而曾国藩"一日忽传令曰:'贼势如此,有欲暂归者,支给三月薪水,事平仍来营,吾不介意。'众闻之,感且愧,人心遂固"。[6]以行事窥心术,可以见推己及人之中已隐寓着"有所激有所逼"之意。黄濬因此而称其"性毗阴柔,实师黄老"。[7]这是曾国藩人格中的另一面,智术迹近"拙诚"的反义,它表现了一种自觉的表里不一。曾国藩家书中有一段话说:"澄弟办贼,甚快人心。然必使其亲房人等,知我家是图地方安静,不是为一家逞势张威,庶人人

---

[1] 《湘军志·曾军篇·第二》。
[2] 《曾国藩全集·诗文》,第216页。
[3] 《曾国藩年谱·附二·联》。
[4] 《曾国藩全集·家书之二》,第431—432页。
[5] 《曾国藩全集·书信之一》,第116页;《曾文正公手书日记》咸丰八年十二月初六。
[6] 《水窗春呓》,第2页。
[7] 黄濬:《花随人圣盦摭忆》,上海古籍出版社,1983年,第138页。

畏我之威，而不恨我之太恶。贼既办后，不特面上不可露得意之声色，即心中亦必存一番哀矜的意思。"[1] 其中三分是真话，七分是做作。真话与做作之间，显露了一个"拙诚"君子的虚伪。这是同一个灵魂里的矛盾，它又会使身处矛盾之中的曾国藩常为之怅然自失："吾自信亦笃实人，只为阅历世途，饱更事变，略参些机权作用，把自家学坏了。"[2] 他曾经以为"惟忘机可以消众机，惟懵懂可以被不祥"。[3] 但"忘机"不是不知机；"懵懂"也不是本来意义的糊涂颟顸，以此消弭"机权"，结果会是一种更深的机权；作为一个有信念的道德主义者，曾国藩不喜欢机权；作为经世事业的惨淡经营者，他又不得不在道德所不能达的地方，出入于人世间的机权。两者的背反，显示了其自身不可能超越的人格两栖。

（二）"侠动"和淡泊

王闿运曾在日记中称曾国藩"汲汲皇皇有侠动之志"。然后推论说："因思诸葛孔明自比管（仲）乐（毅）殊非淡静者，而两人陈义皆以恬淡为宗，盖补其不足耶？"[4] 他试图对曾国藩作一番皮相背后的观察，虽语焉不详，而其中不无识见。

书生而谓"侠动"，所指在其慷慨激烈的用世之心。这是曾国藩人格中的又一面。而后他久以"君子之立志也，有民胞物与之量，有内圣外王之业，而后不忝于父母之所生，不愧为天地之完人"自期，[5] 以况诸葛亮之自比管乐，犹为过之，这种用世之心表现了一个封建知识分子的人生抱负，当它面对着"天父天兄之教"下的农民斗争时，又变而为"痛天主教之横行中原，赫然奋怒，以卫吾道"的使命感。[6] "汲汲皇皇"正现乎此。为使命感所驱动的人是累受挫击而曾不反顾者。曾国藩尝以"打脱牙和血吞"一语自叙"平生咬牙立志之诀"，说尽个中滋味："癸丑、甲寅为长沙所唾骂，乙卯、丙辰为江西唾骂，以及岳州之

---

1 《曾国藩全集·家书之一》，第156—157页。
2 《曾国藩全集·家书之一》，第323页。
3 《曾国藩全集·书信之二》，第245页。
4 《湘绮楼日记》，转引自《清代通史》下卷，第770页。
5 《曾国藩全集·家书之一》，第34页。
6 《曾国藩全集·诗文集》，第140页。

败,靖江之败、湖口之败,盖打脱牙之时多矣,无一次不和血吞之"。[1] 十数年间,他不止一次地直面"炮震肉飞,血瀑石壁,士饥将困,窘若拘囚,群疑众侮,积泪涨江"[2]的场面,与太平天国一赌生死,在卫道的事业中,他从精神上勘破了生死:"余自从军以来,即怀见危授命之志。丁、戊年在家抱病,常恐溘逝牖下,渝我初志,失信于世。起复再出,意尤坚定。"[3] "孔曰成仁,孟曰取义",他所体现的正是一种儒学的理想人格,为使命感驱动的人又是武健而且严酷者。曾国藩出办团练之初,即以"壹意残忍,冀回颓风于万一"自任,力主"严缚匪党,动与磔死",虽"寻常痞匪如奸胥、蠹役、讼师、光棍之类,亦加倍严惩,不复拘泥成例,概以宽厚为心"。[4]他怀抱杀机而动,在激烈的内战中,其戾气造成了东南诸省不可磨洗的血污。这种戾气亦非出自天性,所谓"书生岂解好杀,要以时势所迫,非是则无以锄强暴而安我孱弱之民"。[5]然而,比之赋性惨酷者的恣睢,它包含着更多经过深思熟虑的意识,并因此而显得更加残酷无情。咸丰十一年(1861),湘军攻破安庆,太平天国守城者"男子髫龀以上皆死"。[6]曾国藩致书老弟,告以"城贼诛戮殆尽,并无一名漏网,差快人心。"[7]其言词中流露了一个以"抱道"自居的杀人者荡手鲜血而又扪心无愧的心理。残酷无情的忍刻,不仅反映了王权对于造反者的不宽容,而且反映了"名教"对于"窃外夷之绪"者的不宽容,在曾国藩身上,"壹意残忍"是"见危授命"的另一种表现,两者合成"侠动",以见其置身于"骨岳血渊"之中而以舍我其谁为志的精神。

"侠动"者做就的是入世勋业,淡泊者则尘视轩冕荣利而意近出世,所以,王闿运颇疑曾国藩以"侠动之态"归宗"恬淡"为"盖补其不足"。其实,对于曾国藩来说,淡泊并不是矫情的做作。他自述三十岁以后,"即以做官发财为可耻,以官[宦]囊积金遗子孙为可羞可恨"。观其晚年"忝为将相,而所有衣服

---

1 《曾国藩全集·家书之二》,第470页。
2 《曾国藩全集·诗文》,第156页。
3 《曾国藩全集·家书之一》,第593页。
4 《曾国藩全集·书信之一》,第125、129页;《曾国藩全集·奏稿之一》,第73页。
5 同上书,第125页。
6 《能静居日记》,咸丰十一年八月十三日。
7 《曾国藩全集·家书之一》,第689页。

不值三百金",[1] 诚不可以谓之虚假。他一生以这种态度教子诫弟，每多居家处世的格言：

> 凡人多望子孙为大官，余不愿为大官，但愿为读书明理之君子。勤俭自持，习劳习苦，可以处乐，可以处约，此君子也。[2]

> 吾家现虽鼎盛，不可忘寒士家风味，子弟力戒傲惰。戒傲以不大声骂仆从为首，戒惰以不晏起为首。吾则不忘蒋市街卖菜篮情景，弟则不忘竹山坳拖碑车风景。昔日苦况，安知异日不再尝之？[3]

这一类话是咸同风气之中所不可多见的。金陵未下之前，曾国藩以两江总督开府安庆，署中置办"棉花车"七架，"每夜姑妇两人纺棉纱，以四两为率"，二鼓后始歇。然而他并不吝于用财，"俸入悉以养士"[4] 在当日的官场里，曾国藩是一个身居极品而对名位之不可恋思之烂熟的人："吾所过之处，千里萧条，民不聊生。当乱世处大位而为军民司命者，殆人生之不幸耳。"[5] 因此，他一面以"精忠耿耿"之心日操杀人之业得名位，一面又视"富贵功名皆人世浮荣"。[6] 同治元年，曾国藩晋阶协办大学士，而心中所思却在于"日中则昃，月盈则亏，吾家亦盈时矣。管子云：'斗斛满则人概之，人满则天概之。'余谓天之概无形，仍假手于人以概之。霍氏盈满，魏相概之，宣帝概之；诸葛恪盈满，孙峻概之，吴主概之。待他人之来概而后悔之，则已晚矣。吾家方丰盈之际，不待天之来概，人之来概，吾与诸弟当设法自概之"。[7] 比之曾国荃"求田问舍"的鄙陋委琐，他实在狷介得多。这种熟视名位货利而淡泊于名位货利的澹如，使曾国藩在湘淮军功人物群中标出了自己特有的人格。欧阳兆熊称其"将汗马勋名，问牛相业，都看作秕糠尘垢"，自以为能"道得此老心事出"。[8]

他的话不无夸张，然而亦非全是虚造。淡泊的背后，有着一种取义于老庄之旨的旷达意识：

---

1 《曾国藩全集·家书之一》，第163页；《曾国藩全集·家书之二》，第27页。
2 同上书，第289页。
3 《曾国藩全集·家书之二》，第477页。
4 《水窗春呓》，第16页；《清史稿》，第11917页。
5 《曾国藩全集·家书之二》，第484页。
6 同上书，第248页。
7 同上书，第24页。
8 《水窗春呓》，第17页。

> 细思古今亿万年，无有穷期，人生其中数十寒暑，仅须臾耳；大地数万里，不可纪极，人于其中寝处游息，昼仅一室耳，夜仅一榻耳；古人书籍，近人著述，浩如烟海，人生目光所及者，不过九牛之一毛耳；事变万端，美名百途，人生才力所能办者，不过太仓之一粒耳，知天之长而吾所历者短，则遇忧患横逆之来，当少忍以待其定；知地之大而吾所居者小，则遇荣利争夺之境，当退让以守其雌；知书籍之多而吾所见者寡，则不敢以一得自喜，而当思择善而约守之；知事变之多而吾所办者少，则不敢以功名自矜，当思举贤而共图之。[1]

他由"老庄之虚静"，而悟谦退，以"不以物喜"的淡泊表现了超越"忮求"的境界。"矫首望八荒，乾坤一何大！安荣无遽欣，患难无遽慼"，[2] 与满身的血腥气味相比，这一面同样是曾国藩身上真实的东西。他的历史形象正存在于血腥和淡泊的矛盾之中。

（三）百结忧悒

曾国藩同太平天国血战多年，用自己的双肩支撑了一个应当灭亡的王朝。然而内心深处，他又常常怀疑这个王朝的气数，四顾"吏治、人心及各省督抚将帅"情状，时有"天下似无戡定之理"[3] 的叹息。同治三年春，天京已在湘军重围之中，曾国藩却睡"不甚成寐"：盖"骨肉死丧之感""阋墙内变之事""江西流贼之多"，百端丛集，"竟不知事变胡底也"。[4] 他是一个踔厉奋发者，但身上长背着百结忧悒的沉沉重负。夹处于两者之间，使他比别人更能意会圣人"尽性知命"之教："尽其所可知者于己，性也；听其所不可知者于天，命也。"[5] 这是一种苦恼的哲理，它以哲理的透彻说明了无以解脱的苦恼；其古老的语言写照了晚清正在没落的传统社会和传统社会中不甘于没落的人们，因此，曾国藩手创了"中兴"之业，而"中兴"之业并没有化解百结忧悒。金陵攻陷后一年，他

---

1 《曾文正公手书日记》，同治元年四月十一日。
2 《曾国藩全集·家书之二》，第 526 页。
3 《曾国藩全集·家书之一》，第 501 页。
4 《曾文正公手书日记》，同治三年三月二十八日。
5 《曾文正公手书日记》，同治元年七月初十日。

与彭玉麟相会,"言及国事及渠家事,唏嘘久之"[1]过了八个月,他在家书中说:"以余饱阅世变,默察时局,劝沅(曾国荃)行者四分,劝沅藏者六分。"[2]其时,曾国荃正开缺在籍养疴。"唏嘘久之"和作计于行藏,都说明了"中兴"之后的家国之忧。这种东西不可以轻易言说,但它时时触景生情,啮人心怀:"今日有四川庶常来见,其言谈举动不类士大夫,前日有同乡庶常送诗,排不成排,古不成古。国家所得人物如此,一代不如一代,文章与国运相关,天下事可知矣。"[3]曾国藩惯于谨慎,不肯放言高论,然而忧悒日久,一为发泄,则谨慎会变为激烈:"都门气象甚恶,明火执仗之案时出,而市肆乞丐成群,甚至妇女皆裸身无裤";"水泉皆枯,御河断流,朝无君子,人事偾乱,恐非能久之道。"他因悒生惧,"忧见宗祐之陨"。[4]这一类话出自一个为王朝事业鞠躬尽瘁的人之口,包含着无穷的悲哀和痛苦。同治六年,他叙写心境说:

> 诸事棘手,焦灼之际,未尝不思遁入眼闭箱子之中,昂然甘寝,万事不视,或比今日人世差觉快乐,乃焦灼愈甚,公事愈烦,长夜快乐之期杳无音信。且又晋阶端揆(体仁阁大学士),责任愈重,指责愈多,人以极品为荣,吾今实以为苦恼之境。然而时势所处,万不能置事身外,亦惟有做一日和尚撞一日钟而已。[5]

其中不仅有老境侵寻的愁绪,而且有强毅力行者的气沮。气沮并没有阻断强毅力行;但气沮相对于强毅力行,正表现了曾国藩维护传统的苦心在历史时序面前的悲剧色彩。一面是百结忧悒,一面是死而后已;无限心事,欲说还休:"他日有为吾作墓志者,铭文吾已自撰:'不信书,信运气;公之言,告万世。'"[6]

曾国藩的多重人格反映了一个复杂历史人物精神世界的诸面,其间折射着传统文化在十九世纪中叶自我复兴的努力和困苦。因此,他能够成为那个时候传统文化中有志于经世者的精神领袖。咸同之际,郭嵩焘致书李鸿章说:"此时

---

[1] 《曾文正公手书日记》,同治四年四月初三。
[2] 《曾国藩全集·家书之二》,第498页。
[3] 赵烈文:《能静居日记》,同治六年五月十一日。
[4] 《能静居日记》,同治六年六月二十二日、二十日。
[5] 《曾国藩全集·家书之二》,第403页。
[6] 《水窗春呓》,第17页。

崛起草茅，必有因依，试念今日之天下，舍曾公谁可因依者？"[1]他的话不仅仅代表了一种个人的选择。

三 在经世之学的延伸中为西学东渐拓开门洞者

第二次鸦片战争之后，崛起于内战血火中的经世派士大夫面对西方人的咄咄逼来，曾国藩首当其冲。咸丰十一年（1861）初春，他驻守祁门，身陷困境，而"洋鬼"已"纵横出入于安庆、湖口、湖北、江西"之间。[2]对于一个久视太平天国为"窃外夷之绪"的抱道君子来说，忍看外夷中人挟"庚申之变"的余威而入东南，不能不是莫可言状的愤痛。在"大局已坏，令人心灰"的无限伤情中，曾国藩"扼腕久之"，泫然有呜咽之哀。[3]这种愤痛生成于西方人带来的民族劫难里，又显示了传统文化对另一种文化的最初反应。

但是，"万国梯航成创局"，民族战争失败的结果包含着前所未有过的时代内容，它不仅留下了创巨痛深，而且会迫使身历其境者在创巨痛深中舐血审视。见识过租界景物的冯桂芬在《校邠庐抗议》中说："一夷灭，百夷不俱灭也；一夷灭，代以一夷，仍不灭也；一夷为一夷所灭，而一夷弥强，不如不灭也。盛衰倚伏之说，可就一夷言，不可就百夷言，此夷衰，彼夷盛，夷务仍自若。"他看出了夷务已不是一时一地之事。曾国藩仔细读过《抗议》一书，并视为"名儒之论"，[4]在这一点上，他的眼光同冯桂芬非常相近："彼狡焉者，虽隔数万里而不啻近逼卧榻"，"国无远近，皆得与我为邻"。泰西以"商战二字为国"，别有纲常，别成世界；而其"累世寻仇，不胜不休"则使中国困对"海国环伺，隐患方长"而无可回避。[5]他触及了历史经验以外的东西，又因之而弥增其既憾且忧之情，不可摆脱的夷祸带着震撼人心的压力伸入了中国人的世务，"违一言而

---

1 郭嵩焘：《玉池老人自叙》，台北：文海出版社，1967年，第49页。
2 《曾国藩全集·家书之一》，第585页。
3 同上书，第552页；《曾文正公手书日记》，咸丰十一年四月二十一日、咸丰十年十一月三十日。
4 《曾文正公手书日记》，同治元年九月十七日。
5 《曾国藩全集·书信之十》，第522页；《曾国藩全集·书信之五》，第131页；《曾国藩全集·书信之十》，第640页；《曾国藩全集·书信之十》，第357页。

嫌隙遽开，牵一发而全神［身］俱动"。[1] "救时"已成经世之学的要目。于是，怀着"世变正未可知"[2]的沉重心情，曾国藩走上了一条他不熟悉的路，成为最早由经世之学延伸而入洋务的士大夫之一。

经世之学的延伸是时势逼迫的结果，然而在延伸的过程中，经世之学又染苍染黄，变为传统文化中率先与西方文化交汇的部分。从道光到咸丰，二十年之间，中国再败于泰西。战争流血，议和流泪；中西双方用暴力比较的结果，以不容怀疑的权威性使中国人认识了西方的暴力。曾国藩谓之"轮船之速，洋炮之远，在英法则夸其所独有，在中华则震于所罕见"。[3] 由此产生的"师夷智以造炮制船尤可期永远之利"[4]的主张与林则徐、魏源之说先后同所识见，但在"车驾北狩"结成的深重痛楚里，又比林则徐、魏源之说有着更多的急迫和仓惶。咸丰十一年（1861）秋，湘军攻陷安庆，三个月之后曾国藩即设内军械所，试制新式船炮，"阴有争雄海上之志"。[5] 西方人带来了诸般器物，而传统文化中的人们最能够接受的东西却正是他们感到最可畏惧的东西，这种选择，既反映了民族矛盾刺激下自强以图御侮的怀抱；又反映了取彼之长以新卫旧的意愿。然而近代船炮是西方文化的产物，它们的移植需要与之相应的现实前提，因此，"师夷智以造炮制船"的事业虽然开始于一种既定的预想，其行程则会越出自身的界限，历史地为"西学东渐"拓开门洞。正是"师夷智以造炮制船"与西学东渐的舛结和叠合，曾使有志于"借西方文明之学术以改良东方文化"[6]的容闳与首开洋务之声的曾国藩成为可以同路的人物。

同治三年（1864），容闳在学成归国并为自己的理想经历了八年求索之苦以后入曾国藩幕府。当这两个经受不同文化洗礼的人相会于同一历史变局之中的时候，后者询以"今日欲为中国谋一最有益最重要之事业，当从何处着手"，前者建议设一"制造机器之机器"厂，"以立一切制造厂之基础"。[7] 问与答都表现

---

[1]《议复兼摄通商大臣折》，《曾国藩全集·奏稿之四》，第334页。
[2]《曾国藩全集·书信之十》，第522页。
[3]《复陈购买外洋船炮折》，《曾国藩全集·奏稿之三》，第186页。
[4]《遵旨复奏借俄兵助剿发逆并代运南漕折》，《曾国藩全集·奏稿之二》，第618页。
[5]《中兴将帅别传》，岳麓书社，1989年，第13页。
[6]《西学东渐记》，第78页。
[7]《西学东渐记》，第66页。

了浓重的时代意识。其时,曾国藩已有"安庆设局制造洋器"的阅历,并因李泰国"所购七船既已化为乌有",正在寻求"造船之方"中渐萌此想。[1] 他是当时中国能够懂得容闳之议的少数人之一,容闳视其人为"于余有知己之感,而其识量能力,足以谋中国进化者也"。[2] 带着这种心情,他奉派出洋采办机器,于是而有规模可观的上海机器局。他后来追叙说:"自余由美国采购机器归国以来,中国国家已筹备千百万现金,专储此厂,鸠工制造,冀其成为好望角以东之第一良好器厂。故此厂实乃一永久之碑,可以纪念曾文正之高识远见。世无文正,则中国今日,还不知能有一西式之机器厂否耶?"[3] 在这个过程里,船炮引入"制器之器",古老的社会接纳了新的生产力,而移植西方机器工业于缺乏近代科技的中国,会使久以天圆地方为理所当然的人们在从事制造的时候亟感"虽日习其器,究不明夫用器与制器之所以然"。[4] 多年以后梁启超所说"曾文正公开府江南,创制造局,首以翻译西书为第一要义",[5] 正是一种困而后知的结果。由是,随新生产力的进入,涌来了传统文化以外的新知识。"制器之器"所在的地方便天然地成为引进新知识的中心。王尔敏氏作《清季兵工业的兴起》,曾大略描绘如次:

> 当时对西方知识最能发生推广作用的是翻译西书。江南制造局几乎是一个最早的译书总汇。沪局自同治七年(1868)设立翻译学馆起,迄于清末,前后共译成西书二百种之多,其中绝大部分是科学之类,有关史乘者不超过十部,政治经济者也不超过十部。另一小部分是无甚意义之杂著,有一部最大部头之书,是长期编纂的西国近事汇编,共一百零八册,实际上是历年编刊的国际情势的杂志,对于介绍当时世界知识,贡献最大科学类之书,以算学、物理、化学为最丰富。其次如工程、医学、地学、兵政,也都甚为可观。[6]

曾国藩逝于同治十一年,出现在制造局里的许多物事都是他所未及亲见的,然

---

1 《曾国藩未刊往来函稿》,岳麓书社,1986年,第137页。
2 《西学东渐记》,第76页。
3 《西学东渐记》,第68页。
4 《奏陈新造轮船及上海机器局筹办情形折》,《曾国藩全集·奏稿之十》,第215页。
5 转引自《清代通史》中卷下,第2011页。
6 《清季兵工业的兴起》,"中研院"近代史研究所,1978年,第153页。

而他是一个开先者。追溯历史，人们不会不看到开先者对后来者的启迪。制作船炮的机构不仅生产出武化的东西，而且运来文化的东西影响了一代人的观念，这是近代中国特有的现象。容闳的异国朋友吐依曲尔牧师曾经感慨于"一个人出于基督教的动机，最高抱负是促使祖国文明前进，但他的头一件工作，竟会是（帮助）创办一个兵工厂"。[1] 其实，当中西交逢之初，一种文化进入另一种文化的路径，并不是可以自由选择的。西学借助于兵工业而迁入否塞已久的中土，其迂回曲折的取径之中，正有着那个时代沉默的历史必然性。

"师夷智以造炮制船"的命题本是对于泰西奇技的回响，但制器引发的多方面需要又是传统社会中专治时文帖括的士人所难以承当的："因海疆多事，曾经奉有谕旨，广招奇才异能之士，迄无成效。"[2] 所以，制器会促成当洋务之局者究心于育才。同治六年，曾国藩视察上海机器局，容闳"复劝其于厂旁立一兵工学校，招中国学生肄业其中，授以机器工程上之理论与实验，以期中国将来不必需用外国机械及外国工程师。文正极赞许，不久遂得实行"。[3] 从孔门四科里走出来的曾国藩为求制器之才而"极赞许"孔门四科之外的兵工学校，其用意无疑与容闳"以西方学术灌输于中国"[4] 的宗旨并不完全相同，然而容闳"所怀教育计划"正由此而得以"小试其锋"。[5] 结果便产生了异乎传统的另一种教育机构。因此，薛福成以学堂与制器、练兵并举，同列为曾国藩洋务事业的大端。和"器"相比，育才已经及于人了。曾国藩作始于前，随后：

> 同治八年（1869），上海广方言馆并入沪局，成为局内的一所西式学堂，主要传授国文、英文、法文及算学、舆地各课，学额八十名，四年毕业。同治十三年，设立操炮学堂，但在光绪七年改为炮队营，光绪二十四年（1898）在局中设立一座工艺学堂，内分化学工艺与机器工业两科，学额五十名，四年毕业，形同现在一所工学院，除沪局本身以外，局中华洋人士又在上海成立一座和人创设的学堂，就是光绪元年（1875）9月所设的格致书院。

---

1 《西学东渐记》，第118页。
2 转引自徐泰来：《洋务运动新论》，湖南人民出版社，1986年，第364页。
3 《西学东渐记》，第75页。
4 同上书，第22页。
5 同上书，第76页。

终晚清之世，上海机器局在同时各局中是从事近代教育之"贡献最大"者。[1]

比兵工学校走得更远的一步，是选送子弟"出洋学艺"。曾国藩由久绾江南而多识西国情事，眼界的广度会转化为思想的深度。同治元年，他初次见到安庆内军械所自造的火轮船汽机，曾窃喜"洋人之智巧，我中国人亦能为之，彼不能傲我以其所不知矣"。[2] 但十年以后，他已渐知"夷智"并不止乎此："西人学求实济，无论为士、为工、为兵，无不入塾读书，共明其理，习见其器，躬亲其事。各致其心思巧力，递相师授，期于月异而岁不同。"这种"月异而岁不同"的东西是"设局制造"和"开馆教习"所不能穷尽的。此中奥秘，苟非遍览久习，则本原无由洞彻而曲折无以自明。知之多者思之通，所以，曾国藩能够接受容闳的留学生计划，期望以育才于泰西，"得其法，归而触类引伸"，可"扩充于无穷"。同治十年，他领衔奏请"拟选聪颖幼童，送赴泰西各国书院学习军政、船政、步算、制造诸书"，使"西人擅长之技，中国皆能谙悉"。[3] 近代官费留学自此而始。曾国藩在自己的最后一段岁月里走到了他一生中最远的地方，当第一批留美学童在黄浦江边登上横渡太平洋的邮船时，他离开人世已逾五个月了，然而他的画像被挂在太平洋彼岸哈特福德的中国留学事务所墙上，时时提醒着莘莘学子"得受文明教育，当知是文正之遗泽，勿忘所自来矣"。[4]

经世之学是传统文化中最容易通向变易观念的部分；经世人物是传统社会里最切近时务而能亲知现实者。曾国藩由考究"天下之大事"而明变，久知"前世所袭误者，可以自我更之；前世所未及者，可以自我创之"，[5] 又因身当中西交冲而备尝"局中之艰难"。前所未有的历史内容楔入了古已有之的变易观念，催使后者衍生出新的意义。在众多士人懵懵于"无事则嗤外国利器为奇技淫巧，以为不必学，有事则惊外国利器为变怪神奇，以为不能学"的时代，他由经世延伸而入洋务，以不同于深闭固拒者的见识表现了传统文化对西方文化逸出常轨的反应。逸出常轨的反应逼成于西方人的炮口之下，它又是一种不自愿的反

1　《清季兵工业的兴起》，第153页。
2　《曾文正公手书日记》，同治元年七月初四。
3　《拟选子弟出洋学艺折》，《曾国藩全集·奏稿之十二》，第402页。
4　《西学东渐记》，第82页。
5　《曾国藩全集·日记之一》，第246页。

应，在"救时"之"要务"[1]的名义下被搬入中国的一部分西方事物，同时还带着搬来人赋予的挽救传统的主观意义。中世纪和近代相交之初，传统社会里能够"增其新"者留恋的却是固有的旧物。曾国藩"晚年衰病，犹日从事于经史"，[2]适可以见其价值观念之所在。在这一点上，他与深闭固拒的人物不仅相似而且相通。但是，为了挽救传统而搬入中国的西方事物，是传统所容纳不了的。它们会在蓄孽中以自身的本来意义否定外加的主观意义，促生中国社会的新陈代谢。曾国藩为西学东渐拓开门洞，而西学东渐之后，向西方追求真理的人们则开始走出了传统。在这个过程里，出现的新学与旧学的对待之称已使中学和西学的区分寓褒贬之义。于是而有中国文化漫长而又缓慢的近代化历程。剧变的时代，使传统文化的最后一个代表不自觉地成了否定传统文化的历史中介。

---

[1] 《复陈购买外洋船炮折》，《曾国藩全集·奏稿之三》，第184—186页。
[2] 黎庶昌：《曾国藩年谱》，第255页。

清中叶牛痘法的引进过程与广东行商的作用

朴基水(韩国成均馆大学历史系教授)

内容提要 1805年5月17日,应对天花的牛痘疫苗经由菲律宾传入澳门。英国东印度公司的医生皮尔逊利用这些牛痘疫苗,给澳门和广州的中国人接种。在广东行商的支持下,邱熺等一些中国人跟随皮尔逊学习并推广种痘技术。邱熺将西洋牛痘法与传统中医理论相结合,刊刻书籍,阐释新法的优越性,对牛痘法在中国的普及做出巨大贡献。因疫苗的特殊性,接种牛痘的中国人曾一度变少,使得接种在1806年、1808年两次发生中断。为克服人们对牛痘法的心理障碍,广东行商主动捐资,免费向大众种痘,并向他们给予报酬(果金),使得人们源源不断接受新法接种,同时也让疫苗借人体得到稳定的保存。广东行商在牛痘法的引进和向全国扩散过程中,都发挥了重要作用。

关键词 牛痘法　广东行商　皮尔逊　邱熺　医疗史

序　言

最近,笔者在写关于清中叶最强大行商之一——同文行(后改名"同孚行")的社会公益活动及有关绅商性格的文章的时候,得知了一部分行商引进和推广英国人詹纳(Edward Jenner,1749—1823)的牛痘法的史事。[1]牛痘法的引

1　朴基水:《清代行商的绅商性性格——以潘氏家族的事例为中心》,《大东文化研究》第80辑,2012年。

进和传播，从救济病人的视角来看，是行商的社会公益活动；而从引进近代西方科技的角度来看，则是反映行商的近代性性格（笔者把这看成为绅商的一个侧面）的素材，所以这是一个值得得到更多关注的话题。

牛痘法作为一种单纯的医疗技术，它的引进和推广在中国历史上只是小事件，但意义却十分深远。在人类历史上，天花曾夺走无数生命，被称为人类四大疾病之一。牛痘法作为攻克天花的医疗方法，在引进过程中常常伴随着与既有的社会认识、思想体系之间的冲突，进而自我改变并被接受的复杂过程。

学界对英国医生皮尔逊（Alexander Pearson，1780—1874）首次将牛痘法引入中国的事实作了大量的研究。[1]但具体阐明皮尔逊通过什么途径得到牛痘疫苗进而给中国人接种的研究却十分罕见。皮尔逊在早期的牛痘接种过程中，几次因为疫苗供给中断而停止接种，牛痘法的普及曾两度陷入难关，对这两次意外少有学者涉足，本文拟对这一具体问题进行阐述。

皮尔逊的弟子、华人种痘师邱熺解决了牛痘法推广过程中的部分难关。邱熺的著作《引痘略》在使中国的官僚、绅士、商人、民众接受牛痘法的过程中发挥了重要作用。[2]但是，促使牛痘法在广东推广的一个重要原因却是免费施术，特别是牛痘疫苗的稳定供给。因此资金筹措就成了重要问题。广东的行商为解决这一问题做出了决定性的贡献。在这一过程中，引进牛痘法的皮尔逊是重要的，将牛痘法理论中国化并努力使中国人接受的邱熺是重要的，毫不吝惜地给予经费支援使牛痘法得以延续和推广的行商们同样也是重要的。如果没有行商们的经费支援，牛痘法中途而废，也就无法普及。在此之前，中国施行的还是本土传统的天花预防方法——人痘法。鉴于对牛痘法的经费研究几乎一片空白，本文希望阐明行商在此过程中的功绩，推进这一研究的深入。

本文第一节首先说明皮尔逊的牛痘法的引进和早期传播过程中出现的几个

---

1 主要代表作如下：William Lockhurt, *The Medical Missionary in China: a Narrative of Twenty Years' Experience*, London, 1861; K. Chimin Wong（王吉民）与 Wu Lien-teh（伍连德），*History of Chinese Medicine*, vol. 1. Tientsin, 1932；彭泽益：《西洋种痘法初传中国考》，《科学》第23卷，1950年第7期；彭泽益：《广州洋货十三行行商倡导对外洋牛痘法及荷兰豆的引进与传播》，《九州学刊》第4卷1期，1991年；黄启臣：《人痘的西传与牛痘的东渐》，《海交史研究》1999年第1期。

2 董少新：《论邱熺与牛痘在华之传播》，《广东社会科学》2007年第1期；张嘉凤：《十九世纪初牛痘的在地化——以〈英咭唎国新出种痘奇书〉〈西洋种痘论〉与〈引痘略〉为讨论中心》，《"中研院"历史语言研究所集刊》第78本第4分，2007年。

困难;第二节考察皮尔逊弟子邱熺的牛痘接种活动及其著作在使中国人接受牛痘法上做出的贡献;第三节叙述行商们在经济上、物质上对牛痘法的引进和传播做出的贡献。

一 皮尔逊和牛痘法的引进

1. 皮尔逊的牛痘法的引进与《英吉利国新出种痘奇书》[1]

詹纳在接受成为医生的学徒课程时,就已经对牛痘法产生了兴趣。他对感染过牛痘的人一生都不会得天花的传闻非常关注,并发现感染过牛痘的人偶然甚至是故意去接触天花都不再会被感染。通过这个现象,他得出了牛痘可以抵御天花的结论,并猜测将牛痘移植给他人,可有意识地抵御天花。为了证明这一猜测,1796 年 5 月 14 日,詹纳将从人手背上的牛痘脓疱中提取的淋巴液滴在一名少年两臂上各长约 2 厘米的伤口中。[2] 没过多久,少年就出现了牛痘症状并病倒了。随后他很快复原,并被植入天花病毒,身体却没有任何反应。由此,詹纳更加确信牛痘可预防天花。之后,詹纳又继续对 23 人进行实验,将研究结果写成论文提交给英国皇家学会,并在 1798 年正式出版。然而,一部分宗教界和医学界人士却反对牛痘法。有人主张,攻克上帝为惩罚人类而降下的传染病是对神的冒渎。另一方面,人们对"牛的脓疱放入人体内"这一事实十分反感,这种反感不断扩散,甚至出现了接种牛痘就会变成牛的谣言。当时英国施行的还是人痘法:通过接种已感染天花病人的脓疱来预防天花。[3]

由于与人痘法相比,牛痘法的感染更加轻微,过程更为安全,所以在遭受

---

[1] 清代中前期文献在提及西洋国名、人名时,皆在左加口字旁,体现出对"夷人"的蔑视。为版式及阅读便利,本文皆去掉这些字的口字旁。

[2] Frederick F. Cartwright、Michael Biddiss 著,金勋译,《疾病的历史》,首尔:图书出版伽蓝企划,2004 年,第 47 页;权卜揆、黄尚翼、池堤根:《天主教势力对丁若镛导入牛痘法的巨大影响:一个假说》,《医史学》第 6 卷第 1 期(1997),第 45 页。

[3] 1700 年,中国的人痘法虽已传入英国,实际上,在英国普及人痘法的,是驻土耳其外交官的夫人蒙塔古(Mary Montagu)。她在 1718 年给 6 岁的儿子接种人痘,以后返回英国,1721 年天花爆发时,她又给自己的女儿接种了人痘,证明了对天花的免疫性,之后,人痘法在英国得以普及。参见谭树林:《英国东印度公司与澳门》,广东人民出版社,2010 年,第 211—213 页。

无数反对的情况下,牛痘法还是迅速在全世界得到推广。詹纳的论文发表不过几年,就被翻译成德语、法语、西班牙语、意大利语、拉丁语等,连墨西哥、菲律宾、中国等地球另一端的许多国家也开始实施牛痘接种法。

由于天花在殖民地的流行会夺走大量生命,从保存劳动力的角度来看,牛痘法的普及刻不容缓,大的殖民国家都积极致力于牛痘法的传播。1798年,葡萄牙已经把牛痘法传播到巴西的里约热内卢。1803年,西班牙国王卡洛斯四世在让自己的子女接种了牛痘并确定效果以后,决定让治下的美洲殖民地居民也接种牛痘。[1] 西班牙组织了以王室御医巴尔米斯(Francisco Xavier Balmis,1753—1819)为队长的医疗队,赋予其在西属美洲大陆和亚洲殖民地传播牛痘的任务。为此,医疗队选拔了22名从未得过天花的儿童并给其中的两人接种了牛痘疫苗。医疗队在驶往美洲的途中,每隔十天就给另外两名儿童接种前面两名儿童的血清,通过这样接力注射的方式,使得拥有活性的疫苗到达委内瑞拉的加拉加斯港。医疗队一行在此一分为二:一支队伍进入南美,在这支队伍的努力下,仅秘鲁一处就有超过五万人进行了接种;另一支队伍带着26名未感染天花且未接种的儿童驶向东方,途中继续采用接力接种的方法,绕过好望角,到达菲律宾、澳门、广东。[2] 在当时,因疫苗的保管和运输技术不发达,不得不利用人体来实现牛痘菌的保存和运输。

牛痘疫苗何时到达中国?巴尔米斯医疗队到达菲律宾的时间是1805年4月15日。[3] 9月3日,他们前往澳门,9月16日抵达。[4] 巴尔米斯认为自己是最早给澳门带来牛痘疫苗的人,而事实可能并非如此。首先,牛痘疫苗曾经由英国东印度公司传递过。1803年8月8日,英国东印度公司驻孟买总督(Governor-General)将牛痘疫苗和说明书一起寄往广东,并于10月2日到达。东印度公司

---

1 [葡]伊莎贝尔·莫赖斯:《种牛痘与澳门葡人》,《广东社会科学》2007年第1期,第129页。
2 《疾病的历史》,第149—150页。又,据Carlos Franco-Paredes, Lorena Lammoglia1, José Ignacio Santos-Preciado, "The Spanish Royal Philanthropic Expedition to Bring Smallpox Vaccination to the New World and Asia in the 19th Century", Clinical Infectious Diseases Vol.41(9), 2005, pp.1285-9, 可见医疗队用船搭载了25名墨西哥孤儿。
3 Carlos Franco-Paredes, Lorena Lammoglia1, José Ignacio Santos-Preciado, "The Spanish Royal Philanthropic Expedition to Bring Smallpox Vaccination to the New World and Asia in the 19th Century", Clinical Infectious Diseases Vol.41(9), 2005, pp.1285-9.
4 [葡]伊莎贝尔·莫赖斯:《种牛痘与澳门葡人》,《广东社会科学》2007年第1期,第130页。9月10日虽然到达澳门附近,但是因为暴风耽误了几日,到了9月16日才由澳门上岸。

广州分行在广东行商的帮助下给中国儿童接种了牛痘,然而,疫苗却因长时间海运而失去效力,这次的接种失败了。[1]此外,有证据显示,在1805年9月16日之前,有人在澳门给中国人接种了牛痘。这位首次在中国成功接种牛痘的人,被认为是英国东印度公司广州分行的医生皮尔逊。[2] 1816年,皮尔逊向英国国立疫苗机关上交报告书,称言:

> 1805年春,多林文(James Drummond)先生在这个国家执行任务的时候,葡萄牙籍澳门商人啤道路滑氏(Hewit)从马尼拉用船载着活人(儿童)带来了疫苗。西班牙国王命令用恰当的方法在专家的保护下(通过南美大陆)向菲律宾运送疫苗。我知道他们的一人(D.F.X. Balmis)说要将医术(种痘法)传入中国。但是在他到达中国之前,因为葡萄牙医生的关系,种痘法已经在澳门推广开来。不仅如此,我本人也给居住在这里的人和中国人种痘。而且我制作的小册子,也由小斯当东(George Stannton)先生翻译成中文,并在巴尔米斯到中国前的几个月出版。[3]

多林文在1803年至1808年担任东印度公司广州贸易委员会的主席(President,大班们的代表),管理与中国人的贸易活动。[4]皮尔逊自1804年起就被任命为东印度公司驻广州的外科医生,接受多林文的指挥和支援。[5]多林文与葡萄牙人啤道路滑(Pedro Huet,引文标记为Mr. Hewit)[6]是同行商人,可推断两人在平时应

---

1 [美]马士著,中国海关史研究中心组译:《东印度公司对华贸易编年史(1635—1834)》第2卷,广州:中山大学出版社,1991年,第716页。马士叙述了这些内容,并在末尾说明"这种首次介绍种痘入中国的尝试,以后就委诸西班牙人",马士的根据是R.M. Martin, *China: Political,Commercial,and Social*, Vol. I, London, 1847, p.380. 但据R. M. Martin著作,该页仅有如下记载:"1803年传入中国的值得称赞的牛痘法,是经由西班牙人传来的",并未给出任何依据。这里所说的1803年,实际上是巴尔米斯医疗队离开西班牙的时间,Martin好像是将其与牛痘法传入中国的时间弄混了。实际上巴尔米斯将牛痘法传入中国的时间是1805年。

2 William Lockhurt, *The Medical Missionary in China: a Narrative of Twenty Years' Experience*, London, 1861, p.120; 彭泽益:《广州洋货十三行行商倡导对外洋牛痘法及荷兰豆的引进与传播》,《九州学刊》第4卷1期,1991年,第74页;张嘉凤:《十九世纪初牛痘的在地化》,《"中研院"历史语言研究所集刊》第78本第4分,2007年,第759页等。

3 *The Chinese Repository*, Vol. II, May, 1833, No.1, "Vaccination", Canton, 1834, pp.36–37.

4 张嘉凤:《十九世纪初牛痘的在地化》,《"中研院"历史语言研究所集刊》第78本第4分,第762页;谭树林:《英国东印度公司与澳门》,第217页。

5 谭树林:《英国东印度公司与澳门》,第209页。

6 啤道路滑原名Pedro Huet,但英国和中国学者都写成Pedro Hewit。他是在澳门定居的商人,拥有几条货船,从事澳门、马尼拉、巴达维亚之间的航线贸易。参见[葡]伊莎贝尔·莫赖斯:《种牛痘与澳门葡人》,《广东社会科学》2007年第1期,第132页。

是有交往的。据葡萄牙学者的研究，1805年5月17日，希望号（Esperanza）船长啤道路滑将牛痘疫苗从菲律宾运进澳门。[1] 巴尔米斯到达菲律宾的马尼拉是在1805年4月15日，考虑到从菲律宾到澳门需要7至8天的航程[2]，可以确信，啤道路滑从菲律宾带来的牛痘疫苗来自巴尔米斯医疗队。[3] 啤道路滑也是采用让菲律宾儿童接力接种的方法，将牛痘疫苗带进了澳门。[4] 笔者推测，啤道路滑带来的牛痘疫苗通过澳门的葡籍医生及多林文之手，辗转传到皮尔逊手中，并被用于给葡萄牙人、英国人及在澳门居住的下层中国人接种。

皮尔逊在《英吉利国新出种痘奇书》一书中提到："嘉庆十年四月，由啤道路滑船自小吕宋装载婴儿，传此种到澳。本国医生协同澳门医生，照法栽种，华夷童稚，不下数百，俱亦保全无恙。"[5] 嘉庆十年四月，即1805年4月29日到5月28日之间，这与前面葡萄牙学者所说的1805年5月17日啤道路滑从菲律宾带来牛痘疫苗的内容相符。这也揭示了葡萄牙船长啤道路滑带来的牛痘疫苗传入澳门后，由英国医生皮尔逊给中国人接种的这一事实。皮尔逊为了向中国人推广陌生的牛痘接种，制作了一本介绍牛痘法的册子（The History in Chinese of the Vaccine Inoculation）。[6] 这本小册子后来由小斯当东（Staunton, Sir George Thomas, 1781—1859）译成中文出版。

小斯当东是1792年英国派往中国的马戛尔尼使团的副使斯当东爵士（Staunton, Sir George Leonard, 1737—1801）的儿子。1792年，年仅11岁的小斯当东随父亲一起访问了中国。值得一提的是，他的语言能力非常出色，曾经在两名中国翻译那里学习了中文，他是使节团当中唯一可以直接使用官话，并

---

1 ［葡］伊莎贝尔·莫赖斯：《种牛痘与澳门葡人》，《广东社会科学》2007年第1期，第130页。
2 巴尔米斯9月3日从菲律宾出发，9月10日抵达澳门，因为暴风的原因在9月16日登陆。所以如果天气良好的话，7到8天的旅程就可以抵达。
3 马士称："在1805年5月，英国商馆医生皮尔逊（Pearson）从一艘由马尼拉往澳门的葡萄牙船'希望号'（Esperanza）得到，'由一些人根据西班牙国王的命令，从墨西哥将牛痘苗传入菲律宾群岛'。"参见［美］马士：《东印度公司对华贸易编年史（1635—1834）》第3卷，第15页。
4 巴尔米斯带着3名儿童乘船由菲律宾驶向澳门，参见 Carlos Franco-Paredes 等前论文。
5 谭树林：《英国东印度公司与澳门》，第217页。
6 ［美］马士：《东印度公司对华贸易编年史（1635—1834）》第3卷，第164—165页。按照记载，斯当东在1811年5月25日的总督邀请宴会上赠送给两广总督松筠一本 The History in Chinese of the Vaccine Inoculation。实际上，当时斯当东赠送的是用中文翻译的版本，而马士则记录成原来的英文名字。

曾当面用中文与乾隆皇帝交谈过的英国人。1798年，小斯当东成为东印度公司广州分行的书记，1804年升为货物管理人。1805年，小斯当东因在广州商馆担任中文翻译[1]，皮尔逊遂将翻译介绍牛痘接种小册子之事托付给他，这就是后来出版的《英吉利国新出种痘奇书》。这是用中文向中国人介绍英国牛痘法的最早文本。这本小册子初版刊行200册，以后又刊行了两次。[2] 皮尔逊编写牛痘法介绍书的时间是在嘉庆十年四月（1805年5月）前后，而小斯当东将其翻译成中文并出版大约是在当年六月（1805年7月）。[3]

《英吉利国新出种痘奇书》的刻本现在许多大学图书馆有藏。其中伦敦大学亚非图书馆所藏版本在结尾处清楚地标示了本书著述、编辑、翻译的信息：

  英吉利国公班衙命来广统摄大班贸易事务多林文敬辑

  英吉利国公班衙命来广医学跛臣敬订

  英吉利国世袭男爵前乾隆五十八年随本国使臣入京朝觐、现理公班衙事务斯当东翻译

  外洋会隆行商人郑崇谦敬书[4]

"公班衙"是英语Company或葡语Companhia的对译，这里指英国东印度公司；"广"是指广东、广州；"统摄大班"是指英国东印度公司广州贸易委员会主席，也就是当时在任的多林文（James Drummond）；"跛臣"即皮尔逊；"斯当东"即中文翻译小斯当东（Staunton, Sir George Thomas）。外国商人把会隆行行商郑崇谦称为Gnewqua（谦官），但从1796年起他才担任会隆行的行务。[5] 由此可知，这本小册子是应多林文的要求由皮尔逊所写，经小斯当东翻译，而以行商郑崇谦的名义刊行的。[6] 在中国的地方志中有郑崇谦编写《种痘奇书》的记录[7]，《种痘奇书》正是《英吉利国新出种痘奇书》删掉前半部分之后的略称。

---

1 谭树林：《英国东印度公司与澳门》，第217页。
2 张嘉凤：《十九世纪初牛痘的在地化》，《"中研院"历史语言研究所集刊》第78本第4分，第760页。
3 同上书，第761页。
4 同上书，第762页。
5 谭树林：《英国东印度公司与澳门》，第217页。
6 按照詹纳的朋友Thomas Pruen的主张，皮尔逊是在多林文的要求下写的《英吉利国新出种痘奇书》。张嘉凤：《十九世纪初牛痘的在地化》，《"中研院"历史语言研究所集刊》第78本第4分，第762页。
7 《南海县志》卷25"艺文略一"，道光十五年修，第55页；《广州府志》卷92"艺文略三"，第9页，《中国地方志集成：广东府县志辑》2，上海书店出版社，2003年，第555页。

2. 初期的牛痘接种状况与各种困难

最初,皮尔逊的牛痘接种情况很顺利,皮尔逊在1816年所写的报告书中称:

> 我认为(仅仅)给外国人社会或澳门定居点的国民进行接种对于这项医术在中国的确立没有任何意义。最初,(我们)通过支付(给对方)一定费用的方法来促使原住民接种,以此试行这项医术。原住民都是没有办法的最贫困的阶层,他们乘船或是利用其他交通手段蜂拥而至,效果很快就能看出来。(天花是这个地区每年都发生的流行病。)……1805年至1806年的冬季和春季里的几个月是天花肆虐的季节(天花每年发病的季节是2月,消退的季节是6月),很多人赶来接种。……相当多的人(我相信有数千名)在12个月接受了接种。……为了推广种痘法,我采取了最合适的办法。我用我能做到的最好办法将牛痘法的详细内容教授给几名中国人,他们在我的监督下给别人种痘,同样在其他地区也广泛地开展了种痘。[1]

与葡萄牙医生主要给澳门葡人接种牛痘不同,皮尔逊以澳门的中国人为接种对象,这固然与皮尔逊的医生使命感有关,但也可以看成是英国东印度公司借此争取中国人好感的策略。[2] 1803年6月,英国东印度公司广州分行向印度的公司总督要求提供牛痘疫苗以及公司向中国人提供种痘所需疫苗、工具、技术的事实,可以看出公司的政策和立场。[3] 事实上,西方列强在侵略中国或者进行经济活动时,积极运用新的医疗技术或是教会推行教育和慈善活动,可以降低中国人的反感与敌对。

皮尔逊进行牛痘接种的对象是平常不能享受到医疗惠泽的穷苦阶层。笔者认为,正因为他们从公司方面得到经费支援,可免费施术,才能让穷苦阶层参加接种。经济上比较宽裕的阶层则会求助于中国传统医生,回避在安全性和效果上尚未得到认证的西洋牛痘法。从上面皮尔逊的叙述中看出,他在12个月就给数千人接种了牛痘,这绝不是一个小数字。其他记录也印证了皮尔逊在12个

---

1 *The Chinese Repository*, Vol. II, May, 1833, No.1, "Vaccination", p. 37.
2 谭树林:《英国东印度公司与澳门》,第214页。
3 [美]马士:《东印度公司对华贸易编年史(1635—1834)》第2卷,第716页;张嘉凤:《十九世纪初牛痘的在地化》,《"中研院"历史语言研究所集刊》第78本第4分,第778页。

月内给数千名儿童进行了接种。¹ 如此多的患者赶来，是因为天花的危险已经笼罩在民众的日常生活之中。天花曾在人类历史上造成两千万人死亡，并被列为四大传染病（鼠疫、西班牙流感、艾滋病、痘疮即天花）之一。邱熺在《引痘略》的自序中写到，儿童如果得了天花，十之二三会死，更厉害的十之四五都会死。² 如此危险的天花在 1805 年至 1806 年期间袭击了广东地区，为了躲避天花，广东民众蜂拥到皮尔逊的诊所。

不过，在 12 个月给数千名儿童进行牛痘接种，这是皮尔逊无法承担的事情。他找了几名中国人作为助手，并教给他们牛痘法，使他们施行牛痘接种。皮尔逊在 1832 年曾记录一名叫作 A—he—qua（邱熺）的助手，他师从皮尔逊并从 1806 年起参与牛痘接种工作。³ 查看中国记录，可看到更为详细的内容：行商郑崇谦支持皮尔逊翻译、出版《种痘奇书》，并让梁辉、邱熺、张尧、谭国四人跟着皮尔逊学习种痘法。⁴ 在这些中国助手的帮助下，才有可能在 12 个月内给数千名儿童进行接种。也正因为有了这些助手，皮尔逊才能从"预防接种"这项对个人来说又累又繁的作业中解脱出来，皮尔逊"要照顾的事情就只限于提取淋巴和检查脓疱了"。⁵

皮尔逊的牛痘接种过程并不是一直都很平坦。还存在着许多困难和障碍。前面引用的皮尔逊的报告书中已经提到了牛痘接种过程中遇到的一些困境：⁶

> 事实上，种痘法从最初引进中国以后曾消失过两次。两次都是重新再由 Luconia（吕宋岛）传来。

---

1 《澳门新闻纸》，中国史学会主编：《鸦片战争》第 2 册，上海人民出版社，2000 年，第 491—492 页。
2 邱熺：《〈引痘略〉自序》，《续修四库全书》第 1012 册，上海古籍出版社，2002 年，第 403 页。
3 彭泽益：《西洋种痘法初传中国考》，《科学》第 23 卷（1950 年第 7 期），第 208 页；彭泽益：《广州洋货十三行行商倡导对外洋牛痘法及荷兰豆的引进与传播》，《九州学刊》第 4 卷第 1 期，1991 年，第 77—78 页；董少新：《论邱熺与牛痘在华之传播》，《广东社会科学》2007 年第 1 期，第 134 页。上述资料认为 A—he—qua 是邱熺；The Chinese Repository, Vol. II, May, 1833, No.1, p. 40。
4 《南海县志》卷 44《杂录二》，第 30 页。
5 The Chinese Repository, Vol. II, May, 1833, No.1, p. 38.
6 同上。这份报告书由三个部分组成：38 页为止是皮尔逊 1816 年的报告书，39—40 页是 1821 年 3 月 19 日的报告书，40 页以下是 1821 年 3 月 19 日以后的两个报告书的简介。报告书最后有 A.P.1832 年 12 月 26 日的字样。A.P. 是 Alexander Pearson 的缩写。1832 年 12 月 26 日是几份报告书集合整理的时间，这份报告于 1833 年刊登在 The Chinese Repository 第 2 期上。

现在的中国人种痘师一般是由英国商馆所雇用的。他们是医疗人当中对天花有特别贡献的一群人，首次遭受了强烈的抗议。……中国种痘师的选择是不慎重的这一传闻流传很广，这就是恶意谣言传播的结果。

种痘法扩大到临近的江西省。但是在那里却失传了，因为遭到借天花流行而获益的僧侣的反对。用中式方法后如果没有效果，牛痘接种才会被推动。为了躲避和缓解灾祸，中国人的方法是让僧侣向他们的神祈祷。猩红热的发生提供了反对种痘法实施的依据。他们说，因为种痘法在体内留下了毒素，所以在未来会以很坏的形态爆发出来。[1]

皮尔逊在1816年的报告书中指出他在从事接种活动后曾发生过两次牛痘接种中断这一事实，但却没有说明时间，可以确定的第一个时期是1806年。同治年间刊行的《番禺县志》中说："嘉庆丙寅（1806），种痘者稀少，痘浆不继，复命夷医回国携痘浆至粤，夷乃携小夷数十，沿途种之。"[2] 光绪年《广州府志》记载：有"蕃商刺佛复由小吕宋，携小夷数十，沿途种之"。[3] 另据道光十五年（1835）编纂的《南海县志》记载："而粤人未大信，其种遂失传。迨十五年（1815）[4]，蕃商刺佛复由小吕宋，载十小儿传其种至。"[5] 如果将《番禺县志》和《南海县志》联系起来，就可以看出，牛痘疫苗的中断持续了四年（1806—1810），此后由菲律宾重新供应。这与皮尔逊的叙述是不符合的，最有可能的情况是，1806年至1810年之间，应还有一次牛痘疫苗断供的情况。葡萄牙学者作过这样的记述："在1808年季风季节，澳门的牛痘疫苗中断，但是巴尔米斯的方法再一次得到运用，六名菲律宾男童作为痘苗携带者被带到澳门。"[6]

据以上材料，可将牛痘疫苗的传播过程整理如下：1805年5月，牛痘疫苗第一次从菲律宾传入中国，数千名中国人接受了接种，而到了1806年牛痘接

---

1 *The Chinese Repository*, Vol.Ⅱ, May, 1833, No.1, pp.37, 38, 40.
2 同治《番禺县志》卷54《杂记二》，第22页，《中国地方志集成：广东府县志辑》6，第660页。
3 光绪《广州府志》卷163《杂录四》，第40页，《中国地方志集成：广东府县志辑》3，第846页。
4 按照光绪《广州府志》卷163《杂录四》第40页的记录："顾粤人未深信，其种渐失。嘉庆辛未（1811），蕃商刺佛复由小吕宋，携小夷数十，沿途种之。"这里取更早期的道光《南海县志》1810年说。
5 道光《南海县志》卷44《杂录二》，第30页。
6 ［葡］伊莎贝尔·莫赖斯：《种牛痘与澳门葡人》，《广东社会科学》2007年第1期，第33页，注39。

种者逐渐变少，牛痘疫苗的供给也中断了。不久，在得到由菲律宾提供的疫苗以后，牛痘接种重新恢复。但是到了1808年，再次发生牛痘疫苗中断的事情，1810年在剌佛（J. W. Roberts）的努力下，再次得到了由菲律宾传来的疫苗。这样的说明大体上符合皮尔逊的叙述。

牛痘疫苗供给如此频繁中断，原因是什么？前面已经提到，当时的科技水平无法长时间安全地保存牛痘疫苗，而只能通过用人体保菌的方法来保存和传递，所以在一定的时限内，如果没有牛痘接种者和活着的牛痘菌（痘浆），牛痘疫苗就会中断。如果天花不继续流行，人们对天花的关注就会降低，接种者自然也会减少。另外，故意制造的关于种痘医师的谣言以及对牛痘本身的迷信（将牛痘种到人身上会留下遗毒的传言），都会使接种者减少。特别是中国传统人痘接种师因牛痘法的盛行，将导致饭碗被砸，故对牛痘法更是坚决反对。[1]

在中国，虽有人痘法在宋代已经出现的说法，但据确切的记录来看，1713年出版的医术书《痘疹定论》才具体记载了人痘法。中国医史学界一般认为人痘法起源于明代隆庆年间（1567—1572）的安徽省宁国府太平县。[2] 之后，人痘法的施术形态发展成旱苗法、水苗法、痘衣法及鼻苗法等多种。人痘法的方法主要是用人痘浆或者痘痂（天花痂）做成疫苗，再通过长时间的、用体温或略低于体温保存的养苗过程，降低疫苗的毒性，最终做成熟苗。之后通过各种方式将疫苗种入接种者体内，使其产生免疫抗体并可以终生免疫。人痘术在中国得到了广泛应用并形成了专门给人种痘的职业。[3]

这样的情形下，出现了一位追随皮尔逊学习牛痘接种术的人物——邱熺。在努力推广和普及牛痘接种术上，他做出了巨大的贡献。他用人痘法与牛痘法相混合的方式来阐明牛痘法的长处，但是，真正使得牛痘法扩散的决定性因素却是免费进行牛痘接种这一事实，以及为持续保有牛痘疫苗而向接种者或痘浆

---

1 范行准：《中国预防医学思想史》，上海：华东医务生活社，1953年，第143—145页。按照周纯熙的《洋痘释疑》和吴氏《洋痘可信说》的记载，当时的社会风潮是人们一面沉湎于有害的鸦片，一面又回避有利的种痘法。另外，传统的人痘师对牛痘法这种新技术的抵抗也引发了近代中西医之争。

2 邱仲麟：《明清的人痘法：地域流布、知识传播与疫苗生产》，《"中研院"历史语言研究所集刊》第77本第3分，2006年。邱仲麟虽然提出了人痘法起源于江西的可能性，但是并没有完全否定正统学说。

3 陈朝晖、郑洪：《岭南医家邱熺与牛痘术》，《中华医史杂志》1999年第3期，第157页。

提供者给予金钱报酬的做法。这需要很多的经费，所以这样的经济问题很可能会寻求行商帮助。这个问题将会在下文详细讨论。

二 种痘师邱熺和《引痘略》

1. 邱熺

邱熺（约 1774—1851），字浩川，广东省南海县人。[1] 皮尔逊称他为 A—he—qua，其他文献则有记载为 Hequa，Yau Hochun 等。[2] 邱熺自科场失败后，赴澳门谋生。[3] 皮尔逊报告书中有这样的记录："现在成为种痘师的中国人一般都是英国商馆的雇员。"[4] 据此可以推测，邱熺当时受英国东印度公司广州分行的雇佣（即买办）。邱熺在其著作《引痘略》的自序中说明了他参与牛痘接种一事：

> 迨嘉庆十年四月，由小吕宋舟载婴儿，递传其种，以至澳门。予时操业在澳，闻其事不劳而有效甚大也。适予未出天花，身试果验。洎行之家人戚友，亦无不验者。于是洋行好善诸公，以予悉此，属于会馆，专司其事，历十数寒暑，凡问途接踵而至者，累百盈千，无有损失。[5]

邱熺因为亲自体验过牛痘接种的效果，所以对牛痘法有着肯定的看法。他给自己的亲戚甚至朋友都进行了牛痘接种。另外，他也曾在洋行（即广东行商）的劝勉下，在会馆施行牛痘接种。

上述记录省略了相当多的内容，或者附加了非常跳跃的说明。实际上，是行商郑崇谦召集人员，让他们向皮尔逊学习种痘法。当时向皮尔逊学习种痘法的，有梁辉、邱熹、张尧、谭国四人。邱熹即邱熺，他学会了种痘法以后，自1806年开始给他人种痘。在这篇自序里，并没有出现皮尔逊、郑崇谦以及一起

---

1 董少新：《论邱熺与牛痘在华之传播》，《广东社会科学》2007 年第 1 期，第 134 页；张嘉凤：《十九世纪初牛痘的在地化》，《"中研院" 历史语言研究所集刊》第 78 本第 4 分，第 771 页。
2 彭泽益：《广州洋货十三行行商倡导对外洋牛痘法及荷兰豆的引进与传播》，《九州学刊》第 4 卷 1 期，1991 年，第 77—78 页。
3 董少新：《论邱熺与牛痘在华之传播》，《广东社会科学》2007 年第 1 期，第 134 页。
4 *The Chinese Repository*, Vol. Ⅱ, May, 1833, No.1, p. 38.
5 邱熺：《〈引痘略〉自序》，《续修四库全书》第 1012 册，第 403 页。

在皮尔逊那里学习的人名。正因为如此，邱熺才能被写成种痘法施行术的主角。

自序写于 1817 年，如果按照自序上说的十余年间在行商会馆（种洋痘局[1]）种痘的话，那么从 1805 年或 1806 年开始，行商就已经提供会馆作为牛痘接种场所（牛痘局）了。1835 年到 1843 年，在广州经营眼科医院的美国基督教传教士伯驾（Peter Parker，1804—1889）就是借了位于广州城外十三行街的商馆的几间房子开设了眼科医院。之后，伯驾在行商代表人物伍浩官的支援下，又免费借了商馆的几间空房来用。[2] 广州商馆（夷馆）[3] 是行商建来出租给外国商人的建筑。[4] 通过伯驾的事例可以看出，皮尔逊留粤期间，可将公司从行商那里租来的商馆的一部分改为牛痘局从事牛痘接种。夷馆本身是由行商建造并提供的，所以邱熺有把夷馆称为会馆的可能。道光《南海县志》中记载："嘉庆十五年（1810）……洋行商人伍敦元、潘有度、卢观恒合捐数千金于洋行会馆，属邱（熺）谭（国）二人传种之。"[5] 可见，行商们从 1810 年起开始捐款，在洋行会馆设立种洋痘局，并让邱熺等人进行牛痘接种的工作。而邱熺称他的工作始于 1806 年，这是指此后十余年在会馆从事的种痘工作吗？

邱熺是从什么时候离开皮尔逊独立从事牛痘接种工作？这个时间点是考察邱熺种痘活动的重要因素。皮尔逊在 1816 年写成的报告中有以下记录：

> 为了推广种痘法，我采取了最恰当的办法。我用我能做到的最好办法将牛痘法的详细内容教授给几名中国人。他们在我的监督下给别人种痘，同样，在其他地区也广泛地开展了种痘……两次，澳门和广州的牛痘法消失的时候，从两边都有一定距离的广东省境内发现牛痘法还一直存在着……我在前面提到的中国人种痘师们在他们的诊所给来访的儿童

---

1 同治《南海县志》卷 26《杂录下》，第 25 页下，《中国方志丛书》华南地方第 50 号，台北：成文出版社，1967 年，第 444 页。
2 [美]史景迁著，김우영译：《近代中国的西洋人顾问》，首尔：移山出版社，2009 年，第 61—66 页。
3 梁嘉彬：《广东十三行考》，广东人民出版社，1999 年，第 349—350 页。夷馆是"夷人寓馆"的简称。当时把在日本的称为商馆，都是由外国人自行建造的。在中国的称为夷馆，十三行的行商将行地的一部分租赁给外国人居住，这便于将外国人控制在一个区域里。
4 岩井茂树，"Freedom and control in international trade of the early-modern East Asia"，《从周边看明清时代》，2013 年明清史学会 30 周年纪念国际学术大会发表论文集，首尔：明清史学会，2013 年，第 202 页；李恩子：《广东十三行与开港的记忆》，《史丛》第 76 辑，2012 年，第 174 页。
5 道光《南海县志》，卷 44《杂录二》，第 30 页下。

进行牛痘接种。15—40名儿童在那个地方每九天进行（一次）接种。我现在已经从对个人活动来说非常劳累和厌烦的预防接种的事业中解放了出来。我要照顾的事情就只限于提取淋巴和检查脓疱了。[1]

中国弟子在熟练掌握种痘技术之前虽需要皮尔逊的监督，但是技术达到一定水准的话，大概可被允许自行进行牛痘接种。在广州或者澳门的牛痘疫苗断供的1806年和1808年，正是因为一部分弟子在其他地区进行牛痘接种，才会出现"广东省境内发现牛痘法还一直存在着"的记录。即使弟子与皮尔逊在一家诊所工作时，皮尔逊也是将牛痘接种这种苦差事交给弟子承担，自己则仅检查脓疱而已。此时，弟子们已经开始了独立行医活动。所以在1810年之前，邱熺有独立进行种痘活动的可能。既然牛痘接种是免费进行的[2]，那么必须得到经费支持。故1810年以前邱熺即使独立从事着接种活动，也是通过皮尔逊从公司那里得到了援助。他完全脱离皮尔逊独立从事牛痘接种，应是1810年之后的事。

在行商的支援之下，邱熺的牛痘接种得以顺利进行。皮尔逊在1832年的报告中称：

1821年3月以来……抗天花的效果被广泛知晓，良好的传闻也急速扩展开了。在规定的期限内种痘法的维持得益于制度化了的并与之相适应的体系，而这都归功于中国人接种师团体的努力。他们当中的重要人物是A—he—qua（他从1806年以来就参与接种），凭借着其判断态度或者施术方法以及忍耐心等，而被看成是对种痘事业有突出能力的人物。他令人敬佩的努力因乡村民善意的舆论而受到了赞扬，地方政府的高级官员给予他很高的评价，并给他提供了许多关照。[3]

皮尔逊所说"种痘法的维持得益于制度化了的并与之相适应的体系"是指什么？皮尔逊经历过1806年、1808年两次牛痘疫苗的断供，主要原因是接种者的匮乏，不能得到用以制作疫苗的痘浆，邱熺对此十分清楚。1810年，在行商伍

1　*The Chinese Repository*, Vol. II, May, 1833, No.1, "Vaccination", pp. 37–38.
2　皮尔逊说明"在中国东印度公（司）的医疗事业，特别有关种痘的全部都是免费进行的。"（*The Chinese Repository*, Vol. II, May, 1833, No.1, "Vaccination", p. 38）邱熺也追述过"未尝以此（牛痘接种）取人丝毫之利"。参见邱熺：《〈引痘略〉自序》，《续修四库全书》第1012册，第403页。
3　*The Chinese Repository*, Vol. II, May, 1833, No.1, "Vaccination", pp. 40–41.

敦元等人的经济支援下，邱熺不仅免费进行牛痘接种，而且通过向痘浆提供者支付报酬的方法来使牛痘疫苗不被中断。[1]他在行商的经济支援下，解决了皮尔逊经历过的疫苗断供的难题。因此，他能在很长一段时间给无数人进行牛痘接种。

邱熺在《引痘略》自序中称，截止到1817年，共给数千数百人进行了牛痘接种；其他人的记录中也可以看到十年间共接种了数万、数千名的说法。[2]甚至有的书中还提到，30年间给100万人进行过牛痘接种。[3]虽然这些记录不可尽信，但是却可证明邱熺在牛痘法传播过程中发挥过巨大作用。

据皮尔逊称，邱熺除了把一般民众作为接种对象以外，还拜访了广东地区的高官或者绅士，并给他们的子弟进行了牛痘接种，从而得到他们的称赞和支持。这其中最著名的人物有两广总督阮元（1764—1849）、广东巡抚康绍镛（1770—1834）、广东布政使曾燠（1760—1831）、广东学政傅棠、国子监学正宋葆淳等。[4]阮元在1817年到1826年间担任两广总督，在看到邱熺为他的子女接种牛痘的效果后，作诗一首赠给邱熺："阿芙蓉毒深中国（《本草纲目》中鸦片的本名），力禁犹愁禁未全。若把此丹传各省（痘古名丹），稍将儿寿补人年。"[5]按照免费接种牛痘的原则，邱熺没有接受阮元的钱，却向阮元求得了上面的诗。除了阮元，广东布政使曾燠也因其子接受牛痘法而赠给邱"勿药有喜"的四字匾额。[6]在收到的赠诗、赠文及匾额达到一定数量之后，邱熺将其编纂成《引痘题咏》。《引痘题咏》共收录了113人的130余篇题咏文字。种痘技术这样一个外来技术受到如此之多的称赞，这在清朝以前的历史上是罕见的。诗文的作者有官员、文人、商人、军人、医生，甚至包含了女性诗人。[7]这些诗文和匾额的集刊，起到了宣传工具的作用。高级官员亲自撰写的诗文和匾额使中国的士大

1　邱熺：《引痘新法全书》，广东科技出版社，2009年，第70—71页。
2　程岱荸撰：《野语》卷7，《续修四库全书》第1180册，第97页。
3　张星烺：《欧化东渐史》，上海书店影印本，1989年，第71页。皮尔逊最重要的中国弟子是海官（Hequa），他在30年间共给100万人进行了牛痘接种。但是彭泽益在前篇论文（1991），已经论证过，Hequa就是邱熺。
4　张嘉凤：《十九世纪初牛痘的在地化》，《"中研院"历史语言研究所集刊》第78本第4分，第774页。
5　邱熺：《引痘题咏》，《引痘新法全书》，第9—18页。
6　邱熺：《引痘略》，《续修四库全书》第1012册，第407页。按照邱熺《引痘新法全书》中《引痘题咏》第25—30页的记载，这块匾额是嘉庆十九年（1814）送给邱熺的。
7　董少新：《论邱熺与牛痘在华之传播》，《广东社会科学》2007年第1期，第138—139页。

夫及一般人对牛痘接种这一外来技术有了信任和好感。同时也形成了民众接受邱熺等种痘活动的社会氛围。

2.《引痘略》

按照《引痘略》自序的说法，邱熺是在嘉庆二十二年（1817）编纂成书的。他刊行此书的目的如下："而痘之患处处有之，此法予既得之最先，且行之无误，用敢笔之于书，以质之于世……俾婴儿不罹天花之厄，共嬉游于光天化日中也。"[1] 字里行间可见邱熺对自己优秀种痘技术的自豪，同时也可感觉到他消灭天花拯救儿童的某种使命感。

邱熺将跟随皮尔逊学习，并独自给中国人进行牛痘接种的心得体会都浓缩在《引痘略》一书之中。但是《引痘略》与其说是独创，倒不如说它是以《英吉利国新出种痘奇书》为底本，对其加增内容使之更符合中国国情的一个文本。邱熺不可能避开皮尔逊的著作，他的方法和技术也不可能不受到皮尔逊的影响。所以，两人的著作中会出现较多的相关性是不可避免的。

但是两部著作对牛痘法传播的影响却有天壤之别。张嘉凤比较《英吉利国新出种痘奇书》和《引痘略》两书后指出，与邱熺的著作相比，皮尔逊的著作已处于"隐没"状态。[2] 原因有三：第一，小斯当东中译本的语言并不流畅，中国读者接受起来很困难；第二，书籍刊行人郑崇谦（会隆行行商）晚年因债务破产下狱，后在流配伊犁期间亡故，所以人们有所忌讳，不愿再找寻他的著作；第三，稍晚出版的《引痘略》太过盛行，盖过了皮尔逊著作的光芒。

《引痘略》的盛行程度如何呢？中国境内外现存的《引痘略》的种类相当多，据1991年出版的《全国中医图书联合目录》统计，中国境内至少有26种刻本流传下来。后人在写关于西洋牛痘法的著作时，经常会以《引痘略》为底本或者将其收录其中，或者对其加以增删。"因此，《引痘略》是19世纪影响中国最深远的种痘文献。"这么多的刻板流传下来，因为"各版本往往因编者与赞助刊行者的不同，或加入新的序跋或图式，或将痘局条约附录前后，或将邱氏

---

1 邱熺：《引痘略》，《续修四库全书》第1012册，第404页。
2 张嘉凤：《十九世纪初牛痘的在地化》，《"中研院"历史语言研究所集刊》第78本第4分，第764—765页。

另一编著《引痘题咏》附录书末,不一而足"[1],所以可以看出其多样的面貌。如此多的《引痘略》刻本也可见《引痘略》"是中国传播牛痘法最主要的方书……可以说凡谈及牛痘,未有不言南海邱熺与《引痘略》者"[2],或是被评价:"'迄今各直省广种牛痘,皆祖是书(《引痘略》)也。'其在各地出版的过程,也就成为研究牛痘术传播过程的资料。"[3]《引痘略》成为学习、教授、宣传牛痘法的经典,也成为牛痘技术的正统课本。[4]

《引痘略》为何如此盛行?依据张嘉凤的观点:第一,《引痘略》是由中国种痘师写成的,文笔相对流畅,内容也平易,对中国读者来说既有亲切感又有可读性;第二,《引痘略》刊行后得到了商人、士人、官员的支持和推荐,因此可以更加广泛地传播;第三,在各界的财力支持下,《引痘略》以免费赠阅的方式增加了更多的读者,而《英吉利国新出种痘奇书》以纹银二分的价格出售,很难吸引读者;第四,邱熺采取了借用中国传统医学理论的策略宣传西洋种痘法,从而得以扩大了读者群。[5]

对上述第四个原因要详细说明一下。[6]邱熺一直站在中国传统医学的立场上来解释西洋牛痘法,这是他得到士大夫、官吏、商人和种痘师共鸣的关键。采取这样的中国本位立场与当时的现实背景有关。在《引痘略》刊行的时候,牛痘法传入中国已经十年有余,但是从人痘法发展而来的鼻苗法[7]在江南地区施术的时间却更为久远,所以即使有少量的失败案例,一般民众还是更信赖鼻苗法。在一般民众看来,无须冒险尝试牛痘法,再加上社会上兴起了牛痘法种痘后会复发天花的传言,这都成为牛痘法传播的障碍。这些情形迫使邱熺改变

---

1 张嘉凤:《十九世纪初牛痘的在地化》,《"中研院"历史语言研究所集刊》第78本第4分,第769页。
2 廖育群:《牛痘法在近代中国的传播》,《中国科技史料》,第9卷(1988年)第2期,第38页。
3 陈朝晖、郑洪:《岭南医家邱熺与牛痘术》,《中华医史杂志》1999年第3期,第158页。
4 张嘉凤:《十九世纪初牛痘的在地化》,《"中研院"历史语言研究所集刊》第78本第4分,第778页。
5 张嘉凤:《十九世纪初牛痘的在地化》,《"中研院"历史语言研究所集刊》第78本第4分,第765—776页。
6 张嘉凤:《十九世纪初牛痘的在地化》,《"中研院"历史语言研究所集刊》第78本第4分,第772—792页。
7 将沾有天花病人痘浆的絮棉放入想要预防天花的人的鼻子里,通过有意感染天花来获得免疫力的方法,这是传统人痘法的一种。人痘法有两种:一种是痘衣法,将出了痘疹(天花)的儿童的内衣给尚未得痘疹的儿童穿上使其出痘;第二种是鼻苗法,此法又分三种:第一,使用痘浆的方法;第二,将干痘痂屑(旱苗)吹进鼻子里;第三,将粘过湿痘痂(水苗)的絮棉放入鼻子里使其出痘。

牛痘法的推广策略，他以传统医学知识来说明牛痘法。首先，借用传统的天花和鼻苗法的用语，将牛痘法放进人们已经熟悉的语言和文化世界中，例如，《引痘略》中使用的"播种""苗""种痘"等词语都是从鼻苗法中借用过来的。他还将中医的经脉学说和针刺之法与牛痘法紧密结合在一起。例如，《引痘略》展示了作为经脉学说基础的手少阳三焦经图，并添加了牛痘会种在两臂上的消泺、清冷渊两个穴位上的说明。这就将西洋的牛痘放入了传统的医学体系之中。此外，还遵循了中国传统的男左女右理论[1]，借用了天花的发病是由胎毒引起这一传统胎毒理论[2]。还根据吴谦（1689—1748）编纂的《医宗金鉴》与张琰的《种痘新书》中的传统见解，将人痘法（古痘苗塞鼻孔法）与牛痘法进行了比较，指出牛痘法的优越性、安全性、便利性。《引痘略》虽然称赞了牛痘法，却并未诋毁传统方法，反而将牛痘融入到传统的种痘法中，并将其安插在传统的痘科分类之下，由此完成了牛痘法的在地化与中国化，而这也正是张嘉凤的结论。

除此之外，在《引痘略》中还加入了五行思想和气论的内容。欧洲曾出现过如何解释将牛的脓疱移植于人体内这一难题，中国同样如此。邱熺为了解决这个问题，提出牛在五行中属土，人的五脏中的脾脏也属土，故牛与人的脾脏属于同气的理论，反驳了一般人认为的牛和人属于不同气的主张。[3]《引痘略》中《引痘说》称："盖牛土畜也，人之脾属土，以土引土，同气相感，同类相生，故能取效，若此，痘种自牛而来，故曰牛痘也。"[4] 天花病毒在五脏中广泛存在，但在脾脏的毒性较弱，在肾脏的毒性则最强。因此利用属土的牛痘，很容易将脾脏中的天花病毒抽出，并使全身不再受到天花的伤害。[5] 这样一来，为了预防天花而将牛的痘浆放入人体内就不再是问题了，且利用牛痘，更容易清理

1　皮尔逊的叙述中种痘的部位虽然并没有区分左右，但是邱熺在转述的过程中按照传统脉学的性别原则和鼻苗法的习惯，改为了男左女右的接种方式。
2　天花的病情在中医是被认为由胎毒（中医指初生婴儿所患疮疖等的病因，大多是母体内的热毒）感染而引起的。但是种痘却"施于未病之先""乃引毒达表"，使胎毒去除，故能不再发病。种痘的关键便是引毒外透。他的著作取名为《引痘略》，正是基于这种认识。陈朝晖、郑洪：《岭南医家邱熺与牛痘术》，《中华医史杂志》1999年第3期，第159页。
3　董少新：《论邱熺与牛痘在华之传播》，《广东社会科学》2007年第1期，第137页。
4　邱熺：《引痘略》，《续修四库全书》第1012册，第405页。
5　董少新：《论邱熺与牛痘在华之传播》，《广东社会科学》2007年第1期，第137页。

掉人体内的天花病毒。以现在的立场来看，邱熺的这些理论只能说是为了缓解时人对牛痘法的不信任和疑惑而施行的"苦肉计"。

三　广东行商对牛痘法传播的贡献

1. 引进牛痘法

第一节中曾提到，1803 年 8 月，印度孟买的英国东印度公司向广州运送疫苗和说明书，广东公司在行商的帮助下试图给儿童进行牛痘接种，但是失败了。当时提供牛痘为儿童接种的，是行商 Chunqua 的兄弟 Cheequa。[1] 英国东印度公司的大班经常与行商进行贸易，与行商熟悉，要求行商挑选接种的儿童。Chunqua 就是经营东生行的、以章官（Chunqua）为商名的刘德章。他在 1794 年创立东生行，一直经营到 1825 年他病逝为止。[2] 可以说，刘氏兄弟是最早帮助英国东印度公司将英国的牛痘接种法输入中国（虽然失败了）的行商。在牛痘法安全性尚未得以确认之时，能够让亲侄参与，这不是一件容易的事。1811 年竖立的《文澜书院碑记》，记录了 12 位洋商之名，他们曾为建立书院及书院运营而捐款。[3] 首位是卢广利（卢观恒的广利行），第五位即刘东生，[4] 意为东生行的刘德章。1785 年义丰行商蔡昭复因西洋人的债务而破产，其住宅被官府没收抵债。洋商们一起以 11820 两将该宅收买，作为广州西关修濠公所。[5] 为振兴广东文运，他们另在修濠公所旁建立文澜书院，作为士

1　The British Library，JOR/F/4/169/2985，pp.107–110。张嘉凤：《十九世纪初牛痘的在地化》,《"中研院"历史语言研究所集刊》第 78 本第 4 分，第 757 页。
2　梁嘉彬：《广东十三行考》，第 301—302 页；朴基水：《葛藤、协力、隶属——以清代广东对外贸易中的行商和东印度会社的关系为中心》,《明清史研究》第 36 辑，2011 年，第 275 页，表 1。
3　广州在 1686 年建立了从事对外贸易的商人组织洋货行，1760 年又改为垄断与西洋商人贸易的外洋行。这些洋货行商人和外洋行商人都被简称为洋商。他们就是广东十三行。十三行的商人从含义上被称为行商（the Hong merchants）。所以洋商在鸦片战争之前指的都是行商。
4　梁嘉彬：《广东十三行考》，第 391—393 页。
5　广州西关修濠公所位于广州省城太平门外的绣衣坊，是行商组织的为了防止濠水堵塞而发生水患的濠水疏浚机构。广州濠水自东西水流流进水路，并环绕广州城南直到归德门外。濠水两岸出售百货的商家鳞次栉比，设置了五都市场，是天下商人聚集的场所。朴基水：《清代行商的绅商性性格——以潘氏家族的事例为中心》,《大东文化研究》第 80 辑，2012 年，第 158 页。

大夫聚集问学之所。刘德章曾为学校及水利机构捐资,积极参与社会公益活动。这也部分解释了他为何能让亲侄参与到牛痘接种的试验之中。

尽管有刘德章的帮助,牛痘接种试验还是无疾而终,而会隆行的郑崇谦却取得了成功。郑的贡献可归纳为两点:一是以自己的名义刊行了皮尔逊的《英吉利国新出种痘奇书》,使得此书顺利出版;另一点是招募有意学习牛痘法的邱熺(意)等人跟随皮尔逊学习种痘术。

首先,郑氏曾帮助刊印种痘术书籍。按照马士的记述,《英吉利国新出种痘奇书》的出版得到了郑崇谦的支持,郑"现在适在澳门,他答应帮助翻译并以他的行号出名",借名的理由是"在中国印行一本书,必须由一位有社会地位的人士出名或题署"。[1] "有社会地位的"何指?光绪《广州府志》称:"洋商郑崇谦司马,刊种痘奇书一卷。"[2] 可见,郑氏拥有司马,即同知、通判的官衔。另据《清代外交史料》记载:"嘉庆九年郑崇谦以郑芝茂之名,由捐职州同加捐提举职衔"[3],此处"州同"即"知州"的佐贰官(副职)"州同知",从六品。[4] 所谓"司马",即指此而言。尽管只是以捐纳获得的虚衔(荣誉官职),但却赋予了郑崇谦一定的社会地位。

1795年,郑崇谦继承了其父郑尚乾(本籍广东南海)于1793年创立的会隆行。到了1809年,因经营不善,郑家积累了许多债务。"迨至嘉庆十四年冬间,共计欠饷银八万九千余两,又拖欠英吉利公司夷人番银四十五万余两,港脚[5]、花旗、蓝旗夷人等番银五十二万九千余两,位数较多,无从挪借偿还。"债务合计高达106.8万余两。东印度公司为了能够从濒于破产的会隆行收回债务,令通事吴士琼(Ashing)充当外商代理人,并假借会隆行的名义管理行务,将所得利润

1　[美]马士:《东印度公司对华贸易编年史(1635—1834)》第3卷,第15页。
2　光绪《广州府志》卷163《杂录四》,第40页a,《广东府县志辑》3,第846页。
3　《两广总督百龄等奏审拟负欠饷夷账及串同夷商私顶行名代定货物之案犯折》,嘉庆十五年十一月初三日,故宫博物院图书文献馆编:《清代外交史料:嘉庆朝》,台北:成文出版社,1968年影印,第301页。
4　刘子扬:《清代地方官制考》,北京:紫禁城出版社,1994年,第106页。
5　指鸦片战争前广州对外贸易中,中英两国特许商人以外的自由经营贸易的商人。外国散商是指东印度公司以外各国来广州贸易的商人,即所谓"自由商人",其中主要是从17世纪末到19世纪30年代获得东印度公司许可前来广州经营贸易的英、印商人,英文称为"乡下商人"(Country merchant)和"帕栖人"(Parsees,世居印度经商的波斯裔祆教徒),当时中国人则称为"港脚",他们的船只称为"港脚船"。

用来偿还商欠。¹ 但是，这样的事实很快就被清朝当局察觉。1810年6月，郑崇谦与吴士琼被捕，7月被关押进南海县监狱。² 在两广总督百龄的奏请下，郑崇谦被流配到伊犁充军，翌年死于戍地。³ 此后，人们对他的经历遮遮掩掩，讳莫如深。在这种情况下，他出版《种痘奇书》的事也就逐渐被遗忘了，他参与刊行的书也自然失去了影响力。⁴

第二，郑氏曾召集人手学习牛痘法。这些人中的邱熺已在前文有了详细说明，不赘言。光绪《广州府志》记载："募习者得番禺梁辉、香山张尧、南海邱熺、谭国四人，其后梁返黄埔，张归翠微（香山县东南），邱、谭两人遂擅其技。"⁵ 道光《南海县志》也曾记载，1810年洋行商人伍敦元等捐献巨款，邀请邱熺、谭国两人在洋行会馆推行牛痘接种。⁶ 正因为有郑氏的努力，才培养出受皮尔逊指导的中国种痘师，牛痘技术通过他们得以迅速推广。

2. 牛痘法的扎根

皮尔逊1805年春天首次将牛痘法引入中国后，1806、1808年两次发生牛痘疫苗断供事。传统的人痘法因为风险高，施术还要收费，在这种情势下，免费成为影响牛痘法普及的重要原因。当时，流传着有关牛痘接种后果的谣言，一度影响接受种痘的人数。邱熺在《引痘略》中说："盖当盛夏溽暑之时，即平日深信者，亦多拘执而不肯来。痘不种，则浆无从取，浆不取，则苗无以继。"⁷ 人们普遍认为，在闷热的夏、秋季节里，"所有疾病都比一般的时候更加危险，更

---

1 章文钦：《清代前期广州中西贸易中的商欠问题》，《中国经济史研究》1990年第1期，第123页。
2 ［美］马士：《东印度公司对华贸易编年史（1635—1834）》第3卷，第144—145页。
3 章文钦：《清代前期广州中西贸易中的商欠问题》，《中国经济史研究》1990年第1期，第123页。郑崇谦死亡年度可以看作是1813年。（［美］马士：《东印度公司对华贸易编年史（1635—1834）》第3卷，第190页）1813年2月传来了郑崇谦死亡的消息。彭泽益也称郑崇谦是嘉庆十八年（1813）死去的，参见彭泽益：《广州洋货十三行行商倡导对外洋牛痘法及荷兰豆的引进与传播》，《九州学刊》第4卷1期，1991年，第80页。
4 道光《南海县志》卷25《艺文略》，第55页a："《种痘奇书》一卷，国朝郑崇谦撰……崇谦殁后，后嗣式微，遂有窃其书而增益之以问世者，不复举崇谦之名氏也。良可慨矣！"《南海县志》的撰者慨叹郑氏之名被人遗忘，著作被别人剽窃。
5 光绪《广州府志》卷163《杂录四》，第40页，《广东府县志辑》3，第846页。
6 道光《南海县志》卷44《杂录二》，第30页b。
7 邱熺：《引痘略》，《续修四库全书》第1012册，第408页。

加猛烈地袭击"。[1] 所以即便免费接种，在闷热的季节里，也容易出现牛痘接种者剧减的情况，甚至出现疫苗的断供。在这种困境之下，行商们慷慨解囊，建立牛痘接种基金，打破了僵局。

道光《南海县志》记载："迨十五年（1810）……洋行商人伍敦元、潘有度、卢观恒合捐数千金于洋行会馆，属邱、谭二人传种之。寒暑之交，有不愿种者，反给以赀，活婴无算。"[2] 光绪《广州府志》记载了具体的捐款数额："嘉庆辛未年（1811）……洋商潘有度、卢观恒两都转伍秉鉴方伯，共捐银三千两，发商生息，以垂永久。"[3] 两则资料中，洋商的筹款时间略有差异，此处从道光《南海县志》的记载。伍敦元（即伍秉鉴）在三名洋商中排第一，又有方伯这一名誉官职，他在捐资的三人中应处于核心的位置。

伍秉鉴（伍浩官Ⅲ：Howqua Ⅲ [4]，1769—1843）是怡和行创始人伍国莹（伍浩官Ⅰ：Howqua Ⅰ，1731—1800）的三子，在1801年兄长伍秉钧（伍浩官Ⅱ：Howqua Ⅱ，1766—1801）死后开始经营怡和行。早在1800年，怡和行就已发展为第三大行商。[5] 1807年，上升为第二，1809年成为总商（商总）。[6] 随着同文行潘有度的隐退，怡和行成为势力最盛的行商。直到去世，伍秉鉴一直在行商中居于领导地位，他也曾捐纳布政使衔。[7] 美国商人亨特（W. C. Hunter）认为伍秉鉴在1834年拥有2600万美元的财产，并将其评为世界上最大的富豪。[8]

1　*The Chinese Repository*, Vol. Ⅱ, May, 1833, No.1, p.38.
2　道光《南海县志》卷44《杂录二》，第30页b。
3　光绪《广州府志》卷163《杂录四》，第40页b，《广东府县志辑》3，第846页。
4　马士与梁嘉彬把伍秉鉴称为Howqua Ⅱ。章文钦对此予以否认，认为Howqua Ⅱ是伍秉鉴的兄伍秉钧。并把伍秉鉴称为Howqua Ⅲ。章文钦：《从封建官商到买办商人——清代广东行商伍怡和家族剖析（上）》，《近代史研究》1984年第3期，第170页。
5　梁嘉彬：《广东十三行考》，第284—285页；章文钦：《从封建官商到买办商人——清代广东行商伍怡和家族剖析（上）》，《近代史研究》1984年第3期，第169—170页。
6　梁嘉彬：《广东十三行考》，第285页。这个时期行商中的最高洋商被称为商总。1813年仿照盐商例称为总商。章文钦指出，伍秉鉴于1813年成为总商，这说明了同一名称的变化。关于商总和总商的名称参考陈国栋：《潘有度（潘启官二世）：一位成功的洋行商人》，广州历史文化名城研究会等编：《广州十三行沧桑》，广东地图出版社，2001年，第151页、第186页注11。
7　同治《南海志》卷14《列传·伍崇曜》，第49页b，《中国方志丛书》第50号，第277页。
8　［美］亨特著，冯铁树译：《广州番鬼录（1825—1844）——缔约前"番鬼"在广州的情形》，广东人民出版社，1993年，第36页。

潘有度（潘启官Ⅱ：Puankhequa Ⅱ，1755—1820）是同文行创始人潘振承（潘启官Ⅰ：Puankhequa Ⅰ，1714—1788）的第四子，1788年开始经营同文行。潘振承自1760年后崭露头角，去世前是首任广州洋商的商总，与外商交易量最大。潘有度接手同文行后，延续了父辈创造的繁荣，成为实力最雄厚的洋商。1808年，在官方许可下，潘有度关闭同文行并隐退，资产分给兄弟六人；1815年，在当局的敦促下，他又重操旧业，并启用新名——同孚行，不过财力已无法与同文行相比。潘有度也曾捐纳各种虚衔，最终得到从三品的盐运使司衔。[1]

卢观恒（Mowqua Ⅰ，？—1812）于1792年创建了广利行，粤海关给予他茂官之名，所以又被称为卢茂官。广利行逐渐发展，在1796年位居行商中的第三位，次年上升为第二。[2]1808年潘有度隐退以后，卢观恒与伍秉鉴一起统领行商。他曾捐纳正四品的候补道。[3]卢观恒的成功不仅是因为经营有方，其子卢文锦与伍秉鉴侄女的联姻也帮助了他事业的发展。1812年卢观恒离世后，他的儿子卢文锦与卢继光继承父业。[4]

总之，伍秉鉴的怡和行、潘有度的同文行、卢观恒的广利行是当时最具代表性的三家洋商。[5]之所以将伍秉鉴的名字放在前面，是因为他担任商总，且拥有最高的虚衔。行商是清代商人中最富有的势力之一，社会对他们的关注度、他们对社会的责任感等都促使他们参与到社会公益事业中。他们也都捐有相当的名誉官职，需要通过某种方式表现出绅士所具有的责任意识和公共意识。他们曾以个人身份进行了很多的社会捐献活动。道光元年（1821），伍秉鉴与女婿卢文锦一起捐款十万两帮助桑园围修葺石筑。[6]他也曾支持美国医生兼传教士

---

1. 朴基水：《清代行商的绅商性性格——以潘氏家族的事例为中心》，《大东文化研究》第80辑，2012年，第134—138、146—147页。
2. 《粤海关志》卷25《行商》，第13页b—14页a，《近代中国史料丛刊》续编第19辑，第1822—1823页。
3. 道光《广东通志》卷138《建置略十四·学校二》，《续修四库全书》第672册，第173页。
4. 李国荣著，李和承译：《帝国的商店》，首尔：松树出版社，2008年，第113—115页；梁嘉彬：《广东十三行考》，第293—294页。
5. 梁嘉彬《广东十三行考》第296页称："余以潘、卢、伍三家，俱行商中之表表者。"
6. 同治《南海县志》卷14《列传·伍崇曜》，第48页，《中国方志丛书》，第50号，第276页；光绪《广州府志》卷129《列传十八》，第25页b，《广东府县志辑》3，第282页也有类似记录。

伯驾在广州创设眼科医院。[1] 潘有度虽一度隐退,却没有停止过社会捐献活动。1793年他捐款重修番禺学宫。1806年他协助从印度进口大米,稳定广东的米价。[2] 卢观恒曾捐款修筑新会县大堤和闸门,抵御水害。[3] 他去世后,卢文举等遵其遗嘱,拿出土地在新会县设立了义仓,并创设紫水义学。[4] 也正因为如此,卢观恒在去世后得以入广州府学乡贤祠配享。[5] 除此之外,三家行商都捐款修建广州西关修濠公所与文澜书院。

不可否认的是,他们对推广牛痘法的捐款,也部分隐藏着借此加强与东印度公司的关系,进而获得更多商业利益的目的。[6]

从他们参与社会公益活动的角度来看,对推广牛痘法慷慨解囊可看作其捐献活动的一部分。那么,他们的经济支援对牛痘法的普及有怎样的贡献呢?邱熺有如下说明:

> 牛痘法,全在养苗,此苗始自外洋。嗣后以人传人,贵乎连绵不绝。予既于洋行会馆设局,夏月以八日为一期,春秋冬三季以九日为一期,周而复始,来种者风雨勿改。而洋行好善诸公,复酾金生息。自四月至九月来种者,酌以果金与取浆之人,其所以设果金者,盖当盛夏溽暑之时,即平日深信者,亦多拘执而不肯来。痘不种,则浆无从取,浆不取,则苗无以继。今既设果金,俾来者,孩童获安全,而贫乏亦不无小补。于是种痘者源源而来,而佳苗乃绵绵弗绝。行之既久,人咸知牛

---

1 冷东、刘桂奇:《十三行与清代中后期广州现代医疗卫生体系的初建》,《西南大学学报(社会科学版)》2010年第5期,第186页。史景迁前书第65—66页也叙述了相似的内容。
2 朴基水:《清代行商的绅商性性格——以潘氏家族的事例为中心》,《大东文化研究》第80辑,2012年,第158—159页。
3 道光《新会县志》卷2《舆地·水利》,第47页,《广东府县志辑》33,第122页。
4 道光《新会县志》卷3《建置上·公署》,第12页b,《广东府县志辑》33,第142、155页。
5 光绪《广州府志》卷131《列传二〇》,第5页,《广东府县志辑》3,第306—307页;道光《新会县志》卷14《事略下》,第6页,《广东府县志辑》33,第470页。1816年,卢观恒因此前与堂兄刘华东的土地纷争导致广州府绅士的反对,其神位被迫从乡贤祠中逐出。详细经过参看桂文灿:《经学博采录》卷4,《续修四库全书》第179册,第29页;同治《番禺县志》卷46《列传十五》,第4页b—5页a,《广东府县志辑》6,第557—558页。
6 前面提到过,英国东印度公司希望通过将牛痘法引进中国来取得中国人的好感,以便扩大商业贸易。积极支持牛痘法引进的行商,可以与英国东印度公司结成紧密的关系来扩大和公司的交易量。贸易量的扩大会给行商带来经济利益的增长。

痘之法，虽盛暑亦无碍也。¹

"果金"报酬是一个有效对策，在闷热的季节里也能召集许多志愿者，使得牛痘疫苗可长期保存。这是一笔不菲的费用。在牛痘接种推广的过程中，皮尔逊对技术的传播很重要，邱熺对书籍的刊行很重要，同样，行商的捐款也很重要。对此后牛痘接种的开展，光绪《广州府志》与同治《南海县志》分别有如下记载：

> 初设局洋行会馆，后迁丛桂里三界庙西偏。至道光壬寅（1842），经费为当事者亏折，伍方伯崇曜遂独力支拄者十年。至同治壬戌（1862），制府劳文毅公崇光，札谕惠济义仓，岁拨银约百五十两，仍俾当事者后人分董之，以永其传。²

> 洋行旧设种洋痘局在会馆，后迁丛桂里三界祖庙，嗣以经费为当事者亏折，始犹勉强支拄，后不继，伍紫垣方伯遂独任之。同治壬戌（1862）制府劳文毅公崇光札谕惠济义仓，岁拨银约百五十两，仍俾当事者后人分董之。以广其传。³

上述方志称，1842年牛痘接种因邱熺、谭国等人的财政亏损而处于困境，但并未明言发生了什么事情。一部分学者认为，邱熺卷入到经济丑闻中。⁴笔者的推测如下：邱熺在受到了绅士或高官的牛痘接种倡议以后，为了得到他们的赞赏诗文，即使是很远的地方，也会去资助施术，这就有可能造成浪费；或是三名行商本意将凑集的银两贷给商人，以利息作为洋痘局的经费，却发生了本息无法收回的意外。在牛痘接种事业陷入困境后，一直支持到最后的是伍秉鉴的第五子、当时经营怡和行的伍崇曜（Howqua V，伍绍荣，1810—1863）。伍崇曜继其兄伍受昌（Howqua Ⅳ，伍元华，1800—1833）之后经营怡和行，在很长一段时间内，接受伍秉鉴与伍受昌的指导。⁵

伍崇曜资助牛痘接种事业是否从1842年开始出现经费短缺，尚不明确。同

1　邱熺：《引痘新法全书》，第70—71页。
2　光绪《广州府志》卷163《杂录四》，第40页b，《广东府县志辑》3，第846页。
3　同治《南海县志》卷26《杂录下》，第25页b，《中国方志丛书》50，第444页。
4　张嘉凤：《十九世纪初牛痘的在地化》，《"中研院"历史语言研究所集刊》第78本第4分，第797页。
5　章文钦：《从封建官商到买办商人——清代广东行商伍怡和家族剖析（上）》，《近代史研究》1984年第3期，第171页。

治《南海县志》记载，1842年之后，邱熺等人是勉强维持，在1851年邱熺去世后就更加难以为继，这个时期很可能是伍崇曜在独自支撑。1863年伍崇曜死后，这种资助事业就逐渐消失了。1862年，两广总督劳崇光插手牛痘接种事业，这与上述脉络基本相符。[1]

自《南京条约》废止行商制度后，伍崇曜就不再是行商了。但是凭借家族积累的财富，他足以独立资助牛痘接种事业。同治《南海县志》称言："崇曜仰承先志，公家有急，必攘臂争先。自道光二十年后，地方多事，库帑支绌，不得已借资商人，诸商人又推伍氏为首，崇曜急公奉上，凡捐赈捐饷均摊假贷，先后所助，盈千累万，指不胜屈。"[2] "急公有父风，计伍氏先后所助，不下千万，捐输为海内冠。"[3]

从1810年，伍秉鉴、潘有度、卢观恒等行商出资捐助下，牛痘接种事业得以再兴。之后，伍秉鉴的儿子伍崇曜独自资助了十年。总而言之，如果没有行商的经济资助，广东地区的牛痘接种事业不会那样顺利。

3. 牛痘法向北京的传播

1805年在皮尔逊进行牛痘接种以后，牛痘法向中国各地传播。最早开始牛痘接种的地区是澳门，其次是皮尔逊工作地点之一的广州。他培养了邱熺等多名弟子，并依靠他们使牛痘法得以推广。在邱熺的《引痘略》刊行之后，牛痘法的传播更加容易了。

据廖育群的研究，牛痘法在1822年就已经传到了湖南嘉禾，1823年在湖南衡阳和江西清江都曾经实行过牛痘法。1827年在湖南宜章，1828年在湖南湘潭，都出现过牛痘接种。1828年，连遥远的北京也开始了种痘。广东籍京官曾望颜（1790—1870）看到京城里痘患严重，提出了要将牛痘法引入北京的想法，因为路途遥远，他给两广总督李鹿坪（即李鸿宾，1767—1846）去函，要求将牛痘疫苗运往北京。北京米市胡同的南海会馆设立了公局进行接种，申请者络绎不

---

[1] 根据章文钦：《从封建官商到买办商人——清代广东行商伍怡和家族剖析（下）》，《近代史研究》1984年第4期，第242页的内容，伍崇曜是1863年病死的，很可能在1862年就不能进行正常的活动了。在这样的情况下，两广总督劳崇光采取了持续支持牛痘接种的措施。
[2] 同治《南海县志》卷14《列传》，伍崇曜条，第48页b《中国方志丛书》50，第276页。
[3] 光绪《广州府志》卷129《列传十八》，第26页a，《广东府县志辑》3，第283页。

绝。[1] 曾望颜按照广东实行的办法,向接种疫苗者提供报酬(果金),施术对象主要是广东人。[2]

之后,北京的牛痘法一度中断,在行商潘仕成的要求下,邱熺的儿子邱昶再次带来了牛痘法。邱昶在同治元年(1862)刊行的《牛痘新法全书》序文中写道:

> 先君(邱熺)…不能亲行者,悉令昶依法布种。京师有痘患,潘德畬方伯稔知牛痘之法昶已得传,遂邮书来延。时以先君逾古稀未敢远游,欲却其请,先君闻而训饬曰:种痘活人乃我素愿,京师痘患与吾粤痘患无异。岂可以我一己之待养而阻人好善之举尔?尔依我所授干苗法即日治装往。昶因敬谨从命,抵都设局凡十阅月,种婴孩数百人,授徒五人,以是传之京师……先君于咸丰元年(1851)易箦之日,犹谆谆以牛痘一事,使昶永其传。[3]

与在前面看到的一样,邱熺大约是1774年出生的,其古稀之年应是1843年,这与潘仕成将北京的住宅捐献为番禺会馆[4]的时间吻合。所以邱昶应潘仕成之邀请去北京传播牛痘法的时间应为1843年至1844年。早在1828年,牛痘法曾由曾望颜传入北京,但因牛痘疫苗很难继续而中断。皮尔逊在1832年的报告书中,留有"种痘法甚至传到了北京,但不幸的是却在那里失传了"的记录。[5]之后,依赖潘仕成的经济支持,牛痘法再一次传入了北京。

潘仕成(1804—1873)是潘振承弟弟的曾孙,虽然同孚行的正式代表人是潘正炜(潘启官Ⅲ:Puankhequa Ⅲ, 1791—1850),但他更热衷于著述和书画的鉴赏[6]。笔者认为,潘仕成与其父潘正威通过行商业务积累了相当多的财产,其父实质上管理和经营着同孚行。潘仕成在1832年曾入顺天乡试副榜[7],恰逢京师一带发生饥荒,潘仕成捐款赈灾,救了许多人命,被道光帝拔擢为举人。之后,

---

1 廖育群:《牛痘法在近代中国的传播》,《中国科技史料》第9卷(1988年)第2期,第36—37页。
2 陈朝晖、郑洪:《岭南医家邱熺与牛痘术》,《中华医史杂志》1999年第3期,第160页。
3 廖育群:《牛痘法在近代中国的传播》,第38页。
4 同治《番禺县志》卷16《建置略三·学校》,第52页a,《广东府县志辑》6,第183页。
5 *The Chinese Repository*, Vol., May, 1833, No.1, p.40.
6 朴基水:《清代行商的绅商性性格——以潘氏家族的事例为中心》,《大东文化研究》第80辑,2012年,第166—171页。
7 副榜是给予乡试中没有进入正榜(举人)的、成绩又比较优秀的生员的名称。副榜的资格和待遇参照贡生,所以又称为副贡。清朝只有乡试设副榜,可以入学国子监。

他通过捐纳成为正五品的刑部郎中，也得到过甘肃平庆泾道（正四品）、广西桂平梧郁道、两广盐运使（从三品）、浙江盐运使等实职，但却没有赴任。[1] 邱昶的序文称潘仕成为方伯，是因为他获得过布政使衔的名誉官职。

上引邱昶的序文中并不能确知潘仕成的经济支援达到了怎样的程度，但是从潘积极踊跃参加民间捐献活动，可以推测他对牛痘法在北京的传播做出相当大的贡献。他曾把自己的住宅捐出来作为会馆；在来京参加乡试时，又因为目睹饥荒捐献了12000两巨款。[2] 除此之外，他还在1842年为广东地区的科举应试者增建了贡院的号舍，并在1843年修葺了提督学院署（院试的考试场所）。他还为增建和修葺由英军驻扎而废弃的贡院的号舍而花费13000两白银。[3] 潘仕成对社会的贡献巨大，他也无疑对牛痘法在北京的推广做了相当大的经济和物质上的支援。他的活动可以看作行商对牛痘法在北京普及做出很大贡献的一个事例。

结　论

1798年詹纳公开牛痘法以后，新的天花预防技术迅速向全世界传播。对牛痘法的传播建立功劳的是西班牙国王在1803年派遣的巴尔米斯医疗队。他们经过南美，于1805年4月15日将牛痘疫苗带到了菲律宾，与菲律宾贸易的葡籍商人啤道路滑，又在5月17日将巴尔米斯带到菲律宾的疫苗传到了澳门。英国东印度公司的医生皮尔逊利用这些疫苗，开始为澳门的中国人进行牛痘接种。1805年5月，牛痘法首次在中国施用。皮尔逊为了将新的牛痘接种法介绍给中国，编写了一本手册，并托公司的翻译小斯当东翻译成中文，即《英吉利国新出种痘奇书》。在最初的一年，皮尔逊虽然在中国弟子的协助下给广东数千名中国人进行了牛痘接种，但因为牛痘疫苗不能稳定供应，在1806年和1808年出现了两次中断，尽管可以从菲律宾再次得到疫苗，但是为了牛痘接种的持续，

1　朴基水：《清代行商的绅商性性格——以潘氏家族的事例为中心》，《大东文化研究》第80辑，2012年，第148—150页。
2　梁绍壬：《两般秋雨盦随笔》卷四，《朱侍御奏疏》，《续修四库全书》第1263册，第141页。
3　朴基水：《清代行商的绅商性性格——以潘氏家族的事例为中心》，《大东文化研究》第80辑，2012年，第163—165页。

疫苗的稳定供给成了必须要解决的难题。在当时科技水平下，没有安全保存牛痘疫苗的方法，只能用人体来维持牛痘菌的活性。只要接种者不断出现，就可以保存疫苗；否则，就不再能保存疫苗。社会上针对种痘师的谣言，以及对牛痘接种的迷信，都会减少种痘者，特别是因为牛痘法的盛行而导致失业的中国传统人痘师更是坚决反对牛痘法。

在这样的情况下出现了一个跟随皮尔逊学习种痘技术、努力普及牛痘法的人物，即邱熺。作为皮尔逊的广东弟子，他从1806年开始给广东的高级官员及知名人士的子弟免费接种牛痘，将因此获得的大量致谢诗文编成《引痘题咏》，为扭转广东人对牛痘的观念做出了贡献。邱熺在《引痘略》中，用传统人痘法的知识与新式的牛痘法理论相结合的方式来阐明后者的长处和优越性，书中借用了人痘法的用语，或是使用传统的经脉学说、男左女右理论、胎毒理论、五行理论，使得牛痘法更容易被中国人接受。这一策略使得中国的士大夫、官僚、商人等对邱熺的《引痘略》表示了认同，也引发了刊行《引痘略》的风潮。以《引痘略》为基础刊行的关于牛痘法的书籍有62种之多，这可以看作是邱熺对牛痘法在中国的普及所做的贡献。

行商对牛痘法在广东地区的扎根以及往北京和其他地区的推广做出了贡献。1803年，英国东印度公司试图将牛痘法引进中国，东生行的刘德章提供了接种儿童。1805年，会隆行的郑崇谦以自己的名义帮助皮尔逊刊行牛痘法小册子，并物色人选跟随皮尔逊学习。行商在该事业中更大的贡献则是提供资金。1810年，行商代表伍秉鉴、潘有度、卢观恒出资白银3000两，免费提供牛痘接种，并向接种者给予报酬（果金），使得接种者源源不断地前往接种牛痘。免费接种及附赠报酬，成为贫苦阶层参与牛痘接种的最重要原因，另一方面，牛痘疫苗也借此得到稳定保存。

行商的慷慨之举可以理解为求得社会对其绅士身份的认可，而表现出社会责任感和公共意识。另外，他们的举措也隐藏着借此加强与东印度公司的关系，进而在贸易中获利的商业意图。不过，部分行商从事和牛痘法有关的活动是在行商制度废止以后的事情，他们的举措不宜仅仅从商业收益的角度去理解。总之，通过潘、伍等人的事例可以清楚地看到，广东行商在牛痘法的引进、扎根、扩散过程中的贡献。

属国名分辩

——1876年中日交涉朝鲜地位问题再研究*

王元崇(美国特拉华尔大学助理教授)

内容提要 近代中日两国辩论朝鲜国际地位问题,始于1873年副岛种臣赴华使行,而集中于1876年初森有礼之使华。森氏针对朝鲜的中国属国地位一事,在北京和保定两地分别同总理衙门和北洋大臣李鸿章进行了激烈辩论。中方坚称朝鲜系中国"属国",日方坚称其系一"独立国",双方充分表达了各自对朝鲜的不同政策,奠定了两国此后一直到甲午战前在朝鲜问题上完全相反的外交政策基调。本篇重在探讨1873到1876年间中日双方逐步介入到讨论朝鲜的中国属国一案上的过程,窥察日本对中朝关系的政策是如何同英、法、美等西方国家的政策逐步完成合流的。中朝在宗藩体系之内对彼此政情的隔膜,以及宗藩体制与近代欧洲主权国家外交体制之间的种种冲突,也均在此次大辩论中暴露无遗。

关键词 属国 宗藩 主权 森有礼 总理衙门 李鸿章

1868年日本明治政府成立后,试图与朝鲜建立新的外交关系,经年交涉无果后决定对朝采取炮舰外交,但虑及中朝关系,遂同北京交涉朝鲜的中国属国

---

* 本文相关部分的写作曾先后承中国北京大学茅海建教授,美国康奈尔大学陈兼教授、高家龙(Sherman Cochran)教授、高诗满(Victor Koschmann)教授,日本京都府立大学冈本隆司教授,东京大学村田雄二郎教授、川岛真教授、高见泽磨教授、青山治世博士,韩国延世大学白永瑞教授、朴明林教授,北京大学王波博士,美国马里兰大学巴尔的摩分校宋念申教授,加州州立大学北岭分校黄珺亮教授,提供若干资料帮助及建设性意见,更承韩国国际交流财团与日本国际交流基金支持,笔者在此一并致以衷心感谢。文中舛误由笔者承担。

地位问题，试图利用西方近代国际法中的主权国家理念，从法理上否定朝鲜的属国名分，为日朝交涉扫清道路。1873 年副岛种臣赴华交涉台湾"生蕃"及琉球问题时，就朝鲜属国地位和清政府进行了初步交涉，并以英美对中朝关系的政策为指针，校正了日本的外交坐标。1876 年初，公使森有礼专门就朝鲜地位问题，先后在北京和保定同总理衙门（即总署）和北洋大臣李鸿章进行辩论，最终使日本对中朝关系之政策与西方国家的政策实现了合流。就在中日激辩正酣之时，日朝《江华岛条约》悄然签订，北京浑然不知，中朝两国间的隔膜悉数暴露。与此同时，外务省通过《江华岛条约》第一款的英译文之衍生文义，从国际法层面上将朝鲜规范为一个和日本国享有"平等主权"的"独立国"，使得朝鲜在宗藩体系内的属国名分及其在国际法上的主权双双登场。此后直到 1894 年甲午战起，中日两国再也没有就朝鲜的属国地位进行过如此集中之辩论，但双方在朝之冲突却不断回溯到 1876 年的这场大辩论。以此观之，此次中日辩论确系触发随后 20 年间两国在朝鲜政策上我行我素直至酿成对峙僵局的机关。本文在诸先贤的研究基础上，[1]观察甲午战前中日两国在朝鲜地位一事上旷日持久的外交僵局是如何发端的，检讨清朝当时应对朝鲜外交事务的政策决策过程，兼窥以"天下"观念为支撑的延续数百年之久的宗藩体系和近代西式主权国家

---

[1] 中外学界探研 19 世纪下半叶中朝关系嬗变的论著汗牛充栋，但内中针对 1876 年中日辩论朝鲜属国地位一事的研究仍非常不足。学者大多或直接援引中日某一方的会谈记录，未作谨慎的文本对比分析，往往以讹传讹，或在日本阴谋论的影响下先入为主地作出某些结论，忽略了此段历史自身的能动性。相关的主要研究论述参见：王芸生编著：《六十年来中国与日本》，生活·读书·新知三联书店，1979 年，第 1 卷，第 121—132 页；T. F. Tsiang, "Sino-Japanese Diplomatic Relations, 1870–1894," *The Chinese Social and Political Science Review*, vol. 17, no. 1（1933）, pp. 1-106；王信忠：《中日甲午战争之外交背景》，北京：国立清华大学出版事务所，1937 年，第 13—16 页；田保桥洁：《近代日鲜关系研究》，京城：朝鲜总督府中枢院，1940 年，上卷，第 515—544 页；Frederick Foo Chien, *The Opening of Korea: A Study of Chinese Diplomacy, 1876–1885*. Hamden, Connecticut: Shoe String Press, 1967, pp. 26-39；Martina Deuchler, *Confucian Gentlemen and Barbarian Envoys: The Opening of Korea, 1875–1885*. Seattle and London: University of Washington Press, 1977, pp. 25-33；滨下武志：《朝贡体系与近代亚洲》，东京：岩波书店，1997 年，第 111—125 页；王如绘：《近代中日关系与朝鲜问题》，人民出版社，1999 年，第 43—59 页；彭泽周：《明治初期日韩清关系研究》，东京：墉书房，1969 年，第 63—70 页；徐万民：《中韩关系史》，社会科学文献出版社，1996 年，第 10—16 页；伊原泽周：《近代朝鲜的开港：以中美日三国关系为中心》，社会科学文献出版社，2008 年，第 87—90 页；冈本隆司著《李鸿章之述日使议朝鲜事之解题》、译《日本使臣森有礼、署使郑永宁来署晤谈节略》，载村田雄二郎编：《新编原典中国近代思想史》第 2 部，东京：岩波书店，2010 年，第 36—53 页；冈本隆司：《李鸿章：东亚的近代》，东京：岩波书店，2011 年，第 118—122 页。

外交路数之间的并行与冲突。

一　属国名分辩之前奏：1873年副岛种臣使团与总署的交涉

1871年底，一只漂至台湾南部牡丹社的琉球船上的一部分船员遭到当地住民杀害，时值日本谋求设藩于琉球而行吞并之际，因而日本迅即以琉球乃其国土为由，积极同北京展开交涉。中日于当年9月在天津议定的《修好条规》正式换约，恰恰提供了一个绝佳机会。1873年2月，日本政府任命外务卿副岛种臣为特命全权大使赴华换约，并饬其与北京交涉清楚台湾"生蕃"一事，查明中国是否认明台湾全岛系其所属。[1] 以此为契机，主张征韩的副岛一并着手打探北京对朝日交涉的态度。

副岛对朝鲜的关注，实是当时日本对朝交际陷入被动局面的结果。明治之前，朝日交往主要体现为朝鲜在其"交邻"体系内与日本对马岛宗氏家族间的交往。[2] 1868年日本"王政复古"后，曾一度将对朝外交权力照例委托对马藩藩主宗义达负责，并由宗氏将明治新政府成立一事通报朝鲜。但是，朝鲜以对方书契违式为由拒收来书，亦拒其来使。日本方面遂有"征韩"之论。1869年，日本组建外务省以"总理各国交际事务"，并将地方外交权力收归中央。[3] 1871年日本废藩置县后，于次年任命宗义达为外务大丞，正式废除了延续几百年之久的对马岛宗氏家族处理日朝关系的职权，改由外务省直接负责。[4] 朝鲜对此变化并不清楚，循例坚持在其与对马藩间的"交邻"体系内处理双边往来，继续通过原先接待倭馆使节的东莱府使，而不是通过位于首都汉城的中央机关礼曹，

1　日本亚洲历史资料中心（アジア歴史資料センター，Japan Center for Asian Historical Resource，以下简称JACAR），文件参考号（Reference number）A03023011000、A03023011700。本文以下引用从该中心获取的数字档案时，采用"JACAR, Ref. XXX"的格式。

2　参见金指南、金庆门编纂，李湛续纂：《通文馆志》卷5—6，朝鲜1898年刻本；朝鲜司译院纂述：《同文考略》，朝鲜司译院1851年木活字版，第15册；韩国国史编纂委员会编：《同文汇考》，首尔：国史编纂委员会，1978年，第2册，第1805—2082页；第3册，第2083—2466页。

3　日本东京大学附属图书馆藏稿本：《日本国外务省事务》，卷1，第1页a（原书无页码）。

4　奥平武彦：《朝鲜开国交涉始末》，东京：刀江书院，1935年，第33—35页；田保桥洁：《近代日鲜关系研究》，上卷，第183—225页。韩国日本问题研究会编：《朝鲜外交事务书》，首尔：成进文化社，1971年。

来接受日本外务卿书函。围绕着平等接触等外交礼仪问题,双方相持不下。另外,朝鲜摄政的大院君李昰应自其子(即高宗国王)1863年入承王位以来,即奉行攘夷主义,排拒日本。[1]明治政府找不到有效的外交途径同朝鲜沟通,对朝外交陷入被动。同时,日本新政导致了原武士阶层的失业,引导这批力量向外发展亦是西乡隆盛和副岛种臣等政治家们备感迫切的事务,而征韩论恰为这种力量的发泄提供了一个好机会。而征韩论的主题之一,即遣使北京弄清中朝关系,以避免中日对垒。[2]副岛就是在这种背景下奉命使华的。

1873年3月21日,副岛一行由横滨出发,随员中包括外务顾问李仙得(Charles W. Le Gendre,又译"李让礼")。[3]李氏系美籍法人,自1866年夏起任美国驻厦门领事,1867年美商船"罗妹号"(the Rover)事件发生后,李氏与闽浙以及台湾的清朝官员往来交涉,最终亲赴台湾"生蕃"地区成功进行了谈判。[4]1872年10月,李氏途径横滨返美,恰逢日本计划出兵讨伐台湾"生蕃",美驻日公使德隆(Charles E. De Long)认为此举有利美国,遂令熟悉台湾情形的李氏暂留东京,并引荐给外务卿副岛种臣,外务省国际法特别顾问美国人斯密(E. Peshine Smith)也参加了二人的会面。12月,李氏正式接受外务省聘用,随后凭借丰富的台湾经验及对国际法的了解,对日本处理台湾"蕃地事务"的一系列政策的形成,发挥了至关重要的教导作用。[5]可以说,李仙得被招入外务省麾下,也是日本立足于欧美国际法的角度,开始在实践层面对以中国为中心的宗藩体系采取不同以往的外交政策之滥觞。

4月20日,副岛使团抵达天津,备受瞩目,因为这是日本人第一次身着欧式服装出现在中国,且有西洋人随行。[6]直隶总督兼北洋大臣李鸿章派员接洽,

---

1 周家禄:《朝鲜乐府·大院君》,第4页,载《奥籀朝鲜三种》,武昌吴保初刻印,1899年。
2 《日本外交文书》,东京:日本国际协会,1938年,第3卷,第130—131页。
3 《日本外交文书》,东京:日本国际协会,1939年,第6卷,第145页。
4 JACAR, Ref. A03030060500;《筹办夷务始末·同治朝》,中华书局,2008年标点本,第5册,第2086—2089页。
5 参见 Sophia Su-fei Yen, *Taiwan in China's Foreign Relations, 1836–1874*. Hamden, Connecticut: The Shoe String Press, Inc., 1962, pp. 159–174; Marlene J. Mayo, "The Korean Crisis of 1873 and Early Meiji Foreign Policy," *The Journal of Asian Studies* 31. 4 (1972), pp. 802–805。
6 *Mr. Sheppard to Mr. Low*, May 7, 1873, in *Foreign Relations of the United States (FRUS), 1873–'74*. Washington, D. C.: Government Printing Office, 1874, vol. I, p. 178.

双方于30日正式换约。¹ 5月1日，副岛拜会李鸿章，"畅谈半晌"，第一次提到了朝鲜问题。副岛表示，日本裁撤对马藩后屡次派人前往朝鲜与之交际，朝鲜"置之不理，书词颇多傲慢"，现日本仍遣使努力，"实无侵陵用武之意"。李鸿章告诫副岛"近邻尤要和睦"，曰："贵国既与西洋通商，若有事于朝鲜，人将谓挟大欺小，殊非美名，况与中国约章不合。"李鸿章事后说，副岛对他的意见"深以为然"。² 而日方翻译郑永宁则记载说，换约之后彼此"晤叙两三度，谈话投机，李甚敬服"。³ 此次双方并没有深入沟通朝鲜事宜，但李鸿章点出了刚换约《修好条规》与朝日交涉之关系，为日后两国辩论埋下了伏笔。

副岛抵京后，因是以高于"公使"（minister）的"大使"（ambassador）头衔来华的，所以李仙得通过此时驻京公使团的首席外交官、俄国公使倭良嘎哩（A. Vlangaly），向各国公使发出了一个长备忘录，建议其拜访作为"日本进步之主要代表"的日本大使。公使团中最为活跃、也是唯一精通中文的英国全权公使威妥玛（Thomas F. Wade）认为，李仙得"正在以一种相比睿智显得更为做作的方向引导他的日本长官"。⁴ 李仙得很快便收回了备忘录，宣布副岛将亲自拜访各国公使。随后，副岛以俄国公使倭良嘎哩为中介，以觐见清帝一事为具体事由，同英、法、美等国驻华公使进行了广泛接触，以这些国家的对华政策为坐标，校正刚刚起步的明治日本对华外交步骤。

5月20日，副岛与威妥玛会谈了台湾问题，事后威妥玛说："日本人也正在谋划一个对付朝鲜的企图，这可以解释为何倭良嘎哩先生对他们特别关切。"⁵ 6月3日，在与副岛再次就日本的台湾和朝鲜政策谈话之后，威妥玛觉察出朝鲜是日本前进的"一个礁石"，而副岛"十分想从中国获取一个保证说朝鲜是一个独立的王国（an independent kingdom），即独立于中国，也就是说，不管什么发生在

---

1 《李鸿章全集》，合肥：安徽教育出版社，2008年，第5册，第345页，本文以下简称该版全集"《李鸿章全集》（2008年版）"，其余《李鸿章全集》皆指1997年海南出版社影印1905年吴汝纶辑刊版。
2 《李鸿章全集》，第6册，第2933—2934页。
3 郑永宁编：《副岛大臣适清概略》，岛善高编：《副岛种臣全集》，东京：慧文社，2004年，第2册，第151页。
4 *Mr. Wade to Earl Granville*, No. 118, Confidential, May 15, 1873, Foreign Office record group 17, China Correspondence (*FO* 17) (Public Record Office, London)/654, pp. 59–60.
5 *Mr. Wade to Earl Granville*, No. 131, Confidential, May 25, 1873, *FO* 17/654, p. 91.

朝鲜头上，均与中国人无关"。[1] 对于日本的动机，威妥玛这位大英帝国的外交老手洞烛十分："日本要对付朝鲜的法子和西方国家已经用来对付中国和日本的法子差不多。"[2] 其所暗指者，炮舰外交是也。果然，9日，副岛对威氏表示，如果朝鲜"顽愚至极，终不能觉悟，或用兵力亦未可知"。[3]

副岛同时刻意与美国公使镂斐迪（Frederick F. Low）积极接触，并向后者坦言自己有两个问题要急切与中国政府商讨：

> 第一，中国是否为福摩萨岛［Formosa，即台湾］的生蕃行为负责。如果中国政府的回答是确定的话，则其将提出针对一年前遭海难的琉球人被杀一事的赔偿和保证。如果中国的答案是否定的话，则其将照会中国政府，表达日本将派军队前往福摩萨严惩那些实际上控制了福摩萨大部分地方的野蛮人和半开化人。而且，鉴于在生蕃居住的地方没有安全的港口，日本将请中国允许其部队在某个通商口岸登陆，并允许这些部队穿越位于该港口与对那些野蛮人采取军事行动的地区之间的中国领土（Chinese territory）。第二，弄清中国和朝鲜之间的确切关系，即到底是前者声称对其属国（tributary）具有可以为朝鲜的行为背负责任的控制之权，抑或其他国家须视朝鲜为可单独对其人民所犯错误及暴行负责之国家。[4]

问题的核心在于辨明清政府是否认定台湾全境为其所属，及能否为"生蕃"行为负责。若能负责，则日本将和清政府解决；反之，日本即视"生蕃"及其地域独立于"中国领土"之外，直接出兵征讨。这一两手对策的逻辑，和其对朝政策一致，背后隐含的中国能否为朝鲜的行为背负国际责任这一点，也将成为清政府此后直到甲午战前都无法向国际社会阐明的一个迷思。当时的琉球一事即系现实写照。在北京无法阐明中琉宗藩关系之时，日本已付诸吞并琉球之实。镂斐迪就此评论曰："日本已经正式并切实地吞并了琉球王国，他［指副岛］对此没有什么好对中国人说的。他说，琉球群岛现系日本帝国之一部，无论中国

1　*Mr. Wade to Earl Granville*, No. 143, Confidential, June 4, 1873, *FO* 17/654, pp. 193–194.
2　同上书，p. 195。
3　《日本外交文书》，第6卷，第171页。
4　*Mr. Low to Mr. Fish*, No. 75, June 13, 1873, in *FRUS, 1873–74*, vol. I, p. 188.

还是其他国家,都无权质问日本对之前的琉球王国享有全面的管辖权(complete jurisdiction)。"[1]

6月18日,副岛在与镂斐迪会谈之中,问及1871年的美朝交涉故事。镂斐迪将当年总署的一份函件拿给副岛看。该信函系1871年3月28日,总署抱着"关切属国之道"的心态,经由礼部将镂斐迪致朝鲜国王的书信转发给朝鲜之后,特意发函声明此系权宜之计,日后不能再为代递书信。总署在信中强调:"朝鲜虽系属国,一切政教禁令,皆由该国主持,中国向不过问。"[2] 镂斐迪在同年4月3日致国务卿的报告中,将这层朝鲜自主之意译为:"朝鲜虽被认为和视作一个属国,但该国之政教禁令则系完全独立。"(While Corea is considered and treated as a tributary kingdom, entire independence is conceded in all that relates to its government, religion, and intercourse with foreign nations.)[3] 在远征朝鲜回到北京之后,镂斐迪于1871年11月22日致函总署,认为中朝之间自明代便建立起来的宗藩关系实际上"有名无实"。[4] 虽然很快便遭到了恭亲王等语气强硬的批驳,镂斐迪立场依旧。[5] 副岛正是通过与镂斐迪的会谈,认定了朝鲜在"清国主权之外"。[6] 由此,日本在否定朝鲜系中国属国的外交政策上,开始与美国等西方国家的政策进行合流。

此时,各国公使觐见同治帝的礼节之争悬而未决,东京皇宫又遭火灾,副岛心急如焚,更担心"台湾生蕃主权"谈判若如寻常一样开谈恐需三五年,于是在6月19日召集随员商议办法,最后决定回国,任命柳原前光为代理全权大使留京继续谈判。就是在19日的这次内部会议上,副岛秘密给了柳原向清政府询问朝鲜事宜的特别指示。[7] 柳原乃明治政府派出的最早赴华进行缔约谈判的外交官,在赴华前的1870年8月24日,柳原在呈时官大纳言的岩仓具视以要求

---

1 *Mr. Low to Mr. Fish*, No. 75, June13, 1873, in *FRUS, 1873–'74*, vol. I, p. 189.
2 《清季中日韩关系史料》,台北:"中研院"近代史研究所,1972年,第2册,第167页。
3 *Mr. Low to Mr. Fish*, No. 29, April 3, 1871, in *FRUS, 1871–'72*, p. 111.
4 Enclosure 4 dated November 22, 1871, in Jules Davids, ed., *American Diplomatic and Public Papers: The United States and China, 1861–1893*. Wilmington, Delaware: Scholarly Resources Inc., 1979, vol. 9, p. 184.
5 《筹办夷务始末·同治朝》,第9册,第3395—3396页。
6 《副岛种臣全集》,第2册,第165—166页,第456页。
7 《副岛种臣全集》,第2册,第454—455页。

决断对朝政策的"朝鲜论稿"中曾指出:"朝鲜国乃北连满洲而西接鞑清之地,使之绥服,实为保全皇国之基础,将来经略进取万国之基本。"[1] 此番经副岛面授机宜,柳原更不会放过这一和清政府交手谈判朝鲜问题之机会。6月21日,柳原和郑永宁前往总署,就台湾"生蕃"一事同毛昶熙、董恂以及孙士达进行了会晤。这次会谈中,毛昶熙等人的有关台湾"化外"之"生蕃"以及"服王化"之"熟蕃"的回答,给了日本次年出兵台湾的口实,也为柳原次年以全权公使的身份再赴总署就此问题展开更大规模的辩论张了本;而毛昶熙等人有关朝鲜属国地位方面的回答,也正中柳原下怀,对日本对朝政策的影响同样不可小觑。柳原曾特别提到1871年美朝交涉旧事,同毛昶熙等进行了一段问答:

[柳原]问:前年米国驻京公使与朝鲜交涉之前,曾请托贵衙门转寄书信给朝鲜。贵国称,朝鲜虽为属国,至其内政教令,皆不与闻,以此作答。由是观之,[朝鲜]果然[系贵国属国]乎?

[毛等]答:属国之称,惟循守旧例,存册封、贡献之典而已,故如此回答也。

[柳原]问:然则如彼国之和战权利,贵国绝无干预之事乎?

[毛等]答:然也。[2]

这应是日本方面首次就朝鲜属国地位问题正式探询清政府的态度。毛昶熙自1862年起曾先后官礼部右、左侍郎等职,一定与年年赴京的朝鲜使臣有过接触,而朝鲜使臣同礼部之间的实际交往,的确大部分是公文流转以及迎送宴会等礼仪性质的事务。[3] 但是,毛等人的回答,却恰好让对方认定所谓"属国"不过是礼仪之上的一个虚名。

不久,觐见同治帝的礼节之争解决,副岛遂于6月29日首班觐见了同治皇帝。在29日当天致太政大臣三条实美的总结性汇报中,副岛就台湾"生蕃"问题表示:"清朝大臣以土蕃之地乃政教禁令所不相及之化外之民相答,此外并无别辞。"就朝鲜问题,他汇报说:"[柳原]问以朝鲜是否系清政府政权所及之

---

1 《日本外交文书》,第3卷,第149—150页。
2 《日本外交文书》,第6卷,第177—178页;JACAR, Ref. A03023011900。
3 《钦定礼部则例》,北京,1844年官刻本,卷168、卷171、卷172、卷181。

处，彼确答以惟循守册封、入贡之旧例而已，与国政并无关系。"[1] 这一外交结论，正式敲开了明治日本否定朝鲜的中国属国名分的政策之门。副岛的外交行为也折射出了李仙得对日本对华外交政策的形成所产生的重要影响。至少从1873年开始，中日两国对待朝鲜的中国属国名分的角度，已经截然不同。

返日路过天津时，副岛偕柳原和郑永宁再访李鸿章，进一步交换了对朝鲜的看法。李鸿章此时将5月初天津会谈时提及的中日《修好条规》与朝鲜关系一事明朗化，希望日本遵守条规，不要染指朝鲜，以免重蹈丰臣秀吉之覆辙。[2]《修好条规》第一款规定："嗣后大清国、大日本国倍敦和谊，与天壤无穷，即两国所属邦土，亦各以礼相待，不可稍有侵越，俾获永久安全。"[3] 此中的"所属邦土"，李鸿章一直认为系包含中国内地及朝鲜等中国属国在内的意思。李鸿章认为副岛既然已经与总署会晤过了，所以没有就此再进一步与之讨论朝鲜问题，惟建议日本不要动武，要以睦邻友好为重。对副岛而言，李氏的反应进一步印证了他从美国公使处得来的、并已经在总署得到证据的朝鲜属国"有名无实"论。

综上所述，副岛一行利用1873年赴华换约并商讨台湾"生蕃"问题之机，初步探明了清政府的朝鲜属国论的政策基点。对于中国对其属国的政策阐释，副岛在李仙得所引入的一系列西方外交观念的影响之下，开始从国际法的角度上另眼衡量，而与驻京外国公使的交游，又使日本在否定北京所坚持的朝鲜系中国属国方面，开始与美国等国家的外交政策形成合流。日本随后步步为营地展开对华外交攻势，并配以炮舰外交政策。1874年，日本一边利用李仙得的经验以台湾"生蕃"地区"在中国政府管辖之外"（beyond the jurisdiction of the Chinese government）为由直接出兵台湾，[4] 一边先后派遣公使柳原前光和全权大臣大久保利通前往北京与总署继续辩论台湾"生蕃"问题，最终以同北京议结三项条款收场。[5] 1875年9月江华岛事件发生后，日本再次如法炮制，一边派遣开

---

1 《日本外交文书》，第6卷，第160页。
2 《李鸿章全集》，第6册，第2936页。
3 《筹办夷务始末·同治朝》，第9册，第3310页。
4 《日本外交文书》，第7卷，东京：日本国际协会，1939年，第37页。
5 金井之恭：《使清办理始末》，明治文化研究会编：《明治文化全集》第7卷，东京：日本评论社，1992年，第77—152页；《筹办夷务始末·同治朝》，第10册，第3835—3949页。

拓长官黑田清隆直接前往朝鲜，对其实施炮舰外交；一边派遣森有礼以全权公使身份使华，同北京辩论朝鲜的中国属国地位。

二 属国名分辩之高潮：1876 年初森有礼赴清大辩论

1873 年副岛归国后，和西乡隆盛以及板垣退助等人一起，积极主张遣使朝鲜，迫其通交。但刚从欧美考察回国的岩仓具视、大久保利通和木户孝允等人，则主张借鉴欧美国家经验，首先"整备国政，富赡民力"，最后西乡和副岛等征韩势力一度消沉。[1] 然而，在朝日矛盾有增无减的情形下，如何寻找到一条适当可行的道路以建立新的双边关系，始终是明治政府备加关心的要务之一。1873 年 12 月，朝鲜国王（高宗）亲政，国内政局在大院君和闵妃两派势力的更迭与斗争中出现了较大动荡，日本不失时机地同朝鲜展开新一轮的接触。朝鲜刚刚掌政的高宗以及闵妃的戚族一系，以及新领议政李裕元和右议政朴桂寿等中枢高官，也均有意改变大院君摄政时期的攘夷锁国之策，但直接负责与日方交涉的釜山草梁倭馆接待官员以及东莱府使等地方官，仍继续奉行大院君时代的政策，坚拒向汉城转递日方书信。朝方提出的修改书信格式的意向，日方又不能接受。[2] 双边交往于是在釜山再次陷入停顿。

就在朝日僵持不下的 1875 年 9 月 20 日，两国间爆发了江华岛"云扬号"事件。日本国内征韩论再兴，以木户孝允等人为主的势力崛起，开始积极拟定征韩计划。征韩势力此番崛起，与日本当时面临的国际环境特别是日俄关系的改善密切相关。就在江华岛事件爆发一个月前的 8 月 22 日，日本政府正式批准了同年 5 月与俄罗斯签署的《桦太千岛交换条约》，[3] 以领土交换的方式解决了双方在库页岛和千岛群岛等地经年的领土争端，稳定了日本东北部的局势。1873

1　多田好问编：《岩仓公实记》，东京：岩仓公旧迹保存会，1927 年再版，下卷，第 46—90 页；有关这次阁议分裂与当时明治外交政策之关系，见 Marlene J. Mayo, "The Korean Crisis of 1873 and Early Meiji Foreign Policy," *The Journal of Asian Studies* 31. 4 (Aug., 1972), pp. 793–819。
2　有关这一时期的朝鲜的内政变化以及日本国内"征韩论"之争的起伏，参见王信忠：《中日甲午战争之外交背景》，第 1—10 页；伊原泽周：《近代朝鲜的开港》，第 62—80 页。
3　《日本外交文书》，东京：日本国际协会，1940 年，第 8 卷，第 215—222 页。

年副岛使清时，日本尚面临着在库页岛事件、台湾"生蕃"事件以及往朝鲜遣使等三大棘手问题，外交一时坐困，但到1875年江华岛事件时，库页岛以及台湾"生蕃"问题已渐次解决，使得明治政府能将外交集中到朝鲜方面。此时，俄国正加速染指朝鲜，并与日本达成了对朝动武的谅解，而英国为了遏制俄国南下，正在考虑是否需要占领朝鲜南端的巨文岛。[1]这种诡谲的国际环境，无疑加速了日本对朝炮舰外交的步伐，而朝鲜背后的中国却是影响这一政策的最大的不确定因素。10月，木户孝允建议明治政府，要处理对朝关系必须首先明确朝鲜与清朝间的宗属关系，待北京拒绝对朝鲜行为负责后，日本即可自由对朝行动。[2]遣使赴华辩论朝鲜的属国地位，遂提上日程。

11月10日，日本政府任命曾游学欧美的刚满30岁的外务少辅森有礼，为赴清特命全权公使。[3]森氏曾在江华岛事件之后，会同外务省国际法特别顾问斯密共同研究过对朝政策，对该事件及其所涉及的国际法内容比较熟悉。14日，太政大臣三条实美等人给森有礼下达了对清交涉方针，其中最重要的一点是"认朝鲜为一独立国"，并以清日两国共同利益为说，力求促成日朝修交。[4]森有礼简要地将使命归纳为"截断清韩关系"。[5]翌日，外务卿寺岛宗则训令驻北京代理公使郑永宁，强调日后在对清朝和朝鲜的关系方面要更为慎重。[6]

11月24日，森有礼一行从东京品川扬帆驶往中国。12月12日，一行抵达山东芝罘港，登陆后由陆路行经鲁、直两省，于1876年1月4日行抵北京。[7]此

---

1 *Sir H. Parkes to the Earl of Derby*, July 20, 1875, in Ian Nish, ed., *British Documents on Foreign Affairs, Reports and Papers from the Foreign Office Confidential Print*（*RPFO*）, Part I, Series E. Frederick, Maryland: University Publications of America, 1989, vol. 2, p. 39.

2 田保桥洁：《近代日鲜关系研究》，上卷，第515页。

3 日本国立国会图书馆宪政资料室：《森有礼文书·赴清特命全权公使任命书》，档案号 R. 57–9。森有礼1847年生于鹿儿岛，1865年赴伦敦大学留学，后转赴美国。1870年出任驻美少办务使，后任代理公使。1873年7月归国后出任外务大丞。见《对支回顾录》，东京：对支功劳者传记编纂会，1936年6月订正版，下卷，第195页；大久保利谦编：《森有礼全集》，东京：宣文堂书店，1972年，第1卷，第201—211页。

4 《森有礼全集》，第1卷，第779—780页。

5 《森有礼文书·使清复命》，馆藏胶片号R.2-68，第3页a（页码为笔者照原档页码顺序添加，下同）。

6 《日本外交文书》，第8卷，第138页。

7 《森有礼文书·使清日记》（以下简称"森有礼《使清日记》"），馆藏胶片号R.2-67，卷2，第1页a—23页a。该日记是写在中缝印有"日本国驻清公使馆"公笺上的，笔者认为作者当系随同森有礼出访的原"修史局二等协修"竹添进一（即竹添进一郎）。

属国名分辩　63

间，森有礼曾经关注过1875年12月24日上海《申报》的一篇题为《东洋公使抵华》的报道，其中评论曰："日本公使莫鳌，闻于月之望日乘坐哥鲁大火船驶往燕台。……现正隆冬之际，北地苦寒，而公使奉命出疆，不避风饕雪虐，自必为要务来也。现已传，高丽王业经遣使来华，请中国调兵驻高，以为抵御日师之计，是则日公使之来，殆即为此事欤。"[1] 这是当日《申报》头版第二条消息，该报一直在跟踪报道日朝关系的发展。森有礼后来将上述报道随同事后同总署进行会谈的纪要一起，以机密报告形式于1876年1月13日发呈三条实美等人，[2] 可见该报评论确实一语中的，使得严冬使华的森有礼心下不免有使命被人洞烛之感。

（一）北京年关发难：森有礼同总理衙门的辩论

1876年1月4日，森有礼一行抵达北京。就在其抵京前两天，散秩大臣、正红旗满洲副都统志和与内阁满洲学士兼礼部侍郎衔乌拉喜崇阿，以正、副册封敕使的身份从北京出发，前往汉城册封国王之子李坧为王世子。[3] 朝鲜之为大清属国，正在现实中上演，而森氏的使命则是要否定此种名分。

森有礼在马不停蹄地准备同清政府开展外交谈判的同时，积极与各国驻京公使交际以谋求国际政治空间。

5日，森氏首先拜会威妥玛。威妥玛此时继前俄国公使倭良嘎哩之后出任驻京公使团的首席外交官，即美国公使艾忭敏（Benjamin P. Avery）所称的"公使团主任"。森有礼请教威妥玛对于朝鲜的看法，并意欲威氏出面周旋。威妥玛虽然对于这位"在英国和美国受过教育，英语说得相当漂亮"的日本公使的使命很感兴趣，[4] 且朝鲜自1854年以来也一直是英国政府很关注的远东议题之一，[5] 但委婉地表示不便主动就日朝交涉问题抛头露面。[6] 威妥玛性格张扬，自升任驻

---

1 《申报》光绪元年十一月廿七日，第1页，见《申报》，上海书店，1983年影印本第7册，第605页。"莫鳌"系"森"的日文发音音译。
2 《日本外交文书》，东京：日本国际协会，1940年，第9卷，第142页。
3 韩国国立首尔大学奎章阁图书馆藏，《敕使日记》，册17，第5页b。
4 Sir T. Wade to Earl of Derby, No. 5, January 12, 1876, FO 17/719, pp. 35–36.
5 Sir Edward Hertslet, *Memorandum respecting Corea*, Dec. 19, 1882, Confidential Print, No. 4695/1, in *RPFO, Part I, Series E*, vol. 2, pp. 1–22.
6 《日本外交文书》，第9卷，第140页。

京公使团的掌门人以来，每每积极地以调解人身份参与日使与总署的会晤。但是，自 1875 年 2 月云南发生英人马嘉理（Augustus R. Margary）被戕的"马嘉理案"以来，威妥玛就在使尽浑身解数地同总署交涉，并以关闭英国驻京公使馆相威胁，出京南下上海。森有礼赴京之时，威妥玛刚回北京不久，目的是观察北京对"马嘉理案"的处置情形，结果令他大失所望。[1] 到此时为止，他同总署的关系已极不愉快，因此一时无法出面；另一方面，森有礼拜会威妥玛，也未尝没有打探"马嘉理案"进展情形以判断北京面临的国际政治形势的意图，[2] 因为"中国的难处便是日本的机会"。[3] 当时英国首相本杰明·迪斯雷利（Benjamin Disraeli）在"马嘉理案"一事上比较激进，极力支持威妥玛的对华强硬政策，并曾经在 9 月底试图敦促日本出面调解中英纠纷，如果清政府拒绝日本调停并做出不尽如人意的反应的话，则日本应该和英国一起出兵对付清朝。迪斯雷利曾对他所爱慕的布莱德福特夫人（Bradford）透露说，这个联日抗清的主意是"吾国刻下最为机密事之一"。[4] 尽管在保守党外相德比伯爵（Earl of Derby）的谨慎政策下，英国政府认为不便压迫清政府过甚以免危及后者的稳定与列强在华的共同利益，[5] 英日遂未能在此时结成同盟，但日本方面显然试图利用中英之间的紧张关系，来谋求其对朝炮舰外交政策的安全空间。威妥玛在同森有礼会见之后说："日本公使的态度，而不是他的言辞，让我很是怀疑。我想日本已经决定了一个对朝鲜的远征，而他同我秘密接触的目的，是为了确保英国或者其他的外国不会反对日本的远征。"[6]

　　在这样一个波诡云谲的时代，任何的外交阴谋都是一把双刃剑，因此日本的动机，反过来被威妥玛所利用。就在森有礼拜访他的这一天，威妥玛再次致

1　S. T. Wang, *The Margary Affair and the Chefoo Agreement*. London: Oxford University Press, 1940, p. 91; James C. Cooley, Jr., *T. F. Wade in China: Pioneer in Global Diplomacy, 1842–1882*. Leiden: E. J. Brill, 1981, pp. 125–127.
2　《申报》影印本第 7 册，第 621 页。
3　JACAR, Ref. B03030144800.
4　Mr. Disraeli's letter to Lady Bradford, September 27, 1875, in Marquis of Zetland, ed., *The Letters of Disraeli to Lady Chesterfield and Lady Bradford, 1873–1875*. New York: D. Appleton and Company, 1929, p. 373.
5　Earl of Derby to Sir T. Wade, No. 77, January 1, 1876, in *British Parliamentary Papers*（B. P. P.）, *China, No. 1 (1876)*. London: Harrison and Sons, 1876, p. 107.
6　Sir T. Wade to Earl of Derby, No. 6, Confidential, January 12, 1876, *FO* 17/719, p. 39.

属国名分辨

电伦敦，请求派舰队来华施压，迫使清政府答应其要求。[1]

同样在 1 月 5 日这天，《申报》在头版刊发了一篇名为《论日本高丽近事》的社论，提议中国同俄国一起出面调停日朝矛盾，嗣后开放朝鲜通商口岸，"允各国通商，一视同仁"，以消弭兵祸。对预见之中的中日会谈，该社论特别提醒说："所望日使至京，总理衙门与之推心置腹，详细开导，使两国同归于好。万勿含糊模棱，致高丽藩服之国，又罹兵祸也。"[2] 除了中俄联合干预日朝交涉一事未出现之外，包括中国对朝事务含糊模棱、开放朝鲜与各国一体通商、藩服又遭兵祸在内的日后 20 年间的事情，竟均被该社论一一言中。

拜访威妥玛之后，森有礼紧接着开始同总署交际，这也是日方在确认了其他列强不会插手日朝交涉之后，为对朝实施炮舰政策清除障碍所做的最后一步。1 月 6 日下午，森有礼偕郑永宁、颖川重宽和竹添进一造访总署，与恭亲王、董恂、崇厚、郭嵩焘、成林、夏家镐六位总署大员进行了两个小时的礼节性晤谈，郑永宁担任翻译。森有礼送给总署两份国书的副本，表示谒见光绪帝时再呈送正本。恭亲王以天子年幼、太后垂帘且已一律拒绝各国公使谒见等为由，拒绝了觐见请求。在森有礼建议之下，双方约定日后公谈时的记录都送交对方检视，"以免言语间错、两情相乖之忧"。[3] 8 日下午，恭亲王等人回拜日公馆，约定 10 日在总署进行正式会晤。[4]

10 日下午 2 点，森有礼如约带领郑永宁、颖川重宽和竹添进一造访总署，同沈桂芬、毛昶熙、董恂、崇厚、郭嵩焘五位大臣晤谈。郑永宁担任翻译，颖川与竹添担任日方记录，总署总办章京周家楣陪席并担任中方记录。[5] 此时，沈桂芬 58 岁，系军机大臣、协办大学士与兵部尚书，刚刚于 1875 年 12 月同另外两位大学士即直隶总督李鸿章和陕甘总督左宗棠一起，拟定了册封朝鲜王世子

1　*Lord Tenterden to the Secretary to the Admiralty*, No. 2, January 27, 1876, in *B. P. P., China, No. 4 (1876)*. London: Harrison and Sons, 1876, p. 1; *Earl of Derby to Sir T. Wade*, No. 7, February 9, 1876, *B. P. P., China, No. 4 (1876)*, p. 4.

2　《申报》影印本第 8 册，第 13 页。

3　森有礼《使清日记》，卷 2，第 37 页 b—39 页 b。

4　森有礼《使清日记》，卷 2，第 30 页 a。

5　周家楣（1835—1886），字小棠（亦作筱棠），江苏宜兴人，咸丰九年进士。传略见冯文蔚：《周家楣传》，北京大学图书馆馆藏拓本；《清史稿》，中华书局，1977 年点校本，第 41 册，第 12430—12432 页。

的敕谕底本;[1] 毛昶熙 59 岁,吏部尚书;董恂 69 岁,户部尚书;崇厚 57 岁,头品顶戴、兵部左侍郎;郭嵩焘 57 岁,署兵部左侍郎,已于 1875 年 9 月被任命为出使英国钦差大臣;周家楣时年 41 岁。[2] 五位大臣都是大清国办理洋务的能手,之前也都与日使有过辩论,但只有沈、毛二人曾在负责朝鲜朝贡事务的礼部任过侍郎,对朝鲜事务了解较多。周家楣之前也曾在礼部供过职,亲自办理过朝鲜朝贡方面的事务。[3] 然而,总署的六人当中,无一人懂得国际法,只有董恂曾经为丁韪良(W. A. P. Martin)翻译的《万国公法》题写过一篇正文只有 122 字的序言,且系不得要领的格义比附之作。[4] 日本方面,郑永宁 47 岁,日馆一等书记官,在森有礼赴任前任代理公使,是自 1871 年中日立约以来同清政府打交道最久的驻华资深外交官;[5] 颖川重宽 45 岁,三等书记官;竹添进一 35 岁,刚刚改公馆二等书记生;全权公使森有礼 30 岁,是当日在座最年轻的人,却是在座诸人中见识最广且唯一懂得国际法的人。郑永宁、颖川和竹添三人,均系日本"唐通事"出身,汉文造诣很深。列席的总署大臣中,沈桂芬职位最高,所以晤谈主要在沈、森之间展开。[6]

---

[1] 中国第一历史档案馆编:《清代中朝关系档案史料汇编》,北京:国际文化出版公司,1996 年,扉页彩照插图第 6 幅"敕谕朝鲜国王底"。

[2] 参见钱实甫编:《清代职官年表》,中华书局,1980 年,第 4 册,第 3020 页;郭廷以编,尹仲容创稿,陆宝千补辑:《郭嵩焘先生年谱》,台北:"中研院"近代史研究所,1971 年,上册,第 497 页。

[3] 《日本外交文书》,第 8 卷,第 299 页。

[4] 董恂:《〈万国公法〉序》,《万国公法》,北京:京都崇实馆,1864 年。

[5] 郑永宁本姓吴,先祖系福建晋江吴一官,明末避乱东渡长崎。永宁少时过继给长崎精通和汉之学的郑斡辅,而郑家累世担任幕府翻译,故永宁嗣后亦成为一名"唐通事"。1869 年 2 月,郑永宁被召至东京任译官,随后使华并参与了当时几乎所有的中日高级会晤。见《对支回顾录》,下卷,第 32—36 页。

[6] 中日双方于 10 日下午正式会谈的记录文本有较大差异。12 日,颖川和竹添将 10 日会谈的日方汉译笔记交给总署核校,同时向总署章京舒文当面借来 10 日晤谈时周家楣所作笔记。13 日,森有礼向外务省呈报 10 日会谈的日方记录,但并未呈送此时完全能够看到的周家楣记录。18 日,颖川和竹添在照抄了一份周家楣笔记之后,将原文奉还舒文。22 日,周家楣将校订后的日方汉译本还给日本公使馆。2 月 3 日,森有礼向外务省呈报了 10 日会谈的周家楣记录,以及经周家楣等校订的日方汉文本。这样,有关 1 月 10 日的会谈,就产生了 3 个主要文本,即:日方日文本,日方据日文记录翻译的而后经过周家楣和其他参与会谈的总署大臣校订的汉文本、周家楣自己的汉文本。三个文本均系日方存留下的记录,而现在所能看到的晚清中文档案资料对 10 日的会谈则无明确记载。日方的文书,见《日本外交文书》,第 9 卷,第 142—162 页。《日本外交文书》中的这个文件,有一个"附属书"和两个"附记"。"附属书"是总署晤谈的日文记录,当系颖川和竹添的记录,该记录较早的抄本见森有礼《使清日记》,卷 2,第 50 a—65 a。第一个"附记"是 1 月 22 日日本公使馆收到的周家楣致颖川和竹添的信函,该附记自身又带有一个"附属书",是周家楣等校订的日方汉译本。此件记录较早的抄本见森有礼《使清日记》,(转下页)

晤谈伊始，森有礼先出示了一份中文照会，说明日本数次遣使赴朝，但朝鲜坚决不纳书信，直到江华岛事件。如今两国关系已在十字路口，日本有可能动武。[1] 随后，森有礼探询在烟台芝罘风闻的朝鲜来中国请援兵之事是否属实，双方随即就朝鲜请援一事，开门见山地开始讨论中朝关系以及朝鲜属国地位。笔者参照中日双方记录，对当时谈话情形还原如下：

[森] 问：本使此行到了烟台，听说朝鲜来贵国请援，果有此事？他要请援兵是何意？想必那国里有什么土匪发了，所以请援兵的么？若果如此，我国正要派使到彼的时候，也有干系的。要晓得确实的说话。

[沈] 答：朝鲜国是我国礼部衙门管的，所以本大臣等不晓得底细事。那国土匪发了这一事，还不听见。请援兵一事，越发不曾听见了。[2]

[森] 问：可以问礼部衙门有无此事。

（接上页）卷3，第48页a—60页a。第二个"附记"系周家楣1月10日会谈时所作的中文笔录，日方较早的抄件见森有礼《使清日记》，卷3，第39页a—46页a。本文以下分别简称上述三个会议记录文本为"日方日文记录""总署校正日方汉文本"和"周家楣记录"。对比三份记录可以发现，"周家楣记录"的主要内容和日方的两份记录所表达的内容基本一致，只是周本中有的地方用语简略，属于概括式的记录；"总署校正日方汉文本"记载相对详细，但语多未明，和"周家楣记录"多有参差，当是因日方当场有颖川和竹添两员做笔录所致，后来周对之做了大小总计20处改动，均用签条贴在日本公使馆的汉译本上，在很多条目下声明"无此话"等等。周曾声明，日方送来的汉文笔记"业经呈请各堂逐细核阅，内有词语大致相同、口气未能吻合各处，毋庸校正"（《日本外交文书》，第9卷，第151页）。然而如何判定"词语大致相同"本身就不明确，而所谓"口气未能吻合各处"，其实也远远不止"口气"而已，所以周自己的记录以及他最后所作的签条注释，恐亦不能作为解释当日会谈情形的唯一依据。再者，日方的汉文译本是1月12日就送到总署的，而周家楣是10天之后即22日才送回日本公使馆的，这期间沈桂芬等人的记忆是否准确首先是个问题，其次他们会不会在看到日译汉文本之后，觉察出了10日谈话之时有些地方出言不慎、易于给对方留下口实而重蹈台湾事件的覆辙，因而刻意作了修改并声明"无此话"等等，也是个头等疑问。而且，22日周家楣送回日译本的时候，森有礼和郑永宁已经在前往保定去见李鸿章的路上，无法看到周家楣的校本是否无误。1月30日森有礼和郑永宁回到北京后，又忙于其他事务，直到2月3日向外务省发送周氏记录之前，未曾再次校订周的校订文。从文本方面来看，日文本和日方汉文本内中方的回答或者发问者，自始至终几乎都是"沈大臣"即沈桂芬，但参酌"周家楣记录"可知，有的不是沈桂芬说的话，有的是掺月了沈氏和其他四位大臣的话，有的是日方译的不甚精准的话，有的应该是周自己本来就过滤掉了的话。所以，本文努力在比照上述三种文本的基础上行文。笔者亦发现，日本国立国会图书馆宪政资料室所藏森有礼《使清日记》卷2和卷3中的会谈记录，和外交史料馆所藏的《森全权公使渡清关系》中收录的会谈记录（见 JACAR, Ref. B03030143900、B03030144000），是内容相同的文件，前者是写在中缝印有"日本国驻清公使馆"的公笺上，后者在中缝印有"日本国公使馆"的公笺上且带有训读标记，或可判定《使清日记》中的文件系外务省所本的底本。

1 "日方日文记录"，《日本外交文书》，第9卷，第143—144页。以下相关注释只标明引文在该卷的页码。
2 "日方日文记录"，第145页；"总署校正日方汉文本"，第152页；"周家楣记录"，第159页。

［其余大臣］答：不必问，并无此事。[1]

［森］云：本使在烟台听风闻朝鲜请援兵一事，说来甚是确实，望各位中堂大人实有所闻，幸勿吝教。[2]

［沈］云：朝鲜虽系中国属国，其政教禁令，向由自主。有无土匪作乱，亦不咨报中国。如其有求援之事，我们必然知道的。

［森］云：朝鲜无请兵之事各位大臣既然知道，想来各事都知道的。[3]

［沈］云：朝鲜是我属管，那国土匪发、请援兵，有这等事，本大臣等，也该听见的。此事没有，所以不听，不听可知必没有的。

［森］问：所说的属管，是有什么要照管的道理，要详细请教。[4]

［沈与其余大臣］云：方才说过，其政教禁令，由朝鲜自主，其有无土匪，中国不能知道，伊亦不报知中国。[5]

总署在此表明了"朝鲜虽系中国属国，政教禁令，向由自主"的中国对朝鲜的一贯立场。森氏开始质疑这一立场，辩论进入第二阶段：

［森］问：政教禁令，既说是凭他自己做主，至其与外国有何交涉的事，怎么办？谅亦不管他。[6]

［沈］答：虽然不管他，他既是中国属国，中国与贵国和好，中国亦愿贵国与朝鲜和好。[7]

［森］云：诚如尊谕。我政府所望，亦专在和好耳。但此一事，节略上也写了说过，恐怕保不得没事了，本大臣好不放心。[8]日本与朝鲜，从先是和好的，近年来无有往来，屡次遣人到朝鲜，总没说得好。[9]

［森］问：请教，朝鲜既系中国属国，一切自然应照管他，何以云

1　此一回合的问答，出"周家楣记录"，第159页。
2　"日方日文记录"，第146页；"总署校正日方汉文本"，第152页。
3　"周家楣记录"，第159页。
4　"总署校正日方汉文本"，第152页。
5　"周家楣记录"，第159页。"日方日文记录"和"总署校正日方汉文本"中的第九条谈话（第146页、152—153页）恐有误。
6　"日方日文记录"，第146页；"总署校正日方汉文本"，第153页。而"周家楣记录"中的记录（第159页），语气略微不同。
7　"周家楣记录"，第159页；"总署校正日方汉文本"，第153页。
8　"总署校正日方汉文本"，第153页。
9　"周家楣记录"，第159页。

"政教禁令、向由自主"？[1]

[沈]答：所谓属国者，原不是我国管辖之地，但以其时进了贡，又奉我册封颁历的，便叫作属国。[2]

[董恂接]答：他是中国朝贡之国，如新立国王，必要受中国册封，至其国中各政，由其自主。[3]

[沈又接]答：其地属在我国疆土之内，是该不得不管，其国不在疆域内，所以不管他国里事。[4]

[森]问：朝鲜世世国王，必受中国册封。所谓册封者，是贵国选定其主而册立的呢，抑或依他所立之主之请行此册封之礼的么？[5]

[沈]答：是他国人公举，中国才册封为王，亦是从众之意。

[其余大臣]答：不是我去选立他，不过依请封之而已。我属国皆然。[6]

[森]问：除朝鲜外，还有什么属国么？朝鲜如此，他国似朝鲜者，亦系如此办法否？

[沈]答：安南、琉球、缅甸，朝贡年限，各国亦不一样。[7]

[森]问：属国与外国通商这等事，不报贵国也不妨么？报过贵国否？

[沈]答：凭他自己做主，总不去管。[8]

[其他大臣]答：并未曾见他报过。[9]

[沈]问：朝鲜与贵国通商好长久么？

[森]答：是长久。

---

1 "周家楣记录"，第159页。
2 "总署校正日方汉文本"，第153页。
3 "周家楣记录"，第159页。"总署校正日方汉文本"中没有董恂的话。
4 "总署校正日方汉文本"，第153页，另见"日方日文记录"，第146页；周家楣对此作了校正，声明并无此话（第157页）。
5 "总署校正日方汉文本"，第153页；"周家楣记录"，第159页。
6 "周家楣记录"，第159页。"总署校正日方汉文本"中记曰："不是我去选立他，不过依请封之而已。"但"我属国皆然"一句，周家楣没有记载，日方文本有载。
7 "周家楣记录"，第159页；"总署校正日方汉文本"，第153页。
8 "总署校正日方汉文本"，第153页。
9 "周家楣记录"，第159页。

〔沈〕云：这事也还不听过他来报过。[1]

到此，森有礼几乎得到了自己想要的答案，于是遂单刀直入地否定中方坚称的属国论：

〔森〕问：据〔贵〕说来看，所谓属国者，彼自仰慕中国而来的，或有什么稀疏过去的，是好像没有认作属国的缘故。[2]

〔沈〕答：属国贡献朝觐等事，不是本朝始起的，自前代皆有，但惟循例接之、封之、赐之而已，另外没有什么办他的所在，总由他自己做主。

〔其余大臣〕云：由其自主，是他国中政教禁令，从前各属国，亦是如此的。[3]

〔森〕问：属国有此贡献册封等事，才可见得属国名分。至如缅甸，或来或不来的，好像有名无实的模样，这样的岂不是连那属国名目，也渐渐没了去？将来他总不来了，应如何办理？[4]

〔沈〕答：从来属国者，都是由他自己做主，也没有一个不来，又没有曾缺其礼的，我只循例接之而已。[5]

〔董恂接〕答：中国大皇帝，其仁如天，所以不勉强各国。

〔周家楣续〕答：各国朝贡，年限亦不一样。缅甸非朝鲜可比，其路途甚远，且前数年，因云南有军务，道路不通，是以未能进贡。[6]

〔森〕问：朝鲜进贡，亦由其自主么？

〔沈等〕答：朝鲜进贡，一年不止一次，偶有故不来，亦必说明。

〔森〕云：看起来，朝鲜时来进贡，兼受贵国的封，想是仰慕贵国德化，才肯为中国的属国。

〔沈等〕云：自然是仰慕中国的意思。[7]

---

1 "总署校正日方汉文本"，第 153 页。周认为"无此说"，但这一段中双方来往回答至三句之多，则日方记载绝非空穴来风。由此可见，至少沈桂芬在事后审阅日方记录之时，对自己当日所言已多有否定。
2 "总署校正日方汉文本"，第 154 页。
3 "周家楣记录"，第 160 页；"总署校正日方汉文本"，第 154 页。
4 "总署校正日方汉文本"，第 154 页；"周家楣记录"，第 160 页。
5 "总署校正日方汉文本"，第 154 页。
6 董恂和周家楣的话，出"周家楣记录"，第 160 页。
7 "周家楣记录"，第 160 页；日方记录中没有此一回合的谈话。

属国名分辩　71

[森]云：我与朝鲜通交，须先将其中国的属国名分道理，请教明白，方好与他相交，免有阻碍，所以再三请教，望乞明确示之。[1]

[沈]答：其为中国藩属，并不从本朝起，前代皆然。惟顺从属我，又未尝缺其礼。[2]

总署在此进一步阐述了朝鲜属国名分的道理，且拿出安南、琉球、缅甸三国作为对比案例。那这属国名分除了现实中存在的册封贡献等项外，是否还有其他含义？在属国与他国兵戎相见之时，中国会如何处置？会谈进入绵里藏针的第三阶段：

[森]问：朝鲜倘若不来中国进贡，贵国如何办理？我国正与朝鲜有所议议之际，这又不是没有关系的，所以特要请教明白。[3]

[沈]答：高丽于中国素称恭顺，向无此事，不能疑惑他。[4]

[森]问：我亦想决必没有的事。虽然如彼，邻交之谊尚未能解，则其又因时势之变，或不能保其不背贵国也未可知。[5]

[郑永宁]云：森大臣的意思，见日本屡欲与他和好，他执意不肯，所以疑惑，将来与中国，亦有不和好的时候。[6]

[各位大臣]答：他不是不愿与贵国和好，是他自揣其国太小，不敢酬应之意。若与贵国订交，后来又恐外别各国，也不得不如此的。[7]

[森]问：我国知他情形不同，所以其间之事虽多有乖，尚亦有可恕之处。但至彼对别国，有如加我一样暴举之事，而别国用何等强手，并未可知。若是如此，贵国对之如何办理？[8]

---

1 "总署校正日方汉文本"，第154页。
2 "周家楣记录"，第160页；"总署校正日方汉文本"，第154页。
3 "总署校正日方汉文本"，第154页。
4 "周家楣记录"，第160页。
5 "总署校正日方汉文本"，第154页。
6 "周家楣记录"，第160页。日文本中没有郑永宁补充阐释的话。
7 "周家楣记录"，第160页；"总署校正日方汉文本"，第154页。《日本外交文书》将原稿的"其国太小"的"太"字，错印为"大"字（第160页）。
8 "总署校正日方汉文本"，第154页。"周家楣记录"中是："再请教一事。我们与高丽，往来已数代，因日本知道高丽情形不同别国，如别国要到高丽，一定要与他和好，他是中国属国，贵国将何以处置？"（第160页）区别在于森氏发问时有否提到"他是中国属国"这一句，周家楣记载有之，日方记载无之。

［沈］答：别国从无此事，缘均有条约为据。若外国有此事，但据条约论之耳。[1]

　　［森］问：各国条约中，有此办理属国明文否？[2]

　　［沈］答：条约文中，虽无明文，惟侵越属国一事，情理上做不得的事。所属邦土，不准侵越，便是此等意思。[3]

　　［森］问：贵国与西国所换条约，都有此两句话否？

　　［董］答：各国均有属国，不准侵越，是一定的道理，不必写明，自然都有的。[4]

至此，双方辩论转至中国所谓的属国能否以西方国际法来进行界定的层面上。根据日方的日文记录，森有礼此时问了总署大臣一个相当专业的问题：

　　西洋各國ニ於テ、其属国ニ種々ノ差別アリ、即チエジフトノトルコニ於ル、ホンガリヤノヲーストリヤニ於ケル、カナダノ英吉利斯ニ於ケル如キ、同一属国タリト雖モ、各異ナル所アリ、或ハ緊要ニ關切スルアリ、或ハ甚夕關切セザルアリ、是クノ如ク、属国各差異アルヲ以テ、尚ホ精細ニ之ヲ問ハザルヲ得ス。[5]

此一提问在"总署校正日方汉文本"和"周家楣记录"中，除了存在记录上的严重讹误之外，最大的问题是没有指明森有礼到底举了哪三个国家作"属国"的例子。如上引文，森氏共列举了"隶属于土耳其（トルコ，Turkey）的埃及

1　"周家楣记录"，第160页；"总署校正日方汉文本"，第154页。
2　"总署校正日方汉文本"，第154页。"周家楣记录"："各国条约，均有此等话么？"（第160页）。
3　"总署校正日方汉文本"，第154—155页；"周家楣记录"，第160页。双方在这一句上记载的基本意思一致，但日方记录完全没有提到《修好条规》第一款中的"所属邦土，不准侵越"。这不会是周家楣杜撰的，因为他的记录中接下去有森有礼紧追着问的"贵国与西国所换条约，都有此两句话否？"一句，然而日方记录中却丝毫没有提及。周家楣等人事后并未就此对日方记录提出质问，恐系认为此属"词语大致相同、口气未能吻合"之处。
4　此一回合问答见"周家楣记录"（第160页）。日方没有记载此一涉及条约内容的敏感回合。另外，《日本外交文书》中的文本将原稿的"不必写明"的"写"字，错印为"为"字（第160页）。
5　森有礼《使清日记》，卷2，第60页；"日方日文记录"，第148—149页；"总署校正日方汉文本"记载森有礼这一段问话系："西洋各国，其属国有几样差别，即如某地之于独国，某地之于澳国，某地之于英国。虽一属国，各不相同。有的紧要关切，有的不甚关切。一样属国，如此不一样。所以贵国的属国道理，还要详细请教。"（第155页）"周家楣记录"则记道："就西国而言，英国有英之属国，美国有美之属国，奥国有奥之属国，各有各属国的样子。又有一等属国，与中国毗连，本国看得甚重，如他国前来滋扰他，本国皇帝，心中不快得很。如他国来与高丽为难，中国将何如？"（第160页）

（エジフト，Egypt）""隶属于奥地利（ヲースタリヤ，Austria）的匈牙利（ホンガリヤ，Hungary）"和"隶属于英国（英吉利斯）的加拿大（カナダ，Canada）"三个例子。森有礼将埃及、匈牙利和加拿大三国同归为"属国"，并指出各有"差异"，但没有指明系何差异。然而，正是这些差异才能够比照出东方"属国"和西方"属国"的差别，进而辨明朝鲜的中国属国地位的独特性。

首先，埃及和土耳其奥斯曼帝国（the Ottoman Empire）的关系问题。1840年7月15日，英国、奥地利、普鲁士和俄国等四国政府同土耳其奥斯曼帝国政府（the Porte）在伦敦订立了一个约条，规定了当时处于穆罕默德·阿里王朝（Muhammad Ali dynasty）统治之下的埃及的国际地位。根据这一条约，阿里获得了埃及的统治权，但埃及奉行奥斯曼帝国法律，其军队亦是帝国部队之一部，其政府仍以帝国政府的名义课税，且没有接收和派遣驻外公使的独立的外交法权（separate *jus legationis*）。埃及的穆罕默德·阿里王朝统治者，均须接受奥斯曼帝国最高统治者苏丹（Sultan）的册封（vest），前者认苏丹为宗主（suzerain），并岁岁进贡（the payment of an annual tribute）。埃及是当时国际法上的一个特例，根据当时英国国际法学家罗伯特·腓力莫尔（Robert Phillimore）从奥斯曼帝国的法令史上进行的探察可知，埃及其实仍旧属于奥斯曼帝国之一省（province）。[1] 究其实质，阿里王朝的统治者犹如奥斯曼帝国在埃及的总督一样，他们后来所采用的"赫迪夫"（Khedive）这一称号，也恰恰等同于总督的角色。在这种情形下，埃及当时被国际法学者视为一个拥有半主权的国家（semi-sovereign state），总署1864年刊行的丁韪良翻译的《万国公法》将之译为"半主之国"。[2] 透过埃土关系以及英法对埃政策，来观察中朝关系及考虑如何应对中国在朝鲜的举措，一直是明治日本对中朝外交政策的一大特征。[3]

其次，有关匈牙利与奥匈帝国（森氏所说的"奥地利"实指奥匈帝国而言）的关系问题。匈牙利于1867年和奥地利组成了一个以联邦（real union）形式出

---

1 Robert Phillimore, *Commentaries upon International Law*. London: Butterworths, 1871, 2nd edition, vol. 1, pp. 131–132; Henry Wheaton, *Element of International Law*. London: Stevens & sons, 1878, pp. 49–50.
2 《万国公法》，卷1，第28页 a—28页 b。
3 田村爱理，《从埃及研究所见之近代日本的亚洲观》，载《学习院史学》，第9辑（1972年），第59—64页。

现的奥匈帝国（the Austro-Hungarian Empire），奥匈两国在帝国的构架之下，均有本国自己的议会、部门和政府，但在外交和军事方面均听命于帝国政府。在国际法上，奥匈两国的行为被视为一种在同一主权之下的联合（real union under the same sovereign），总署1864年的《万国公法》将这一联合形式译为"相合而不失其在内之主权"。[1]

第三，有关加拿大与英国的关系。1867年3月，当森有礼还在英国伦敦大学学习之时，英国在北美所领有的加拿大（Canada）、新斯科舍（Nova Scotia）和新布伦瑞克（New Brunswick）三个省（province），联合颁布了《不列颠北美法案》（The British North America Act, 1867），宣布组成"一个位于大不列颠和爱尔兰联合王国王权之下的自治领域"（One Dominion under the crown of the United Kingdom of Great Britain and Ireland），并命名为"加拿大"。该法案揭明，此一联合应当"提携诸省之福祉，促进大英帝国之利益"（conduce to the Welfare of the Provinces and promote the Interests of the British Empire），且在该法案的第三部分"行政权力"（Executive Power）中，明确规定加拿大总督（the Governor General）、武装力量统帅等须由英国女王任命或曰册封（vest）。[2] 在总署刊刻的《万国公法》里，加拿大被称作英国的"属部"。[3]

对比可知，在森有礼所提及的埃及、匈牙利和加拿大三国之上，都有一个政治地位高于其国且与之具有明确法律关系的帝国，而清代时期的朝鲜国之上却并不存在这样一个类似的"大清帝国"或者说"中华帝国"。"大清帝国"和"中华帝国"这两个中文术语及其英文译文"the Qing Empire"或"Great Qing Empire"和"the Chinese Empire"或"Empire of China"，代表的是主要自18世纪后半期以来西方人士对清代中国的一种主观上的描述或说形容，虽然在清与列强的条约中亦偶有出现，但并不是和"大英帝国"的"帝国"所昭显的含义一致的真实政治单元的存在形态。这一差异，正如美国学者入江昭（Akira Iriye）在分析"在东亚的帝国主义"时所敏锐地指出的那样："中华帝国秩序的绵长，

---

1 《万国公法》，卷1，第31页a；上揭 Element of International Law, pp. 54–55。
2 The British North America Act, 1867, in J. G. Bourinot, A Manual of the Constitutional History of Canada from the Earliest Period to 1901. Toronto: The Copp, Clark Company Limited, 1901, pp. 191–194.
3 《万国公法》，卷4，第22页a。

使东亚卓然异于世界其他地方。作为一个政治概念的帝国，等同于作为一种生活方式的文明，因为有儒家教义对二者进行调适。儒家化的帝国是普世性的，并恰恰以其存在昭显其合法性；这样的帝国并不依赖于具体的个体。"[1]

在这种以"文明"形态出现的"中华帝国"的秩序之下，朝鲜国并非是"大清帝国"或者"中华帝国"下的类似于埃及之于奥斯曼帝国或者加拿大之于大英帝国的一个帝国组成部分。一方面，朝鲜国是大清国的一个"外藩"或曰"属国"，其等同于"屏翰""藩屏"等，正如清廷册封朝鲜国王的诰命或赐谕祭文中所规范的那样；[2] 另一方面，对中国而言，朝鲜又是外国、他国、异国，即如康熙皇帝在1669年招抚台湾郑经的敕谕中说的"朝鲜系从来所有之外国"（满语穆麟德转写：*coohiyan gurun serengge, daci bihe encu gurun*）。[3] 所以，朝鲜在儒家文化语境中十分清楚的属国名分，无法用上述西方帝国之"属国"来衡量。

另外，当日普遍使用的"属国"这个中文术语本身，无法确切衡之以西方国际法，在当时的实际外交谈判和操作中已变为意义最模糊、背后陷阱最多和辩论最难的一个问题。总署1864年刊行的《万国公法》，曾将英文的"colony"译作"屏藩"或"属邦"，[4] 将"dependency"也译为"属邦"，[5] 将"vassal state"译为"藩属"，将"tribute"译为"贡"，将"suzerain"译为"主"，[6] 并将"Sovereign States"译为"自主之国"，[7] 将"right of sovereignty"译为"自主之权"，[8] 如此等等，均可见其所采用的术语体系，完全是从中国传统的宗藩术语中得来的。当时的日本也是采取这一宗藩术语体系，例如1875年春郑永宁同总署辩论琉球地位之时，争辩说琉球系日本的"属国""藩属""藩屏"，等等。这些词汇在美国公使艾忭敏致国务卿的报告中，均被译为"tributary"一词，与西方人士自

1　Akira Iriye, "Imperialism in East Asia," in James B. Crowley, ed., *Modern East Asia: Essays in Interpretation*. New York: Harcourt, Brace & World, Inc., 1970, p. 129.
2　韩国中央研究院藏书阁编：《藏书阁所藏古文书大观》第3辑，城南：韩国学中央研究院，2010年，第30—31页。
3　康熙八年（1669年）九月，"招抚郑经敕谕"，档案编号：038209-001，"中研院"历史语言研究所馆藏清代内阁大库档案。
4　《万国公法》，卷1，第27页；上揭 *Element of International Law*, pp. 46-47。
5　《万国公法》，卷2，第3页a；上揭 *Element of International Law*, p. 79。
6　《万国公法》，卷1，第28页；上揭 *Element of International Law*, pp. 49-50。
7　同上书，第25页b-26页a；上揭 *Element of International Law*, p. 44。
8　《万国公法》，卷2，第2页b；上揭 *Element of International Law*, p. 79。

18世纪晚期以来便将清朝藩属理解为"tributary countries"或"states tributary to China"的路数一脉相承。[1] 而郑氏所说的琉球系日本属国的辩论要点,艾忭敏则译为"the jurisdiction of Japan over Lew Chew"(日本对琉球的管辖权)以及"the jurisdiction and sovereignty of my master, the Emperor of Japan, to whom the Lew Chew Islands were tributary"(我日皇对属国琉球所具有之管辖权及主权)。[2] 东西两套外交概念之悬殊差异,由此可窥一斑。一直到1889年,美国驻华公馆秘书柔克义(William W. Rockhill)在研究中朝关系时仍特别指出,西方经常将"属国"翻译为"vassal kingdom"或"fief"等词汇都是"误导性的"(misleading)。[3] 值此历史背景,在宗藩体系中不辩自明的"属国"之"自主",自1866年法朝交涉前后也就被视为国际法上的"independent"即"独立"之意,这也是为何1871年美朝交涉时镂斐迪认定所谓"属国"实系"有名无实"的原因。这种中西两套政治、文化话语体系的并存与交织,为总理衙门带来了无法克服的时代难题。[4] 而身处这种历史交织之中的晚清中国,如何在自我传统与近代的博弈之中形成本国的"近代外交"(modern diplomacy),可谓举步维艰。[5]

在这种时代局限之下,诸如沈桂芬这样科举出身且没有任何欧美知识背景的中国士大夫,尽管知道中西"属国"有所差异,却难以清晰辨明究系何等差异。例如,1875年3月24日,在郑永宁前往总署同恭亲王、毛昶熙、崇厚、夏家镐以及周家楣等人辩论琉球问题时,崇厚曾质问郑永宁说:"贵国之于琉球,要如英国之于印度乎?然琉球国小,印度较大,且并非无足轻重。日本亦不如英国强大。故贵国不应去效法英国对其属国印度之例。"[6] 由此可见,崇厚很明白

1　Jean-Baptiste Grosier, *A General Description of China*. London: Paternoster-Row, 1795, p. 241.

2　《日本外交文书》,第8卷,第298—301页; *Memorandum of Statements Made to His Excellency Benjamin P. Avery by His Excellency Mr. Tei*, March 31, 1875, in FRUS, 1875-'76, pp. 314–316。

3　William W. Rockhill, "Korea in Its Relations with China," *Journal of the American Oriental Society*, vol. 13(1889), p. 2.

4　有关因这种中西话语体系的不同而产生的种种外交上的矛盾,参见 M. Frederic Nelson, *Korea and the Old Orders in Eastern Asia*. Baton Rouge, Louisiana: Louisiana State University Press, 1946; 冈本隆司:《属国与自主之间:近代清韩关系与东亚之命运》,名古屋:名古屋大学出版会,2004年; 冈本隆司编:《宗主权之世界史:近代东西亚洲与翻译概念》,名古屋:名古屋大学出版会,2014年。

5　参见川岛真:《中国近代外交的形成》,名古屋:名古屋大学出版会,2004年;冈本隆司、川岛真编:《中国近代外交的胎动》,东京:东京大学出版会,2009年。

6　*Memorandum of Statements Made to His Excellency Benjamin P. Avery by His Excellency Mr. Tei*, March 31, 1875, in FRUS, 1875-'76, p. 315.

英印宗属关系同中琉宗属关系是不一样的，但他无法从国际法的角度上将之论说清楚。到与森有礼辩论的这个时候，情形并没有任何改变。所以，对森有礼的上述提问，沈桂芬只能回答道："情理上，属国自应不得侵犯。西洋各国，无有相扰属国之理，与中国属国，亦自然无相扰之事。"[1] 森有礼和沈桂芬等总署大臣，在年龄上是两代人，在思想上则是两个世界的人。

森有礼话锋一转，开始谈论当前朝日局势，会晤进入收尾阶段。森有礼要求总署就"属国"这一问题于12日前作一书面回复，以便他能于13日发回日本。[2] 事涉军机，沈桂芬等人表示需要请教恭亲王之后方能定夺，所以未必能赶在12日前回复。在会谈行将结束之际，森有礼明确表示出了对朝动武的意思，指出了"将来日本与高丽，万一弄到打仗地步"并"期其最恶"的可能性。[3] 沈桂芬等则坚持认为朝日之间不会发生战事，也就始终没有回答中国将做何举动。随后，这次历时约4个小时的会谈结束，而未来20年两国在朝鲜政策上的对峙帷幕刚刚拉开。

森有礼从与总署的交涉中看到了清朝的因循守旧，在呈父亲森有恕的家信中感慨道："清国政府于百事固守旧例，改进之道颇为暗淡，谈事之时，甚为不便。"[4] 其实，就在森有礼在总署辩论的这天，两宫皇太后在咫尺之外的紫禁城中"挥涕不止"，要求署刑部右侍郎翁同龢和兵部右侍郎夏同善担任刚满5岁的光绪帝的老师，在毓庆宫教其读书。[5] 而一直在恭亲王背后为其外交出谋划策的能臣文祥，此时也已病入膏肓。[6] 大清国的政治中枢多少有些自顾不暇，在外事处理上实在不能有太高的效率。

会谈结束之后，森有礼在对外务卿寺岛宗则的报告中认为"彼之所答，与我所期望之意完全不合"，因此急忙于11日上午派遣郑永宁再次前往总署，以他事为由继续暗中向周家楣打探中朝关系的内情，同时希望清政府能够遣使朝

---

1 "周家楣记录"，第160页；"总署校正日方汉文本"，第155页。
2 "总署校正日方汉文本"，第155页；"周家楣记录"，第161页。
3 "周家楣记录"，第162页；"总署校正日方汉文本"，第156页。
4 《森有礼致两亲书》，《森有礼全集》，第2卷，第144页。
5 翁同龢著，陈义杰整理：《翁同龢日记》，第3册，中华书局，1993年，第1176页。
6 郭嵩焘著，湖南人民出版社点校：《郭嵩焘日记》，长沙：湖南人民出版社，1982年，第3卷，第15页。

鲜,劝朝鲜款待日本大臣,以全两国邻交。同日下午,大学士宝鋆偕成林和夏家镐到日本公馆祝贺日本新年,森有礼乘机提出了两个要求:第一是请求总署颁发护照一件,以便他派员从北京经盛京前往朝鲜都城,待黑田等抵达朝鲜后将中日会谈之事详细相告;第二是为了答谢李鸿章在他进京之时派员照料之举,欲前往保定谒见李鸿章,请求总署致函通知对方,以便接洽。[1]

13日是森有礼抵京以来最忙的一天,他向外务卿寺岛宗则发回了7封"公信"和4封"机密别信",报告了抵京以来的情形,表达了对中朝关系的看法。就双边会谈,森氏汇报说:"清国之于朝鲜,惟纳彼之方贡,册封彼之王位,或两国之民互市而已,不与闻彼之内事,听其自主。……且礼部衙门,专掌韩事,例典之外,概不承办总理衙门与他国所谈之事。此国守旧顽固若此,实不能奈何之也。"同时,森有礼特别就10日的总署晤谈作了两点报告:第一,朝鲜虽有中国属国之名,但是内政教令、与外国交接等事,皆其自主;第二,如果外国侵越朝鲜的话中国将如何办理,中国尚无回答,将再行询问。[2] 可见,森有礼试探中国态度的使命尚未完成,所以想尽快前往保定面见李鸿章,以伸此番来华之志。

在此期间,总署就森有礼在双方10日会晤之时面递的照会作了正式复照,内云:

> 朝鲜自有国以来,斤斤自守。我中国任其自理,不令华人到彼交涉,亦信其志在安分,故无勉强。……中国之于朝鲜,固不强预其政事,不能不切望其安全。……贵大臣既云办事要照条约,唯希贵大臣转致贵国政府,不独兵不必用,即遣使往问一节,亦须自行筹画万全,务期两相情愿,各安疆土,终守此修好条规"两国所属邦土,不相侵越"之言。[3]

森有礼14日收悉上述答复之后大为不满,于次日复照,正式从书面上否定朝鲜属国论:

> 据贵王大臣云,朝鲜虽曰属国,地固不隶中国,以故中国曾无干预

---

[1] 《日本外交文书》,第9卷,第141—142页、第162页。
[2] 同上书,第142—143页。
[3] 《清季中日韩关系史料》,第2册,第267—268页。

内政，其与外国交涉，亦听彼国自主，不可相强等语。由是观之，朝鲜是一独立之国，而贵国谓之属国者，徒空名耳。彼既为邻，加我暴戾，而今不得不遣使以责之，且为我国人民自尽保安海疆之义。因此凡事起于朝鲜日本间者，于清国与日本国条约上无所关系。[1]

森有礼将朝鲜定义为一个"独立之国"，认定朝日交涉和中日条约无涉，目的是"打消14日从衙门收到的照会末文的两国所属邦土不相侵越的异议"。[2] 在此，森有礼发出了和1871年美国公使镂斐迪一样的属国"空名"论，使问题变得异常尖锐，而日本与美国等西方国家在否定朝鲜的中国属国名分上的政策，至此最终完成了合流。

1月15日，恭亲王等9名总署大臣联名复函森有礼，声明是否前往保定见李鸿章由其自行酌定，但不能发给日方护照使其派员前往朝鲜。[3] 其实总署或许根本没有意识到的是，不能颁发赴朝护照，相当于承认朝鲜并非中国所领，遂暗合森氏来华目的。总署此时已意识到双方不可能达成一致意见，和1871年对待朝美交际时一样，总署在此抱着关切属国的心态，于17日奏请由礼部将其与森有礼的往来节略各一件转送朝鲜，以供该国参考。总署再次申述："朝鲜虽隶中国藩服，其本处一切政教禁令，向由该国自行专主，中国从不与闻。今日本国欲与朝鲜修好，亦当由朝鲜自行主持。"同日得旨"依议"后，总署咨会礼部，要求"迅速备文转交朝鲜，事关紧要，万勿刻迟可也"。[4] 17日上奏时，总署还附了三个附片，第二份和第三份附片分别是建议转送给朝鲜的日方的以及总署的照会，第一份附片则在回顾了自1866年以来英法美等国欲同朝鲜交际而未果的基础上，表达了对"近已改从西洋政俗，衣冠正朔全行变易"的日本的对朝政策的担忧。就眼下与该衙门"多有辩论"的森有礼，总署无奈地表示："臣等总本条规之言，力为阻止，能否就我范围，殊难逆料。"[5]

在这种以1871年中日《修好条规》为主要辩论根本的情形下，总署在18日答复森有礼的照会中再度声明：

---

1 《清季中日韩关系史料》，第2册，第270页；《日本外交文书》，第9卷，第165—166页。
2 《日本外交文书》，第9卷，第163—164页。
3 《使清日记》，卷3，第2页a—2页b。
4 《清季中日韩关系史料》，第2册，第270—272、280页。
5 《清光绪朝中日交涉史料》，北平：故宫博物院，1932年，第1卷，第1页b—2页a。

> 查朝鲜为中国属国,隶即属也,既云属国,自不得云不隶中国。且日前回复贵大臣,并无不隶中国之说,修好条规内载所属邦土,朝鲜实中国所属之邦之一,无人不知。至中国向不勉强各情,已于本月十八日具复节略中备言其义。今准贵大臣照会,本王大臣仍应声明,合照修好条规所属邦土不相侵越之意,彼此同守,不敢断以己意谓于约条上无所关系。[1]

森有礼当即于19日复照,继续坚持属国空名论:

> 因思贵王大臣所以引条规所属邦土不相侵越之意者,盖就将来我国与朝鲜国交涉,凡有该国政府及其人民向我所为之事,即由贵国自认其责之谓也。与若谓不能自任其责,虽云属国,徒空名耳,则我国自不得不伸其理,于条规有何关系哉![2]

双方争论焦点昭然于斯,即中国究竟能否为朝鲜行为背负国际责任,而这一点恰和总署力辩的不干预属国内政外交之义直接抵触。森氏在辩论朝鲜的实际的法理地位(*de jure* legal status),即着重从国际法中主权国家的理念出发,通过中国不能为朝鲜的行为背负国际责任这一事实,指斥朝鲜属国名分实系有名无实,来瓦解总署坚持的朝鲜属国论的法理基础,认定朝鲜系独立自主之国。与此相反,总署是在辩论朝鲜所拥有的实际的法统地位(*de facto* legitimacy),即着重从中朝两国既存的宗藩关系和礼仪交际中拿出事实依据,阐述朝鲜系中国属国的历史合法性,进而论证朝鲜的中国属国名分渊源有自、名副其实。双方在自身的逻辑体系内都可以完美地自圆其说,并不存在哪一种说法更为合理或进步之意。双方的差异,是中西方国际秩序构建理念的对立,亦是外交理念的差异。

正在双方辩论又入僵持之际,李鸿章从保定派来迎护森有礼前往保定的参将于20日抵达北京,并越过了总署直接前往日本公馆进行了接洽。[3] 森有礼"喜出望外",函告总署次日即将启程,总署亦当即复函以示知悉。[4] 双方都明白,保

---

1 《清季中日韩关系史料》,第2册,第273页。
2 同上书,第274页。
3 《李鸿章全集》,第6册,第3014页。
4 《清季中日韩关系史料》第2册,第274、275页。

定会晤势必成为北京辩论的直接延续,所以如何在保定让对方"就我范围",遂成头等大事。

总署方面,于 20 日当天密函指示李鸿章,"森公使前往会晤,如接见议及朝鲜之事,望即留意开导,勿令有所借口",并抄录 15 日同森有礼的来往照会以及 10 日森有礼总署问答照会各一件给李鸿章参酌。[1] 此举意在统一口径,免贻日使口实。李鸿章之所以敢迎面接下这个烫手山芋,是因为此时如何应对朝鲜外交问题已经提上了该督日程。从私人渠道上看,李鸿章此时正好收到由永平太守游智开转呈的朝鲜领议政李裕元的私人书函,如何不失时机地利用私人通函的机会来引导朝鲜政府处理外交,也是当务之急。实际上,李鸿章已于 1 月 10 日对李裕元作了"略及外交之意"的复函。[2] 所以,在森有礼赴保定之前,李鸿章就中国对朝鲜外交策略一事,已有诸多考虑。此前,在 1874 年同日本政府就日军侵台事件而进行交涉的过程中,李鸿章在被迫无奈之下形成了一种以息事宁人、以便两全为首选的外交方针,这一方针此时开始主导了他在朝鲜问题上的看法。[3] 这一点在其 19 日致总署的密函中表露无遗。李氏在该函中表示在与森氏会晤中会同总署保持一致态度,但他也认为朝鲜事态严重,因此建议总署"将计就计"地致函朝鲜,敦促其同日本交往,但立约与否,仍听朝鲜政府自行决断。[4] 李氏敦促总署"屈尊先施"致函朝鲜以指点机宜之用意,在于夺取外交主动权,即使朝鲜不听,那中国也做到了仁至义尽。总署于 22 日收到了上述密函,但针对李氏的积极指导朝鲜外交的倾向,并未立予附和。毕竟,就朝鲜的属国名分一事,总署已经先后同英法美等国公使进行过若干辩论,坚守"政教禁令,皆由该国主持,中国向不过问",早已成了该衙门到此时已经实践了整整十年的对朝方针。因此,总署以眼下同森有礼的探讨尚无最终着落为由,在同日回复李鸿章的密函中说,还是先看看在保定开导森有礼的情形如何,"再行商

---

1 《清季中日韩关系史料》,第 2 册,第 275 页。
2 参见笔者:《清末朝鲜领选使研究》,载《明清论丛》2008 年第 8 辑,北京:紫禁城出版社,2008 年,第 60—111 页。
3 "李鸿章致刘秉璋函",《李鸿章书札》,北京大学图书馆古籍善本室藏手稿本;"李鸿章致丁日昌函",《李鸿章致丁日昌函稿》,广东丰顺县政协丰顺文史编辑室编印:《丰顺文史》,第 2 辑(1989 年),第 77 页。
4 《李鸿章全集》,第 6 册,第 3013—3014 页。

办致书朝鲜一事"。¹ 此间,李鸿章再次致函总署,表示要"相机设法开导"森有礼,"要之彼此立言不必尽同,而其用意要归于一致,决不令彼有所借口。"²

在总署和北洋大臣互通声气之时,森有礼也在忙着清理即将同北洋大臣辩论朝鲜属国名分一事的基线。1月20日,森有礼在致外务卿寺岛宗则的一份机密报告中,再次较详细地阐释了他的观点:

> 总理衙门明言,朝鲜之地,非清政府所领,故不能干预彼国内政,至彼国外交之事,亦任其自主。以此观之,其所谓属国者,更无可见之实也。夫内政外交之权利全有之国,不拘何等政体势力,皆以独立自主之国视之。公法诸家,皆为此同说。现欧美诸国公认此理,掌理其国外交。即如埃及[エジプト,Egypt]、塞尔维亚[セルウキヤ,Serbia]等国,亦掌理外交而行交际焉。名家腓力莫尔氏,于其所编著之《万国公法》第二编第一章第六十三条内,曾论述此理之大意。公法之理既如此,我政府亦认朝鲜为独立国,今后凡日本朝鲜间事,不必再听清国政府之片言可矣。³

森有礼提到的腓力莫尔氏所编著之《万国公法》,是指上文曾提及的英国国际法学家罗伯特·腓力莫尔编著的《各国交涉公法论》(*Commentaries upon International Law*)一书。⁴ 该书第二编第一章,是"国际法的主体——国家"(Subjects of International Law-States),其下的第六十三条,首先界定了何为"国家"(State [δῆμος, civitas, Volk]),其次涉及了森有礼所说的"不拘何等政体势力",具体即"国际法与一国之宪法或政府之形态、特征或权力无关,与该国之民众信仰、领土所至或在英联邦内之地位与影响无关,此系一正义之基本原则,亦系目下所创制之国际法学之基本原则"。⁵ 森有礼正是欲通过这一条款的内容,将朝鲜界定为国际法体系中的一个拥有独立主权(independent sovereignty)的国家。在此基础上,森有礼就朝日交往一事向本国政府建言:"朝鲜有独立之实,

---

1 《清季中日韩关系史料》,第2册,第279页。
2 《李鸿章全集》,第6册,第3014—3015页。
3 《日本外交文书》,第9卷,第163—164页。森有礼一开始举了摩洛哥(モロッコ,Morocco)和塞尔维亚为例,后来将摩洛哥划掉,换成了埃及,见森有礼《使清日记》,卷3,第11页b;参见 JACAR, Ref. B03030144000。塞尔维亚当时处于在奥斯曼帝国之下的高度自治状态。
4 参见傅兰雅(John Fryer)口译、俞世爵笔述:《各国交涉公法论》,上海:江南制造局翻译馆,1894年铅印本。
5 Robert Phillimore, *Commentaries upon International Law*, vol. 1, p. 81.

其所谓清国属管之名,犹如塞尔维亚等之于土耳其,则纯以与其他独立诸国同等视之可也。且其品位,甚有差异,故我派出之使节,应善为领会此意,即于日本朝鲜对等条约之中,不必揭载交际官互相驻扎彼此京地之语,唯以载明置领事官于京地及诸开港场所为要。"[1]

这里出现了一个很大的矛盾。森有礼坚持认为朝鲜是独立之国,但他在使用塞尔维亚和奥斯曼帝国之间的关系来作类比的时候,又看到了朝鲜与中国之间照样存在类似的"品位"上的巨大差异。则日朝缔约后,两国驻扎彼此都城的外交官,会因中朝间的"品位"差异,造成中日两国之"品位"差异。可见,森有礼尽管在法理上不断否定清政府坚持的朝鲜属国论,但基于现实又不得不承认中朝两国之间的确存在"品位"差异。森氏在此实际上以另一种方式承认了朝鲜属国名分并非虚无,所以建议本国政府在条约中规避彼此派遣驻京公使的问题。森氏此种考虑,和1882年朝美谈判缔约时美国代表薛斐尔(Robert W. Shufeldt)极力抵制在条约头款书明朝鲜系中国属国的做法,[2]以及1883年美国国务卿弗里林海森(Fredrick T. Frelinghuysen)对前往朝鲜的第一任美国特命全权公使路西斯·福特(Lucius H. Foote)就如何在主权平等原则内恰当处理美、朝、中三国关系的耳提面命的训示,[3]出发点一模一样。事后签订的江华岛条约第二款有关遣使的内容,与森有礼的这种路数完全相符,没有规定彼此派遣公使驻扎对方都城,而是规定两国"随时派使臣"到彼此都城,"得亲接"彼此的礼曹判书与外务卿以"商议交际事务","该使臣驻留久暂,共任时宜"。[4]这就避免了驻京公使以及国家之间的"品位"关系问题。在向外务卿发回了上述机密报告的次日,森有礼即偕郑永宁动身前往保定。

(二)保定除夕酒宴:森有礼同李鸿章的英文辩论

森有礼与郑永宁于1月24日中午抵达保定,下午前往总督府拜谒李鸿章。

---

[1] 《日本外交文书》,第9卷,第164页。
[2] 《清季中日韩关系史料》,第2册,第557—558页。
[3] No. 3, Mr. Fredrick H. Frelinghuysen to Mr. Lucius H. Foote, March 17, 1883, in George M. McCune and John A. Harrison, eds., *Korean-American Relations: Documents pertaining to the Far Eastern Diplomacy of the United States, 1883–1886*. Berkeley, California: University of California Press, 1951, pp. 24–29.
[4] 《日本外交文书》,第9卷,第115页。

因次日即届除夕，李鸿章担心"公事纷冗，不能深谈"，故特备酒席一桌款待森氏一行，并邀请编修黄彭年和候补同知黄惠廉陪席。会谈从下午3点钟开始，直到晚上9、10点钟结束，长达六个多小时。25日上午，李鸿章偕黄彭年和黄惠廉回访森有礼，双方作了一次短暂的礼节性谈话。所以，24日的会谈乃是双方此番晤谈之重点，并深刻地影响到了此后20年间的中日关系以及东亚世界的历史命运，亦将李鸿章深深卷入到清朝应对朝鲜事务的处置机制中来。

双方留下的24日的会谈记录有巨大差异，所以此处亦须澄清文本。中方的记录，是26日李氏向总署呈报的"晤谈节略"（下称"李鸿章记录"）。日方留下的则是会谈的英文记录，该记录如今已经不复存在，不过日本外务省存有当时根据森氏英文记录译成日文的名为"初次会谈"的档案（下称"森有礼记录"）。[1] 经过对比，"森有礼记录"中的内容，在"李鸿章记录"中都可找到对应条目，不过内容详略各异，所述亦不尽一致；而"李鸿章记录"中的一些内容，"森有礼记录"却只字未提。[2] 笔者据此推定，双方都在事后有针对性地重塑了谈话记录。[3]

学界很少注意到这次会晤是以英语进行的。李鸿章在致总署的信函中没有提到英文会谈这回事，只是介绍说陪席的黄惠廉"略通英语"。森有礼本人则明确记载了24日和25日两次会晤都是通过英语进行的。[4] 双方用英文会谈，确属两国外交史上一桩空前奇闻，时人对此也大为不解。日本《近时评论》杂志在同年6月19日的一篇报道中，专门讥讽此事为"吾辈近来于道路之间所得之最

---

1 日方记载，见《日本外交文书》，第9卷，第170—176页。中方记载，见《李鸿章全集》，第6册，第3015—3017页；《清季中日韩关系史料》，第2册，第282—288页。中方相关文书档案以《清季中日韩关系史料》所收录的内容为最全，而1905年刊行的吴汝纶辑本的《李文忠公全集》以及2008年刊行的新编《李鸿章全集》，均未收全李鸿章就本次保定府会谈呈报总署的文书。有关中日两个会谈记录的具体情形，参见笔者整理翻译：《1876年李鸿章与森有礼保定会谈记录》，中国社会科学院近代史研究所近代史资料编辑部编：《近代史资料》总第126号（2012年），第125—147页。

2 "李鸿章记录"，从见面寒暄之语起，李鸿章或问或答总共发言45次，森有礼或问或答凡38次，郑永宁答12次。"森有礼记录"，从李鸿章问森有礼欧美游历经验开始记录，李鸿章问答凡26次，森有礼问答凡27次，没有郑永宁的任何发言记录。

3 冈本隆司也在对比李鸿章和森有礼的记录的基础上，判断存在"夸张捏造"之事，并指出英语交流不畅的问题以及双方利害的考虑或是造成这种现象的两个原因，见冈本隆司：《李鸿章之述日使议朝鲜事之解题》，村田雄二郎编：《新编原典中国近代思想史》第2部《万国公法之时代：洋务·变法运动》，第37页。但笔者认为，英语交流问题或许是有，但应不是造成双方"夸张捏造"的主要原因，参见本文下文。

4 *JACAR*, Ref. B03030144000.

惊悍、最疑惑、最惭愧之一大奇报",并斥责森有礼"察李氏不通英语,应答之际,偶谋其便"。[1]而李鸿章早有准备,在邀来饱读诗书的翰林鸿儒黄彭年之外,特邀懂英语的黄惠廉,中西双管齐下地应对森有礼。

充作李鸿章翻译的黄惠廉,能否以英语和森有礼进行有效沟通呢?李说黄"略通英语",其实黄的英文很好,且在清朝外交舞台上已经活跃了十几年。[2]黄惠廉本籍广东,少时曾在美国圣公会传教士文惠廉(William Jones Boone)于1845年在上海开设的教会学校中学习过,[3]并以翻译身份去过南美洲英属殖民地圭亚那,后在威妥玛所负责的翻译事务所当差做过翻译。在1856年到1860年的二次鸦片战争期间,黄氏因能英语交流而被占领广州的英军纳入军需部服务,后跟随英国额尔金勋爵(Lord Elgin)北上天津,很快被清政府相中并以翻译身份在京津等地居中联络,曾在大沽口炮台陷落后亲身举旗前往与英军接洽,[4]后来在中英交涉中出力颇大。根据当时英美外交人士的记载,黄惠廉的英文相当好。在这期间,他亦成了负责天津防务的僧格林沁非常倚重的幕僚。[5]1861年,天津新设海关翻译人才不足,三口通商大臣崇厚便向僧格林沁要来了当时正在其手下做事的黄惠廉,嗣后崇厚在天津与外国税务关员过从之时,黄惠廉常充翻译。因为北洋大臣是在三口通商大臣的基础上设置的,由直隶总督兼任,可知黄惠廉在1876年这次谈话中担任李鸿章的英文翻译,其实是其在崇厚时代担任三口通商大臣的英文翻译职责的一脉延续。因此,黄惠廉和森有礼应当可以比较通畅地以英文交流。另外,李鸿章在面见森有礼之前,并不知道对方会用英语谈话,但他还是提前找来了懂英语的黄惠廉,除了足见李氏谋划仔细之外,森有礼是否恰恰是在见到了黄惠廉之后才决定使用英文交流的,很值得考虑。否则,如果黄氏英文不敷应对,森放着精通汉语的郑永宁不用而非要使用英文,就毫无道理了。笔者亦认为,森有礼择用英文谈话的玄机,并不在于游学欧美有年的他要像《近时评论》说的那样去

---

1 《森有礼全集》,第1卷,第786—787页。
2 坂野正高:《近代中国外交史研究》,东京:岩波书店,1970年,第165—214页。
3 由此可知,黄惠廉的名"惠廉",当和他就读的这所美国圣公会教会学校的校长文惠廉有某种关系,因为"惠廉"显系英文"William"的汉字音译,故所谓"黄惠廉"者,当系英文"William Hwang"之译写,则其人中文真名究系何者,暂不得而知。
4 Henry B. Loch, *Personal Narrative of Occurrences during Lord Elgin's Second Embassy to China in 1860*. London: John Murray, 1869, p.94.
5 郭嵩焘:《玉池老人自叙》,长沙:养知书屋,1893年刻本,第8页a—9页a。

刻意诓骗不懂英文的李鸿章，而在于使用英语可以更直接、更清晰地通过欧洲近代国际法术语，来明白否定清政府所坚持的朝鲜"属国"论，而当日在座的英文颇好的黄惠廉，恰为他提供了求之不得的条件。

至于笔录情形，笔者判断，中方当是由黄彭年作中文笔录，记录的是问答要点。日方郑永宁以"唐通事"起家，主攻汉文，从他的个人经历和以前所承担的历次中日会晤的翻译的外交经历来看，他应该不通英语。森有礼应是自己执笔用英文作了笔录，且记录的也是要点。而且，双方也有充分时间重塑会谈记录。双方24日晚上和25日上午进行了两次会谈后，李鸿章于26日致函总署，汇报了24日的会谈情形并附上了会谈节略，对25日的会谈一笔带过，可知李鸿章会谈记录的成稿时间，系在24日晚间晤谈之后到26日发函之前，执笔者以及润色者当系黄彭年和黄惠廉，并经李鸿章审阅，最后成为总署看到的正式会谈纪要，这也是为中外学者频繁引用的中方记录。日本方面，森、郑二人26日滞留保定，27日启程返京，30日午后6时返抵北京公使馆，2月3日森有礼将保定会谈的英文记录发送给寺岛宗则。前后10天之间，森有礼完全有时间处理好英文纪要，所以他在致寺岛宗则的密函中所说的呈送英文记录是因为来不及翻译成日文，似并不能成立。这10天之内，他做的主要工作之一便是重塑会谈记录，毕竟他最后向外务省呈报的英文记录是誊本，而非原始笔记。陪同森有礼的郑永宁，也从未留下有关此次会谈的任何具体记载。综上可以推定，双方24日的会谈记录，有相当部分是事后斧斫润色的文字；当然，这种重塑并不等于造假。我们只能通过仔细的对比和甄别，方可复原当日的谈话情景，而从中考察中日双方对朝鲜属国问题的态度，亦须如此。此次会谈有关朝鲜问题的辩论是逐步深入的，重点有三处：第一，朝鲜是否是中国属国，以及朝鲜是否属于1871年中日《修好条规》第一款中规定的"所属邦土"之列；第二，朝日江华岛冲突责任究竟在谁；第三，朝鲜与日本通商事宜及其与中国之关系。

会谈中，森有礼开门见山地拎出朝鲜属国一事。李鸿章沿袭总署的口径，重申朝鲜既然"奉正朔"，便是中国的"属国"，而森有礼则指此种"奉正朔"之事"单系贵邦及朝鲜交谊之礼式而已"，与"朝鲜独立"并无关碍。[1] 李氏驳

---

1 《日本外交文书》，第9卷，第172页。

曰:"高丽属中国几千年,何人不知?和约上所说'所属邦土','土'字指中国各直省,此是内地,为内属,征钱粮,管政事;'邦'字指高丽诸国,此是外藩,为外属,钱粮、政事向归本国经理,历来如此,不始自本朝,如何说不算属国?"[1]李氏此一辩说,与总署所持之一贯立场互为表里。森氏主动表示先搁置这一问题,[2]因为他意识到即便再讨论下去,李的观点也不会和总署的相左。[3]森有礼遂开始辩论江华岛冲突的责任。

森有礼表示,中日两国因台湾和朝鲜而起的外交纷争,归根结底是《修好条规》第一款"未明记封土界限所致",因此明确表示当废除"此类无用之条款",以免"日后重蹈前辙"。李鸿章反问道:"若贵邦安然守之,有何纷纭可生耶?贵邦遣炮船前往测量朝鲜海面,彼何能无向炮船发炮之理哉?由此可见,贵邦实无诉苦之情由,亦无伐朝鲜之口实。毕竟朝鲜发炮之举,实系贵邦自所招致。况该炮船进入公法上所禁止之近海三英里之内,加之陷城、杀人、掠财等事,今又要遣使责朝鲜理非,此系为何?"[4]森有礼则认为李鸿章是"误闻朝鲜事件",但既然李氏提到了"公法",于是森有礼也从"公法"入手作了另一番解释。其中说到"夫公法,遵守之国可用之,而如朝鲜不知公法为何却厌恶之之国,则不可用之。"[5]既然森氏声称朝鲜为独立国,则按照国际法的"自主之国本皆平行均权"(the natural equality of sovereign States)[6]的原则,朝鲜本就享有和日本一样平等的国际地位和国际权利,并不能以该国是否知悉国际法以及是否被编入条约体系内为准绳,来衡量其是否适用于国际法。[7]森氏是试图将朝鲜置于国际法所规范的普遍规则之外来区别对待,体现出了其强权政治和现实政

---

1 《李鸿章全集》,第6册,第3016页。"森有礼记录"对李鸿章的这番回答记载得十分简单,云:"朝鲜实系清之属国,此是旧来世人皆知之事。"(《日本外交文书》,第9卷,第172页)
2 《日本外交文书》,第9卷,第173页。
3 在"李鸿章记录"中,在双方谈论朝日可能要打仗的对话中,另有几段对答曰:"郑署使云,森大人因总署说中国不管高丽内政,所以疑不是属国。答云,条约明言所属邦土,若不指高丽,尚指那国?总署说的不错。森使云,条约虽有所属邦土字样,但语涉含混,未曾载明高丽是属邦,日本臣民皆谓指中国十八省而言,不谓高丽亦在所属之内。答云,将来修约时,所属邦土句下可添写十八省及高丽、琉球字样。"(《李鸿章全集》,第6册,第3017页)这几段对答的基本意思可从"森有礼记录"中找出大略对应的部分来(《日本外交文书》,第9卷,第172页)。
4 《日本外交文书》,第9卷,第173页。
5 同上。
6 《万国公法》,卷2,第61页a; Henry Wheaton, *Element of International Law*, p. 213.
7 参见 *Elements of International Law*, p. 213;《万国公法》,卷2,第61页a。

治的倾向。森有礼在谈话中屡次流露出这种倾向，诸如"据我看来，和约没甚用处""和约不过为通商事可以照办，至国家举事，只看谁强，不必尽依着条约"《万国公法》亦可不用"等等。[1] 这位亲眼目睹了仰仗着坚船利炮去实行炮舰外交的欧美列强与"被压抑、被蹂躏"的东亚诸国之间巨大差异的年轻公使，[2] 对强权政治的信奉之情溢于言表。森有礼的这些思想，或许多少受到了斯宾塞（Herbert Spencer）的"适者生存"社会进化理念的影响，颇值得考虑——他从美国回国途经英国时拜访过这位英国哲学家斯宾塞。就这一方面而言，李鸿章恰恰相反地认为既属条约即当永为金石之信，"两国和好全凭条约""约书奉有谕旨，盖用国宝，两国臣民子子孙孙当世守之"等等。[3] 当时上至总理衙门，下到北洋大臣，均视条约及《万国公法》为外交上的一大新武器，而日本公使见到的则是位于这些条约和公法背后的强权政治。

经此讨论，双方很快过渡到朝日修交及中国反应的方面。郑永宁表示，朝日两国不和好，"日本臣民"免不了要去朝鲜"打仗"，李鸿章则表示中国着实无从居中劝说。森有礼遂将朝日通交的目的限在了通商一层，曰："苟若朝鲜好心接待漂到其海岸之外国人，则不要求其开国与外国通商，只要外国人为航海无碍而得测量朝鲜海面之自由即可。……即使系鄙说之外之外国人，亦不能强迫朝鲜通商，而我国亦不欲如此强迫朝鲜。"[4] 对日本不欲强迫朝鲜通商，李鸿章问："这谁保得？"森有礼答："我可保。"李谓："须日本国家保得。"森答："日本国家亦可保。"[5] 以此为衔接，森有礼表达了与总署交涉辩论的失望。[6]

同时，森有礼提出了日方对朝鲜的两个要求："其一，要朝鲜行与我国威相

---

[1] 《李鸿章全集》，第6册，第3015页。
[2] 《日本外交文书》，第9卷，第170页。
[3] 《李鸿章全集》，第6册，第3015—3016页。这一点在双方记录中言论可征者颇多。
[4] 同上书，第3016页；《日本外交文书》，第9卷，第174页。
[5] 同上书，第3016页。尽管"李鸿章记录"中对这段对答的描绘惟妙惟肖，但是"森有礼记录"中丝毫没有提到日本国家可担保不强迫朝鲜通商这层（《日本外交文书》，第9卷，第174页）。
[6] 《日本外交文书》，第9卷，第175页。有关森有礼的"失望"，"李鸿章记录"中记录郑永宁的话说："森大人来到中国，有三宗失望的事。一是不能保全要与高丽和好的意思。二是总理衙门不明白他要和好的心思。三是恐本国臣民知道中国不管，定要与高丽打仗。"（《李鸿章全集》，第6册，第3016页）对照中日记录，除了森有礼所说的对总署失望这一点，其他两宗失望之事不见于"森有礼记录"。

当之礼；其二，要行必须之方法救护朝鲜海面之我国船人。"¹ 这就再次涉及日本遣使朝鲜的目的问题，等于提出了一个两选的可能性，即朝鲜如果接受日本的要求，修交之事自然可成；但若不接受，那日本是否要动武呢？会谈双方对接下去的谈话内容的记载存在着相当大的差异，最核心的地方是有关兴兵"打仗"的辩论。根据"李鸿章记录"，郑永宁在陈述日本遣使赴朝鲜进行谈判的目的时说："如果使臣到彼再不接纳，该使回到本国，必不能无事，一定要动兵了。"李鸿章答曰："遣使不纳，古亦有之，元时两次遣使至日本，日本不纳。北条时宗并将元使杀了。"² "森使不答，但云以后恐不免要打仗。"³ 李鸿章后来在给总署的汇报中，专门附有"日本北条时宗害元使事"的清折，以为会谈节略之注脚，可见双方谈及元代遣使及"打仗"问题确有其事。⁴ 而"森有礼记录"却丝毫没有提及这些内容。最重要的差异出现在双方对最后一段谈话的不同记录上，"李鸿章记录"记载最后一幕谈话场景说：

　　[李]答云：高丽地瘠，取之诚无益。且闻俄罗斯听见日本要打高丽，即拟派兵进扎黑龙江口。不但俄国要进兵，中国也难保不进兵，那时乱闹起来，真无益处。

　　因书"徒伤和气、毫无利益"八字授郑署使。郑署使与森使阅毕，即将原纸携去。

　　森使云：此指与高丽伤和气而言？

　　[李]答云：若真要打仗，非但伤高丽和气，连中国也怕要伤和气。

　　因于纸尾加书"忠告"二字，授之曰：我为两国相好开心见诚奉劝，非有别意。

　　森使、郑署使首肯云：日本打仗亦可暂时压住，务求中堂转商总署，设一妥法劝说高丽。

---

1 《日本外交文书》，第9卷，第176页。"李鸿章记录"中记载森有礼言日本目的有三："一、高丽以后接待我使臣；一、日本或有被风船只，代为照料；一、商船测量海礁，不要计较。"(《李鸿章全集》，第6册，第3016—3017页) 相比之下，"李鸿章记录"中多出"测量海礁"一事，此事不见于"森有礼记录"。
2 《李鸿章全集》，第6册，第3017页。
3 同上。
4 《清季中日韩关系史料》，第2册，第289—291页。

> ［李］答云：总署回复你的节略，明是无可设法，但你既托我转说，我必将这话传达到，看从缓商量，可有法否。[1]

而"森有礼记录"的末尾，则描绘了一幅李鸿章认可了森有礼观点的全然不同的场景：

> 李：就朝鲜之事，鄙人将从速致总理衙门一信，此前我政府答复贵翰之信中援引双方互不侵占领地之和谊一款，是有所轻率之事。
>
> 森：其一语拜听，实怡悦之至。所切望者，贵政府能充分知晓我政府之真意是也。
>
> 李：请暂忍之，以便鄙人熟思致总理衙门信之要旨，幸勿迫之。
>
> 森：诚乃幸甚。自到贵国以来，未觉如此之愉快。今宵必可高枕快眠也！[2]

双方记载之悬殊可谓一目了然。李鸿章坦言如果日本攻打朝鲜，中国不会作壁上观，发兵援朝势在必行。两国交兵，关系綦重，又刚有1874年台湾事件的前车之鉴，更形严肃。然而，森有礼事后在致东京的汇报中，丝毫没有提到"打仗"这一层，也没有提及李鸿章写过"徒伤和气、毫无利益"以及"忠告"等字之事。所以，明治政府自始至终都不知道李鸿章曾经对日本作出过如此明确的警示，否则日后中日围绕朝鲜发生的种种冲突，或将会是另一番模样。至于双方为何在这一部分差异如此之大，有一个细节似乎可资解释，即李鸿章所说的："该使濒去，复曰：此次算是森某与李某好朋友说话，不作日本钦差议事可也。"[3] 考虑到谈话之余双方觥筹交错，李鸿章所形容的森氏"酒酣面热"当系实情，而事后哪些会谈部分可以认定为是"好朋友说话"，哪些是"钦差议事"可以上报政府，也完全由自己做主，这也给双方重塑会议记录大开方便之门。

1月25日恰逢中国除夕，李鸿章偕黄彭年和黄惠廉二人于上午回访森有礼，进行了一个简短的礼节性会谈，话题涉及中日服制、亚欧竞争、亚洲妇女地位、宗教信仰以及日本举债欧洲等方面，按照李鸿章的说法是"泛论西国时事，未

---

[1] 《李鸿章全集》，第6册，第3017页。
[2] 《日本外交文书》，第9卷，第176页。
[3] 《李鸿章全集》，第6册，第3015页。

及正文,匆匆话别"。[1] 所谓"正文",自系指朝鲜外交而言。[2] 就此,在大清光绪元年行将结束的最后一天里,李鸿章同森有礼之间就朝鲜问题的谈话,正式宣告结束。次日系大年初一,行旅不便,森有礼和郑永宁决定留在保定,27日再启程回京。

(三)北京正月收官:森有礼同总署辩论之复燃及终止

1876年1月28日,李鸿章汇报会谈情形的公函抵京。该函表示森有礼在保定已就范围,最后建议总署:"将来该使回京进谒时,如论及如何劝说之处,或仍照前函及节略照会语意,明示以无法可设,彼固不得借口。或将奏请礼部转行朝鲜一节作为收场,以示格外和好,借答来意,而略缓其逞强黩武之心,更于大局有益。"[3] 李鸿章的这种试图息事宁人、消弭朝日干戈的指导思想,同他1月19日致总署信函中的意思前后呼应。收罢李氏函报,总署认为森有礼已然折戟保定,于是迅速于29日径直发了一通照会到日本公使馆,按照李鸿章所建议的"仍照前函及节略照会语意",再度陈述道,"朝鲜为中国属国,中外共知。属国有属国分际,古今所同。……朝鲜实中国所属之邦之一,即中国之自任也,岂得谓属国为空名,岂得谓于条约无所关系",最后强调中日"理应彼此同守所属邦土,不可稍有侵越之约"。[4] 这通照会,表面上是针对森有礼在赴保定之前致总署的19日的照会的复照,但暗地里携李鸿章保定辩论之"余威",显得激昂有力。

森有礼于30日风尘仆仆地回到北京后,看到了总署声明,于是2月1日复照加以理论,重新燃起了双方一度偃旗的笔仗。森有礼反驳总署说:"所谓中国自任一语,言短意微,其所自任者果何事,实犹未能明悉其意。又谓属国不空名,而其不空名之实,似亦不曾见。……我国与朝鲜国交涉,其该政府及其民人向我所为之事,贵国能否自任其责之处,其前其后,尚未获一确断之言,则

---

1 《李鸿章全集》,第6册,第3015页。
2 双方第二次会谈的英文记录和日文译稿,见 JACAR, Ref. B03030144000;《日本外交文书》,第9卷,第170—180页;英文排印稿见《森有礼全集》,第1卷,第177—181页,但有的地方不甚准确。笔者已将本次谈话的英文记录整理翻译为中文,参见上揭笔者文章之第125—147页。
3 《李鸿章全集》,第6册,第3015页。
4 《清季中日韩关系史料》,第2册,第292页。

本大臣仍当以前次所称，朝鲜是一独立之国，贵国谓之属国亦徒空名，而凡事起于朝鲜日本间者，断谓于清国与日本国条约上无所关系等语为准耳。"[1] 在森有礼的日文照会中，这些话都是加了着重号的。中日大辩论开场几近一月，总署论调未变，日本公使立场依旧。

但是，郑永宁同周家楣的一次偶然的会谈，意外地打破了中日辩论的僵局。7日，郑前往总署公干，就便同周进行了一个短暂晤谈，涉及两国陷入胶着的辩论：

周：朝鲜一事，日来已往复再三，仍未臻妥协。抑从前法美等国以开往朝鲜之货船事来报之时，我衙门以不干预彼之内政辞之。故此番森大臣之来报，本署虽解其为我两国之好意，但各国交涉事理，总应归于一律。我王大臣前番照复内已屡申此意，而森大臣终以朝鲜系空名之属国为论。此次李中堂云，森公使之来报系出日本政府之诚意，则我国只以朝鲜自主为辞，似非其宜，故建议我政府将森公使之节略书转示朝鲜国王，此与我王大臣所见相符。我衙门素解森大臣之好意，故当即将节略书抄交礼部衙门，转行朝鲜国王知之。此与以前针对各国之办理，并非一律。我政府心意已尽，日来不便明言。于照复森公使之时，不能于公文中明言此意，我王大臣殆至心痛。因之，公文中言所不及之处，幸希阁下转告森公使。

郑：贵政府将节略书行知朝鲜之时，可否令朝鲜作一回复？

周：着实无法命令之。以朝鲜之顽固，若拒我命令，则我中国有失体之虑也。[2]

周家楣的这番貌似不经意的谈话，对中日这场论辩所产生的影响实在不可小觑。2月10日，森有礼便将郑永宁同周家楣会晤的内容专函报告了三条实美和寺岛宗则，判断说："兹据周家楣之谈话，清政府在朝鲜之地位已足可概知，想来清国政府十有七八将采取李鸿章之将我方节略书转行朝鲜政府之意见，并付诸实施。"[3] 这样，森有礼前往保定同李鸿章进行会谈的结果也就有所显现，而北京也的

1　《日本外交文书》，第9卷，第182—183页。
2　《日本外交文书》，第9卷，第180页。
3　《日本外交文书》，第9卷，第181页。

确就朝日交际事咨会朝鲜了，虽然咨文内容并非像森有礼所盼望的那样致力于朝日通交，但至少从表面上看，森有礼连日来的外交努力似乎正在产生实际的功效。

周、郑晤谈可谓立竿见影，双方看似要无休无止的辩论戛然而止。2月12日，总署恭亲王等九名大臣联名对2月1日森有礼的照会作了复照，声明道：

> 本王大臣查朝鲜为中国所属之邦，与中国所属之土有异，而其合于修好条规"两国所属邦土，不可稍有侵越"之言者则一。盖修其贡献，奉我正朔，朝鲜之于中国应尽之分也；收其钱粮，齐其政令，朝鲜之所自为也。此属邦之实也。纾其难，解其纷，期其安全，中国之于朝鲜自任之事也。此待属邦之实也。不肯强以所难，不忍漠视其急，今日中国如是，伊古以来，所以待属国皆如是也。……惟中国之于贵国，友邦也，邻国也，朝鲜则中国属国也，中国之望其相安无事则一也。今贵国之于朝鲜，犹期无事，而与我中国，先开辨难之端，揆之事理，似非所宜。至于中国苟有可为之处，自由本王大臣早筹酌办，以期彼此相安，正不待贵大臣再三言之也。[1]

这是总署自1876年1月以来，在对森有礼所发的强调朝鲜系中国属国地位的历次外交照会中，第一次比较明确描述了中朝两国之间的宗藩关系的照会，并涉及在此关系之下中国对朝鲜负有相关的"纾其难，解其纷，期其安全"的责任。它其实是在回答森有礼2月1日的照会中提到的"中国自任"之意。尽管在这个时候，总署已经通过与英国驻华公使馆汉务参赞梅辉立（William F. Mayers）的面谈，以及盛京将军崇实的密函奏报等渠道，获知了日本派使前往朝鲜立约的一些情形，但是这显然并没有改变该衙门对朝日交涉的总体态度。这通照会，典型地阐释了"伊古以来"在以中国为中心的宗藩制度架构下的"事大字小"的双边政治原则，将这一以中国"天下"观念为理论基础的宗藩关系解释得字正腔圆。

结合总署在这通照会中的态度，以及周家楣谈话中涉及的李鸿章致信总署要求将日本好意转行朝鲜国王等信息，森有礼作出了最后的判断："清国不失时机地干预朝鲜，有助于日韩交际和平之成局。"[2] 则其此番使华的外交目的已经达

---

[1] 《清季中日韩关系史料》，第2册，第295页。
[2] 《日本外交文书》，第9卷，第183页。

到，无须再费唇舌与总署争辩。2月14日，森有礼复照总署，总结道：

> 朝鲜实具独立之体，其内外政令，悉由自主，我国亦以自主对之，是以除该国自主政令外，其与贵国间所有关系事理，我国决不顾及，贵国亦不得引条规中侵越等字，加诸我国，故曰所谓属国，徒空名耳。凡事起于朝鲜日本间者，于条约上，固无与也。今阅来文，既以纾难解纷，为中国自任之事，复称中国苟有可为之处，自由本王大臣早筹酌办，以期彼此相安等语，是与本大臣所期望于邻国者，正相符合，曷不额庆。现本国已派钦使往韩，自可乐观其成矣。[1]

接到森氏这通照会后，总署再也未加回复，连日之笔仗遂偃旗息鼓，双方就朝鲜问题进行的足足1个月零4天的大辩论，亦就此正式收官。2月17日，森有礼在致寺岛宗则的机密信函中报告说，此次来华同清政府的谈判的大体结果即系如此。[2]

中日辩论结束十天之后的2月27日，日朝在江华岛签署了《修好条规》，但北京政府对此一无所知。4月17日，森有礼将日朝条约的文本正式递给了总理衙门，[3]随后离京启程回国探望病重的母亲。5月10日，森有礼在东京向外务省呈递了"使清复命书"，汇报了此行赴华辩论朝鲜属国问题的外交成果，表示在他于2月14日给总理衙门去了照会之后，"该衙门未尝有一言涉及此事，足见已服本使之说"。最后总结道："抑就属国名义，费如斯辩论之目的，仅在截断清韩两国间之关系，而终遂此目的也。"[4]在森公使看来，此番使华截断中朝关系之行可谓大功告成。

三 名分之下，各行其是：清代宗藩体系之中的中朝关系

总理衙门却没有森公使这般轻松。该衙门尚需通过礼部将若干公文发送朝

---

[1] 森有礼：《使清日记》，卷4，第18页a—19页b。
[2] 《日本外交文书》，第9卷，第183页。
[3] 《清季中日韩关系史料》，第2册，第313—316页。
[4] 《森有礼文书·使清复命》，馆藏胶片号R.2-68，第3页a。

鲜，这就要按照两国间的宗藩仪轨进行一番公文流转。2月24日，总署奏请饬下礼部将该署与日使的往复辩论照会以及李鸿章同该公使的问答节略转交朝鲜，同日得旨"依议"后，咨行礼部"密速备文转交朝鲜，俾资审度，事关紧要，万勿刻迟"。27日，礼部将总署转来的一干文书"以五百里飞咨朝鲜国王"。[1]这是礼部继1月19日之后，第二次以五百里的速度飞咨朝鲜国王。但27日这一天，距礼部收到总署咨文已经3天，距总署与森有礼辩论结束的14日已经足足13天；而这一天又恰是《江华岛条约》（即《修好条规》）正式签字换约的日子，整个大清国却懵然不知。在中国方面，飞马传递咨文的本意是希望朝鲜及时知悉当前形势，未雨绸缪，但实际结果却背道而驰，其主要原因在于中朝宗藩机制的自身运作原则。中朝两国在宗藩体系之下，前者不干涉后者国政，后者亦无须仰前者鼻息行事，所以前者无法为后者的行为背负美日公使等一再要求的国际法上的明确责任，而后者其实也根本无需前者为其行为背负如此的责任。因此，在外界看来似乎如胶似漆的中朝两国，在宗藩的名分之下，实则各行其是。

历史的悲剧性恰恰在此。就在总理衙门和李鸿章一干人马忙于应付森有礼、极力维护朝鲜的中国属国名分的时候，黑田清隆一行早已经在1876年1月6日，也就是森有礼第一次造访总署这一天，率领大小共6艘舰船及官兵员役共754人，自日本出发前往朝鲜，并于1月15日下午抵达釜山港。在接下去的几天之内，黑田一行在釜山详细规划了到江华岛之后同朝鲜政府交往的计划，随后于25日，即森有礼在保定同李鸿章进行第二次会晤的中国除夕的这一天，抵达了江华岛海面，很快同南阳府使姜润进行了接触。[2]这一期间，清政府对朝鲜所做的事情，就是按照总署1月17日的奏折中的要求于1月19日通过礼部以五百里的速度飞咨朝鲜政府，通知后者日本公使森有礼到京欲与朝鲜修好，同时抄录了森有礼的节略。[3]9天之后，即1月28日，也就是清政府发出的这第一道咨文尚且在驿道上飞驰的时候，日舰孟春号驶进朝鲜江华府草芝镇前洋，朝鲜政府顿有兵临城下之感，迅速于30日派御营大将申櫶为接见大官、尹滋承为

---

1 《清季中日韩关系史料》，第2册，第298—299页。
2 《日本外交文书》，第9卷，第3—23页。
3 《清季中日韩关系史料》，第2册，第280页。

副官，前往江华府接见日使，启动双边会谈。[1]

经过二十余天的谈判，双方于 1876 年 2 月 26 日在江华岛通过了《修好条规》，次日正式签字并换文。条约凡十二款，第一款规定："朝鲜国自主之邦，保有与日本国平等之权。嗣后两国欲表和亲之实，须以彼此同等之礼相待，不可毫有侵越猜嫌，宜先将从前为交情阻塞之患诸例规一切革除，务开拓宽裕弘通之法，以期永远相安。"[2] 在条约署名的时候，朝鲜未按照旧例采用清朝纪年，而是使用了"大朝鲜国开国四百八十五年丙子二月初二日"的纪年格式，与日方采用的"大日本国纪元二千五百三十六年明治九年二月二十六日"的纪年格式相持平。[3] 就在朝日双方正式签约的 2 月 27 日这一天，北京礼部正在忙着将总署于 24 日转来的一干文书"以五百里飞咨朝鲜国王"，即上述提到的第二次飞咨朝鲜之事，这封在起草之日便已落后于日本步伐的咨文，对外交大局而言已然微不足道。而朝日签约后发生的事情，更加充分揭示了宗藩体制内的中朝两国各行其是的实情。

朝日条约签订时，北京毫无所知，一个细节颇能体现当时的情景。3 月 4 日，曾参加过 1 月 10 日总署晤谈的郭嵩焘在兵部值日，蒙两宫皇太后召对，贝勒奕劻带见。双方在评论了英使威妥玛之后，特别提到了日使和朝鲜问题，颇可见当时北京核心决策者对日朝交涉以及外国驻华公使的心态：

[太后]问：日本与高丽情形何如？

[郭]对：日本遣其开拓使黑田由松花江出高丽之东。闻总税司赫德言，日本使入高丽境，高丽仍拒不纳，现尚未有动静。

[太后]问：应怎么办法？

[郭]对：臣等曾与日本公使言：高丽不愿通商，不应去找他。李鸿章亦如此驳斥他。渠言不求通商，但求使臣到高丽时一加接待。高丽却是负气不相接待。

太后因与劻贝勒言高丽事甚悉。

1　韩国国史编纂委员会编：《高宗时代史》，首尔：韩国国史编纂委员会，1967 年，第 1 册，第 826 页。
2　《日本外交文书》，第 9 卷，第 114—119 页。
3　同上书，第 119 页。

[太后]问：日本公使系何名？

[郭]对：森有礼。

[太后]问：森有礼闻极狡猾？

[郭]对：威妥玛性情暴急，以刚胜；森有礼以柔胜。其坚强狠忍，遇事必要于成，却是相同。

[太后]问：他们系简第一等坏人来中国作哄。

[郭]对：日本向来负强，近来专意学习西法，意在兼并，高丽兵力恐不能敌。

[太后]问：高丽逼近东三省，极是可虑。

[郭]对：从前法、美各国兵船到高丽，高丽总是堵击。西洋通商，无处不到，因高丽病弱，亦不甚属意。此次日本与高丽寻衅，诸国未尝不暗中怂恿。[1]

在两宫太后眼里，森有礼和威妥玛一样都是"极狡猾"的"来中国作哄"的"第一等坏人"。然而，面对这位近在眼前的"第一等坏人"，整个大清国却从上到下拿他毫无办法。一周之后的3月12日，总署收到森有礼的照会，称日本已经于2月27日与朝鲜订定和约，但没有具体和约内容。[2]两天之后，总署收到威妥玛的照会，称根据英国驻日公使的电报，日朝已经订约，但"尚未得其详细"。[3]一直到了4月10日，总署才通过德国公使巴兰德（Max von Brandt）递送的所谓"日高合同"的洋文函件，知道了条约的大体内容。[4]4月17日，森有礼将日朝条规十二款的汉译本递给了总署，这是该衙门第一次看到详细而权威的《江华岛条约》文本。四天后，总署收到了礼部转咨的朝鲜国王咨报日朝订约咨文，但咨文只说："竟以旧谊之素厚，居然疑嫌之开释。重寻宿好，条约有具。以其称号之有所嫌疑，故大事小事只用两国臣僚平等通信；以其互市交易，非今创行，故许其港口通商，划有界限，以安主客；以其混淆无别，易致滋事，故不许携带他国客商及奇技淫巧物事。纲领节目，大略如是。"[5]不难窥见，朝鲜

---

1 《郭嵩焘日记》，第3卷，第14—15页。
2 森有礼：《使清日记》，卷4，第45页a；《清季中日韩关系史料》，第2册，第303页。
3 《清季中日韩关系史料》，第2册，第304页。
4 同上书，第309、311页。
5 同上书，第316—318页。

政府完全是沿着传统交际路数，抱着重寻与对马时代日本的"宿好"和"旧谊"的心理，签订了修好条规。[1] 因此，朝鲜也未将与日本签约视作宗藩体系下的"外交"，正如该国在1866年法朝交际时所宣称的"藩臣无外交"那样，这种"凡在人臣，义无外交"的意识一直到1882年美朝交涉的时候仍旧在朝鲜官员身上体现得非常明显。所以，江华岛条约能否视作"近代"条约更成疑问。在接下去的几年中，朝日之间纷争最大的是日本公使入驻朝鲜都城之事，因为公使驻京在当时朝鲜很多知识分子看来因"倭洋一体"而涉及华夷大防，该国围绕此一问题与日本经年累月的斗争，和清廷当年千方百计地阻止外国公使入驻北京的旷日持久的斗争，[2] 如出一辙。在以"小中华"自命的朝鲜眼中，"外夷"获得该国当时根本无从意识到的国际法上的领事裁判权等事小，入驻首善之区事极大。

在这种情形下，无论是当时还是日后，朝鲜从未向北京提供过该条约的十二款详细内容。若不是"第一等坏人"森有礼给总署递了朝日条约的详文的话，清廷还不知道到何年何月才能得见。有论者认为，朝鲜政府是考虑到在条约上未使用清朝纪年可能造成清廷不满，所以没有附呈条约，有论者指出这种猜测不能成立，因为事后朝鲜在派遣"修信使"等事务上，都对北京做了咨报。[3] 其实，在宗藩体系内，朝鲜本来就没有一定要将条约文本呈递给清朝的必要。揆诸历史，朝鲜在同日本的"交邻"过程中，在通常情况下，除了偶尔派遣通信使赴日本的时候因为使臣出疆而上报清朝礼部外，[4] 很少向清朝禀报关于朝日交涉的具体情形，因为这些都属于"交邻"范围之内，和对清"事大"没有太多关系。所以，在同日本签约之后，朝鲜对咨报北京的是两国签约之事，但具体内容如何，就没必要汇报了。所谓"属国"名分之下的复杂性，这便是其中一个方面的凸显。

同样，清朝不勉强和干涉朝鲜国务，一如沈桂芬形容所言，"凭他自己做

---

1 亦请参见王明星：《韩国近代外交与中国（1861—1910）》，中国社会科学出版社，1998年，第72—73页；吉泽诚一郎：《清朝与近代世界（19世纪）》，东京：岩波书店，2010年，第125页。
2 有关鸦片战争后西方公使入驻北京始末，见茅海建：《公使驻京本末》，载茅海建：《近代的尺度：两次鸦片战争军事与外交》，上海三联书店，1998年，第166—254页。
3 参见王如绘：《近代中日关系与朝鲜问题》，第58—59页；权赫秀：《〈江华条约〉与清政府关系问题新论：兼与王如绘先生商榷》，载《史学集刊》2007年第4期，第20—26页、第39页。
4 通信使问题是朝鲜日本关系史上的重要内容，见《通文馆志》卷6，第2页。

主,总不去管"。到了光绪初期,此种情形已延续二百余年,乃至于总署和李鸿章一边笔秃舌焦地忙着和日使辩论朝鲜之属国地位,一边却完全不知道朝日接触究竟走到了哪一步。至于朝鲜之内部动向,中方更是一片混沌。3月4日,即《江华岛条约》签订7天之后,盛京将军崇实就日俄对朝鲜日益形成威胁,建议派遣使臣赴日俄两国打探消息以备不虞等事致函总署,其中表达了对无法探知朝鲜情势的极度忧虑:

> 朝鲜现作何部署?前由礼部咨会之件,曾否接其回文?有无可转之机?颇为悬切。奉省边外一带,虽与朝鲜壤地相接,而中隔鸭绿一江,所有该国情形,不过得诸商贾传闻,无从知其确耗。且中外划疆而治,又未便派人往探。计前赴朝鲜册封之吉、乌两使,不日可回,拟俟抵奉之日,详细面询,当可知其大概。[1]

崇实所谈到的"吉、乌两使",就是志和与乌拉喜崇阿。崇实目顾左右,实在找不到任何可资切实了解朝鲜情形的渠道,只好巴望志、乌二人能捎一些消息回来。与朝鲜近在咫尺的盛京将军尚且如此,遑论远在千里之外的北京部院大臣了。北京不仅不知道自己的对手日本在做什么,就连自己磨破了嘴皮子力保的朝鲜到底在做什么,也一无所知。当此背景,光绪初年的清政府,无法准确判断日本对朝政策的走向,最后不得不屡屡面对既成的外交事实而陷入被动,不复能有所作为。[2] 直到1877年12月首任驻日大臣何如璋行抵日本,这种被动局面才开始发生变化,而彼时离副岛来华已经相距近5年之久。也正是在这5年中,日本在东亚外交舞台上充分依托欧美近代国际法,完成了对华外交政策的历史性转变,森有礼1876年的赴华使行即是对这一转变的一大推动。

四 暗度陈仓:《江华岛条约》与日本对朝鲜"主权"的衍造

就在森有礼同北京的辩论戛然而止后不久,日本政府首先在江华岛同朝鲜

---

1 《清季中日韩关系史料》,第2册,第300页。
2 学者对李鸿章不注重搜罗日本情报而导致不了解日本,亦多有批评,例如梁嘉彬:《李鸿章与中日甲午战争》,《大陆杂志》第51卷(1975年),第155—186、227—254页。

签订了《修好条规》，其次在东京不动声色地上演了一出对日后中朝关系及东亚历史影响至为深远的外交活剧。外务省通过对该条约英文翻译的巧妙处理，将朝鲜在国际法层面上明确塑造为一个享有与日本国"平等主权"的"独立国"，做到了森有礼在北京最希望做到而实际上未竟之事。

朝日两国于2月27日在江华岛正式签署互换了条规后，日本政府于3月22日批准并公布了该条约的汉文和日文两种文字的正本，同时公布了一份英译文。汉文本的第一条曰：

> 朝鲜国自主之邦，保有与日本国平等之权。嗣后两国欲表和亲之实，须以彼此同等之礼相待，不可毫有侵越猜嫌。宜先将从前为交情阻塞之患诸例规，一切革除，务开扩裕弘通之法，以期永远相安。[1]

与此内容完全对应的日文本的第一条曰：

> 朝鮮國ハ自主ノ邦ニシテ、日本國ト平等ノ權ヲ保有セリ．嗣後兩國和親ノ實ヲ表セント欲スルニハ、彼此互ニ同等ノ禮義ヲ以テ相接待シ、毫モ侵越猜嫌スル事アルヘカラス、先ツ從前交情阻塞ノ患ヲ爲セシ、諸例規ヲ悉ク革除シ、務メテ寬裕弘通ノ法ヲ開擴シ、以テ雙方トモ安寧ヲ永遠ニ期スヘシ．[2]

英译本中的第一款译文曰：

> Chosen being an independent state enjoys the same sovereign rights as does Japan. In order to prove the sincerity of the friendship existing between the nations, their intercourse shall henceforward be carried on in terms of equality and courtesy, each avoiding the giving of offence by arrogance or manifestations of suspicion. In the first instance all rules and precedents that are apt to obstruct friendly intercourse shall be totally abrogated and, in their stead, rules, liberal and in general usage fit to secure a firm and perpetual peace, shall be established.[3]

---

[1] 《日本外交文书》，第9卷，第115页。原文无标点。
[2] 同上。
[3] 日本外务省编：《缔盟各国条约汇纂》，东京：外务省，1884年，第171页；外务省条约局编：《旧条约汇纂》第三卷《朝鲜及琉球之部》，东京：外务省条约局，1934年，第2页。

自该条约公布之时起至今日的一个半世纪以来，东西学界无论是外交文书，抑或学者个人研究，大都从这第一条款之第一句即"朝鲜国自主之邦保有与日本国平等之权"着眼，认为这一句既然明确规定了朝鲜国享有同日本国"平等之权"，而日本已是国际条约体系中的一个主权国家，故而根据对等原则，这一"平等之权"的"权"被解读成了朝鲜享有同日本国平等的"平等之主权"。[1] 尽管自20世纪早期开始，便有学者对该文本的英译内容有所质疑，甚至对该条约是否可以归结为"近代条约"亦提出了异议，[2] 但是对中外大部分学者而言，这种质疑似无关宏旨。东西学界至今的主流观点仍旧认为，朝日江华岛条约的第一款的内容在国际法上赋予了朝鲜国以同日本国相平等的国家"主权"（sovereignty），这一条约也被普遍描述为日本试图撬离中朝关系以及向大陆进军的第一步。但是，恰恰是在这一点上，朝鲜的近代国际法意义上的"主权"，很大程度上是因外务省对条约第一款的英文翻译，而被衍生式地制造出来的。

对照上述条约的汉文本、日文本和英文译本可以发现，英译文第一条款之第一句，即"Chosen being an independent state enjoys the same sovereign rights as does Japan"，存在很大的衍生之处，主要体现在两处地方。第一，汉、日文本中的"自主"一词，被明确解释为"independent"即"独立"，而"自主之邦"也

---

[1] 相关外交文件参见：*American Diplomatic and Public Papers: The United States and China, 1861–1893*, vol. 10, pp. 66–77；*B. P. P., Japan, No. 1 (1876)*（London：Harrison and Sons，1876），pp. 9–10；*The Treaties, Regulations, etc., between Corea and Other Powers, 1876–1889*（Shanghai：Statistical Department of the Inspectorate General of Customs of China，1891），p. 1；相关研究论述参见：Hosea Ballou Morse，*The International Relations of the Chinese Empire*（Taipei：Book World Co.，1960），vol.1，p. 9；Tyler Dennett，*Americans in Eastern Asia*（New York：The Macmillan Company，1922），p. 447；Martina Deuchler，*Confucian Gentlemen and Barbarian Envoys*，p. 47；Key-Hiuk Kim，*The Last Phase of the East Asian World Order: Korea, Japan, and the Chinese Empire, 1860–1882*（Berkeley, California：University of California Press 1980），pp. 252–253；Kirk W. Larsen，*Tradition, Treaties, and Trade: Qing Imperialism and Chosŏn Korea, 1850–1910*（Cambridge, Massachusetts：Harvard University Asia Center，2008），p. 63。

[2] Hsü Shuhsi，*China and Her Political Entity: A Study of China's Foreign Relations with Reference to Korea, Manchuria and Mongolia*. New York：Oxford University Press，1926，pp. 109–110. 作者注意到了条约文辞翻译的问题，遂将第一款首句改译为"Chao-hsien, being an autonomous state, shall enjoy the rights of equality with Japan." Kim Kyu-Hiuk 亦将英文本中的"independent"换成了"autonomous"，并将"sovereign"一词删除，也表明作者意识到了英译本存在衍生的问题（Kim 上揭书，第252页）。美国学者 Bruce Cumings 认为江华岛条约的近代意义是被贴附上去的，"该条约成了西方帝国主义体系的'习惯法'之一部"，见 Bruce Cumings，*Korea's Place in the Sun: A Modern History*. New York：W. W. Norton & Company，2005，p. 102。

就被译成了"independent state",即森有礼和总署辩论时候所声称的"独立之国"。第二,汉、日文本中的"平等之权"的"权",被刻意解释为"sovereign rights"即"主权",而"平等之权"即"the same rights",也就悄然变成了"平等之主权"即"the same sovereign rights"。上述两处英文翻译,剔除了汉、日文正本中所表述的只有中朝日等国家自身能够互相理解的宗藩话语的语境,将"属国"背后的"自主"一词所带有的模糊性悉数抹去。这样,英译文的首句所表达的意思,也就较汉、日文本发生了质变,回译成汉文的话就成了:"朝鲜国独立之国,保有与日本国平等之主权。"在这种明修栈道、暗度陈仓的手法之下,朝鲜的"主权"被巧妙地进行了国际法上的明确界定。与此同时,该译文还有第三处重大变更,即将汉文本中的"同等之礼"也就是日文本中的"同等ノ禮義",解释为"equality and courtesy"即"同等及礼仪",彻底剔除了原款内所表述的日本经年追求却一直未能实现的要求朝鲜国对之行"同等的礼仪"的历史语境。而将"同等"回还到首句中去修饰两个"主权"国之间的"平等",使得整款译文在界定朝鲜"主权"语境下得以上下贯通。

外务省在翻译条约时,应是得到了美国人斯密以及法国人博索纳德(Gustave Boissonade)等日本政府雇佣的欧美法学专家的指导,并在翻译期间就具体内容对驻东京公使秘而不宣。对于与中国并非"同文之国"的英美法德等西方各国而言,这份英译文很大程度上扫除了自法朝交涉以来各国围绕朝鲜地位一事同北京发生的种种纷议,不啻拨云见日。在收到外务省英译文的当天,美国公使平安(John A. Bingham)当即将其转呈国务卿。[1] 25日,英国驻日公使巴夏礼(Harry S. Parkes)也将相同的英译文呈递英国外相。[2] 美英两国公使并未对英文本提出任何质疑,自然也发现不了其中的玄妙所在。27日,巴夏礼在致外相的公文中,特别对该条约的相关条款进行了阐释,其中谈到:"第一款承认了朝鲜的独立(independence)以及两个缔约国的平等。我认为这一条款,虽然可以被朝鲜人自然接受,但也被(提出这一条款的)日本人用来表示朝鲜独立

---

[1] Dispatch 364, *Bingham to Fish*, March 22, 1876, Tokyo, Ministers' Dispatches, Japan, Roll 32, in Davids, Jules, ed., *American Diplomatic and Public Papers: The United States and China, 1861–1893*, vol. 10, pp. 66–77.

[2] Inclosure in No. 13, *Sir. H. Parks to Earl of Derby*, March 25, 1876, in *B. P. P., Japan, No. 1 (1876)*, pp. 9–11.

于中国。"[1] 这种朝鲜"独立"的语境所造成的客观结果便是，日本政府在国际法框架内，正式完成了与英美法等国家对待朝鲜属国名分问题上的外交政策的同步。

笔者在这里并不是在说朝鲜国的主权本身是以此种途径被制造出来的，而是说朝鲜国的主权问题实际上并未在《江华岛条约》中得以明文规定，实系一种英文翻译文意的刻意衍生。换言之，美英等国所看到的条约中的朝鲜"主权"，乃是一个日方衍造出来的话语上的"主权"。正因为如此，日本虽在国际法方面取得了极大的成功，但在实际的地缘政治舞台上，既没能解决中日两国就朝鲜属国名分的交涉，[2] 也未能打消西方各国在此问题上的顾虑。清朝明显在朝鲜仍发挥着举足轻重的作用，朝鲜每年仍旧向北京派遣贡使，两国在宗藩关系之下的礼仪交往依旧在北京的实际政治生活中年年上演，形成一种真实存在的国际政治与外交力量。

一直到1882年《朝美条约》签订之后，朝鲜明确享有国际法层面的独立主权的事实，才真实广泛地得到欧美列强的进一步认可。朝美立约谈判过程期间，清朝几乎全程越俎代庖，[3] 并试图利用这一机会将中朝宗藩关系条约化，嵌入朝美条约的第一款，而且也得到了在天津与闻谈判进展的朝鲜代表金允植的支持，后因美方代表薛斐尔坚决反对而作罢，最后在马建忠等人的建议之下，代之以条约正文之外，由朝鲜国王另发照会给美国总统，声明朝鲜系中国属国。[4] 美国政府非常重视朝鲜的照会声明，并力图在中朝之间推行外交实用主义政策。[5] 这种窘局，正如柔克义在1889年指出的那样，朝日《江华岛条约》和《朝美条约》的签订，"并未在实质上改变持续了四个世纪之久的中朝关系性质"。[6] 因此，即便是朝美立约之后，朝鲜作为大清属国的名分一如既往，所谓《江华岛条约》

1　Sir H. Parkes to Earl of Derby, No. 15, March 27, 1876, in B. P. P., Japan, No. 1 (1876), p. 17.
2　陆奥宗光著、伊舍石译、谷长青校：《蹇蹇录》，北京：商务印书馆，1963年，第14页。
3　有关清朝在1882年朝美条约谈判之中的至关重要的作用，见冈本隆司：《属国与自主之间：近代清韩关系与东亚之命运》，第35—69页；另见笔者拙文：《清末朝鲜领选使研究》，载《明清论丛》2008年第8辑，第60—111页。
4　《旧韩国外交文书》第10卷《美案1》，首尔：高丽大学校出版部，1967年，第10—11页。
5　No. 3, Mr. Fredrick H. Frelinghuysen to Mr. Lucius H. Foote, March 17, 1883, in Korean-American Relation, 1883–1886, pp. 24–29.
6　William W. Rockhill, "Korea in Its Relations with China," Journal of the American Oriental Society, vol. 13 (1889), p. 1.

以来在英文世界中限定的朝鲜"主权",并未在"天下"观念支撑的宗藩世界中获得预期的地位。

　　后世为论者,大多认同却不去细察此种以中朝关系为典型表现的宗藩体系与森有礼拿来作为参照系的欧洲近代主权国家外交体系之间的差异,并受19世纪以来东亚世界渐趋欧美化或曰西方化的历史走势之影响,认为1882年清朝出兵朝鲜之举标志着"传统的"或者"旧的"所谓的"中华秩序"(the Chinese world order)或者"东亚秩序"(the East Asian world order)彻底改变甚至行将式微。此种观点至今仍旧大行于中西学界而不衰,但其在很大程度上,不过是在欧洲近代主权国家体系内的一种假设,更是一种非自觉的多年以来就屡遭批评的所谓"西方中心论"的历史观的典型体现。与此相仿,迄今仍旧盛行的批判清朝时期在鸦片战争之前推行所谓"闭关锁国"只保留广州"一口通商"的历史观,亦是根本忽略了清朝与朝鲜、琉球、安南、缅甸、暹罗以及与中亚地区国家等之间的数百年频繁的宗藩贸易往来的结果,同样系一种不自觉的"西方中心论"的历史观的表露。而这两年在美国学界刚刚出现的、将1970年代以来学术界日渐上升的视1882年清朝出兵朝鲜为中朝宗藩关系一大根本转折的观点推向极致的、所谓的清代对朝鲜推行"帝国主义"的观点,也因之更有史实失察之虞。[1] 这实质上涉及如何重新认识明清鼎革以来的以中国"天下"观念为理论基础的宗藩体系,及其针对不同国家所显示出来的多面性与复杂性,以及该体系是否在鸦片战争之后的中国近代史以及东亚国际关系史中,像费正清所描绘的那样,日趋为所谓的舶来的"条约港口体系"(treaty-port system)所替代。这些问题,均值得重新思考与解答。对今日正在日趋上升为一个"大国"的中国而言,如何理解其与周边国家的近世以来的外交关系以及与整个世界的国际关系的演进,均比既往任何一个时期显得更为迫切和重要。这也是笔者为何要回过头去,认真检讨1876年中日就朝鲜属国名分问题进行大辩论的时代原因之一。

1　参见上揭 Kirk W. Larsen 书。Larsen 借用政治学上的"非正式帝国"("informal empire")等术语,明确提出,清朝自19世纪中期以来以宗藩关系为名号,对朝鲜推行了一种混合了东亚和西方的种种机制与体制特别是"条约口岸体系"的"帝国主义",并认为在朝鲜的华商群体是这种"清朝帝国主义的举足轻重的先锋"(见该书第11—18页)。Larsen 的观点,颇能代表目前很多人士对晚清时期中朝关系演变的理解,这与本文前面所提到的入江昭先生在1970年对"在东亚的帝国主义"的检讨形成了鲜明对比。

结语：属国名分的近代困境

1637 年，清政权在同朝鲜建立宗藩关系之后的首次册封朝鲜国王李倧的制文中说："作我藩屏，带砺山河不改。立一时之名分，定万载之纲常。天地无移，冠履不易。"[1] 朝鲜的大清属国名分自此正式抵定，到 1876 年已垂 240 年无移，清朝亦屡屡褒奖朝鲜国"久列藩封，最为恭顺"，及"恪守藩封，岁修职贡，于属国中最称恭顺"云云。[2] 1876 年初，日本首次以"同文之国"的身份挑战朝鲜的中国属国名分，对中朝宗藩关系带来了史无前例的威胁。日本在否定朝鲜的中国属国名分的外交政策上，亦最终完成了与英法美等西方国家的合流，而日本在"同文之国"的语境中，携当日欧美的国际法话语的强势，又扮演了英美等国之前所不曾起到的瓦解中朝关系的先锋角色，并且通过江华岛条约的英译本，在国际法层面上衍造朝鲜的"主权"，使朝鲜的中国属国名分与朝鲜在国际法上的主权问题双双粉墨登场。

在这次大辩论中，总理衙门和北洋大臣都无法说服日本公使，根本原因在于前者无法从国际法上对朝鲜的属国名分做出明确的界定。这一力所不逮之处，既包括朝鲜在中朝宗藩体制中的"属国"名分和日本公使所提及的一些西方国家的"属国"角色截然不同，又包括清朝当时的外交人员群体在知识体系上因为不了解欧洲近代国际法而造成的结构性缺陷。结果，在实际的外交谈判中，清政府从上到下都无从做出明确答复的一个焦点问题，便是中国究竟能否为朝鲜的对外行为背负国际责任。对外国公使而言，这就意味着北京所声称的属国名分"有名无实"。作为应对，总理衙门徘徊于"属国"与"自主"之间，提出来的看上去自相矛盾的说法，直接导致了其在外交谈判中屡屡失语并进退维谷。其实，总理衙门所阐述的双边关系，本系宗藩体系中"事大字小"的应有之义，是清代以"礼"为中心的宗藩运作机制的一种常态，特别是在宗藩关系赖以建立的以中国为中心的"天下"观念依旧顽强地存在的时候，这种属国名分背后

---

1 《清实录》，第 2 册，第 511 页。
2 中国第一历史档案馆馆藏，"军机处录副/光绪朝/外交类/中朝关系"，3/163/7728/3；3/163/7728/24。

的是可定"君臣上下、父子兄弟"的"礼",¹ 故而这种秩序本身并不是英法美以及明治日本所行的"外交"一事所可解释。但是,这种秩序,在19世纪后半期,在西方列强在东亚地区通过渐次建立"条约体系"来推广欧美近代主权国家"外交"的背景下,特别是在近代欧洲国际法对东亚的强力渗透与冲击之下,演化成了一个以中西为角力对手的在国际法层面以及国际政治与"外交"活动中无法解释的问题。清朝最后的几十年间的很多外交悲剧,很大程度上都是由于不能在国际法体系中阐明"伊古以来"的属国名分所造成的,琉球、越南和朝鲜,均系此例,而朝鲜显得尤为突出。

属国名分一事反映出了中国之"礼"与西方之"外交"在晚清中国与东亚世界的并行与种种矛盾,由此也造成了当时晚清中国外交机制的分化与错位。总理衙门无法向外国公使阐明朝鲜属国名分,恰恰也是因为其中存在制度层面的错位。在总理衙门看来,朝鲜事务的"本管衙门"是礼部,但是外国公使没有一人前往礼部去理论朝鲜问题的,都是将总理衙门作为清朝的"外交部"纷纷跑来与之辩论。而总署大臣们鲜有在礼部担任过差事的,对中朝关系了解不深,往往以事归礼部管辖来做外交托辞。而礼部,只一如既往地负责宗藩仪轨和使臣往还等事务,绝不干预朝鲜的内政外交,所以这个在总理衙门成立之前曾充作了二百多年的真正的"外交部"的机构,此时几乎孤立于藩属国的外交纷争之外。礼部的失语,是之前中国"天下"秩序被"条约体系"极度忽略的体现。与此同时,总理衙门之下的北洋大臣,也存在角色错位。作为封疆大吏的李鸿章,虽在时局逼迫下不得已进行督抚外交,但其角色和权限终究有所限制,不能代替中央行事。西方驻京公使,也每每在谈判条约等关键时刻,对督抚外交之权限有所疑问。² 不过,李鸿章能够根据自己办理外交的经验拿出意见来左右弥缝。李鸿章本职是直隶总督,北洋大臣系其兼差,揆诸宗藩旧例,直隶总督向来不能参与到朝鲜事务中去,这和福建和两广的督抚经手琉球、越南和暹罗等国家的朝贡事务完全不同,但这一禁例在晚清这一时期随着李鸿章身

---

1 《礼记郑注》卷一《曲礼上第一》,上海:来青阁,1937年影印宋绍熙建安余氏万卷堂校刊本,第2页。
2 Holcombe to Frelinghuysen, February 4, 1882, in *American Diplomatic and Public Papers: The United States and China, 1861–1893*, vol. 10, pp. 163–166.

膺北洋大臣一职所具有的外交权限而告崩溃。1876年森李保定会晤后,李鸿章实际上开始操掌清朝对朝鲜外务的对策的决策权,这一权力经过1882年朝美立约的推动得以完全确立,一直持续到1895年马关条约的缔结。

在中日大辩论整整13年之后的1889年2月11日,也就是李鸿章掌管之下的北洋水师正式宣告成立两个多月后,日本帝国宪法正式公布之时,时任文部大臣的森有礼在东京寓所遇刺,次日身亡。清驻日大臣黎庶昌将此消息电告李鸿章,李转告总署的电文只有淡淡的五个字:"森有礼被刺。"[1] 实在不晓得当日李鸿章的心境到底如何。此后又5年,中日在朝鲜开战,李一手打造的北洋舰队在此战中灰飞烟灭。1895年4月17日,中日签订和约,第一款规定:"中国认明朝鲜国确为完全无缺之独立自主,故凡有亏损独立自主体制,即如该国向中国所修贡献典礼等,嗣后全行废绝。"[2] 两国同时签署了附属的《议订专条》,特别声明在日文本和汉文本之外,另添备英文本,若起争执,以英文约本而不是以中日约本为凭,而英文本的第一款第一次将中日辩论经年的朝鲜的"独立自主"一词并行翻译了出来,即"independence and autonomy"。朝鲜的中国属国名分,以及中日两国围绕此种名分展开的20余年的聚讼纷纭,就此均成历史。如果森有礼活着看到了这条约第一款的话,不知道他会做何感想;而我们也不知道,李鸿章在《马关条约》上签字的时候,有否想到已经故去的森有礼,以及20年前在保定与年轻的森公使的那场岁末英文辩论。

---

[1] 《李鸿章全集》(2008年版),第22册,第440页。
[2] 《日本外交文书》,东京:日本国际连合协会,1953年,第28卷第2册,第368页。

试论 17 世纪后期清朝的对俄政策

——以《尼布楚条约》的签订始末为中心

郭黎鹏(华东师范大学历史系硕士研究生)

> **内容提要** 清朝对俄政策的传统研究,一般以朝贡体系为主要途径。但"册封"与"朝贡"的分析模式并不能概括清朝与俄国交往过程中的方方面面,特别是《尼布楚条约》的签订似乎对朝贡体系造成了冲击,因此必须对 17 世纪后期清朝的对俄政策进行分析。俄国势力发展到远东以后,清朝的目标是稳定边疆,蒙古发生动乱之后,这一需求更加迫切,因此清朝对俄国在政治外交和经济贸易方面做出了让步,进而抚绥俄国。尽管清朝视俄国为"敌国",待之以"客礼",但这只是清朝的权宜之计,并不意味着清朝放弃了"天下共主"的观念。边疆稳定之后,清朝试图将俄国纳入到朝贡体系之中,但最后没有成功。
>
> **关键词** 清朝 俄国 《尼布楚条约》 稳定边疆 理藩院

导 语

康熙二十八年七月二十四日(1689 年 9 月 7 日),中俄两国使臣在尼布楚签订了第一个中俄条约——《尼布楚条约》。[1] 戴逸认为,"《尼布楚条约》是中

---

[1] 学界历来把 1689 年中俄《尼布楚条约》作为中国对外签订的第一个近代条约,但近些年来学界也有不同看法。郭卫东列举了四件约章,1662 年中荷《台湾媾合条约》、1663 年中荷《清荷协约》、1672 年中英《台湾通商条约》、1675 年中英《台湾通商补充协定》,在时间上均早于《尼布楚条约》。参见郭卫东:《简析近代范式中外条约的开篇》,《历史档案》2016 年第 4 期,第 103—109 页。

国和俄国之间签订的第一个条约,是一个平等的条约。"¹ 马长泉指出,《尼布楚条约》的签订反映了中国与俄国"平等互谅"的原则²。而在马克·曼考尔（Mark Mancall）看来,"17 世纪和 18 世纪,中国和俄国的关系以完全依照 19 世纪中叶西方发生变化之前所有最先进的欧亚国家承认的国际法律和外交模式为特征。"³ 不难发现,在这些学者眼中,《尼布楚条约》蕴含着中俄"平等"之意。俄国当时已受到西欧"平等外交"的影响,⁴ 与中国签订条约不足为奇。但这似乎与中国"等级制的传统中国外交秩序"存在着矛盾,因为在"中华世界秩序（Chinese World Order）"内没有与中国对等的国家存在,⁵ 能够与中国"觐聘往来,缔结齐等,而于礼则又为敌"的国家待到经历了欧风亚雨的咸、同之世后才会出现。⁶ 在这种情况下,《尼布楚条约》成为中国传统对外交往中的一个"特例",此时清朝与俄国的交往也就显得"与众不同"。之前国内学界对《尼布楚条约》的研究,主要集中在以下几个方面：（1）《尼布楚条约》的内容及性质；⁷（2）《尼布楚条约》签订的原则及意义；⁸（3）耶稣会士在《尼布楚条约》签订过程中发

---

1 北京师范大学清史研究小组编：《一六八九年的中俄尼布楚条约》,北京：人民出版社,1977 年,第 35 页。
2 马长泉：《康熙、雍正两朝中俄划界原则探析——以〈尼布楚条约〉〈恰克图条约〉为中心》,《中国边疆史地研究》2015 年第 2 期,第 142—143 页。
3 Mark Mancall, *Russia and China: Their Diplomatic Relations to 1728*, Cambridge, Mass: Harvard University Press, 1968, pp.267-273. 转引自司徒琳：《世界史及清初中亚的内亚因素——美国学术界的一些观点和问题》,刘凤云、刘云鹏编：《清朝的国家认同——"新清史"的研究与争鸣》,北京：中国人民大学出版社,2010 年,第 327—328 页。
4 陈维新：《清代对俄外交礼仪体制及藩属归属交涉（1644—1861）》,哈尔滨：黑龙江教育出版社,2012 年,第 8—15 页。
5 参见费正清：《一种初步的构想》,费正清编：《中国的世界秩序——传统中国的对外关系》,杜继东译,北京：中国社会科学出版社,2010 年,第 2 页。关于传统中国对外关系,不同学者总结不同,有"朝贡体系""封贡体系""宗藩关系""天朝礼治体制"等多种表述。对于这些概念的取舍,陈尚胜有详细分析,参见陈尚胜：《朝贡制度与东亚地区传统国际秩序——以 16—19 世纪的明清王朝为中心》,《中国边疆史地研究》2015 年第 2 期,第 9—11 页。但就中国与俄国而言,尤其在交往初期,只有俄国向中国的"朝贡",并没有中国对俄国的"册封",因而本文使用"朝贡体系"描述两国关系。感谢兰州大学杨恕教授指出这一点。
6 《清史稿》卷 91《礼志十》,北京：中华书局,1976 年,第 2673 页。
7 吕一燃：《关于早期中俄东段边界的几个问题》,《中国边疆史地研究》1994 年第 4 期,第 1—12 页；野见山温撰：《〈尼布楚条约〉不同文本比较》,吴怀民译、赵连泰校,《黑河学刊》1996 年第 6 期,第 101—104 页；尹广瑶：《试论中俄〈尼布楚条约〉的性质》,《绥化师专学报》1984 年第 3 期,第 78—83 页。
8 马长泉：《康熙、雍正两朝中俄划界原则探析——以〈尼布楚条约〉〈恰克图条约〉为中心》,第 142—148 页；宿丰林：《〈尼布楚条约〉与早期中俄通商关系》,《学习与探索》1998 年第 6 期,第 128—131 页。

挥的作用。¹ 这些大都属于传统领域的研究，而比较具有创新性的是把条约的签订和中国与国际法的接触联系起来加以分析。² 学者们对于《尼布楚条约》的分析有很多，但是他们都没有把《尼布楚条约》作为17世纪后期清朝对外关系的"特例"进行分析，也没有解释清朝为什么愿意与俄国谈判，并且签订条约。在笔者看来，通过对这一特例产生的过程及其意义分析，有助于加深对17世纪后期中俄交往的认识。

关于清朝与俄国的交往，诸多学者已进行过大量研究。该领域最早的研究者是俄国人尼古拉·班蒂什—卡缅斯基，在他所编著的《俄中两国外交文献汇编（1619—1792年）》一书中保留了17世纪与18世纪清政府与俄国政府交往的大量原始文献。³ 清刑部主事何秋涛在《平定罗刹方略》《钦定皇朝文献通考》的基础上撰写了《北徼汇编》（后被咸丰帝赐名为《朔方备乘》），对于两国交往研究颇多。⁴ 20世纪60、70年代，中国和苏联几乎同时掀起了一股对历史上中俄关系的研究热潮，重点放在中俄的政治交往上，雅科夫列娃、郭绳武、余绳武等学者均做出了突出贡献。⁵ 改革开放后，中国学者对中俄关系的研究突破了政治领域，开始全面分析中俄间的经济与文化交流；⁶ 近年来关于历史上的俄国来华使团的研究增多，学者们倾向于通过分析清朝君臣与使团的接触，对清朝接见俄国的外交礼仪进行反思。⁷ 日本学者在这一领域也做出了很大贡献，其中吉田金一关于中俄东部边界及尼布楚条约著述颇

---

1 吴伯娅：《耶稣会士与〈尼布楚条约〉》，《世界宗教研究》1998年第3期，第107—117页；何桂春：《〈中俄尼布楚条约〉的签订与耶稣会士》，《福建师范大学学报（哲学社会科学版）》1989年第4期，第102—109页。
2 曾涛：《近代中国与国际法的遭遇》，《中国政法大学学报》2008年第5期，第103—111页。
3 尼古拉·班蒂什—卡缅斯基：《俄中两国外交文献汇编（1619—1792年）》，中国人民大学俄语教研室译，北京：商务印书馆，1982年。
4 何秋涛：《朔方备乘》，光绪七年刻本。该书《平定罗刹方略》《圣武述略》《俄罗斯学考》《俄罗斯互市始末》等章节均对清前中期中俄关系颇有研究。
5 普·季·雅科夫列娃：《1689年第一个俄中条约》，贝璋衡译，北京：商务印书馆，1973年；郭绳武、陈华编：《沙俄侵略中国西北边疆史》，北京：人民出版社，1979年；中国社会近代史研究所编：《沙俄侵华史》，北京：人民出版社，1976年。
6 王希隆：《中俄关系史略（一九一七年前）》，兰州：甘肃文化出版社，1995年。
7 叶柏川：《俄国来华使团研究（1618—1807）》，北京：社会科学文献出版社，2010年；陈维新：《清代对俄外交礼仪体制及藩属归属交涉（1644—1861）》，哈尔滨：黑龙江教育出版社，2012年；王开玺：《清代外交礼仪的交涉与论争》，北京：人民出版社，2009年。

多,[1] 柳泽明对于蒙古、中国和俄国三方关系有突出研究。[2] 西方学者对于历史上的中俄交往关注也较多，他们的研究颇有其见，以一种"局外人"的视角对中俄关系进行了思考。[3] 毫无疑问，这些学者都取得了一定的研究成果，但是他们大多是在"朝贡体系"的框架下分析中俄交往的具体细节，[4] 对于清朝与俄国交往过程中的特殊性论述不够，自然也就无法解释《尼布楚条约》的产生原因。清朝与俄国的交往通过它们的官方政策——也就是它们在处理彼此间关系时的一套原则和行动准则表现出来。在笔者看来，有必要利用"对外政策（Foreign Policy）"作为分析路径，将清朝对待俄国的"与众不同"上升到"对外政策"的层次进行论述，并分析其原因。[5] 值得注意的是，之前学者们在研究中外关系时，很少分析传统中国的对外政策，"其中原因，或是受于史料限制，或是缘于研究中国对外关系史的学者多兼而为之。"[6] 笔者将尽可能地利用现存史料，通过论述17世纪后期清朝的对俄政策来对中俄互动进行分析。

根据政治学对"外交政策"的定义，可将其简单理解为：一个国家处理国际问题和对外关系，进行对外活动所遵循的基本原则、方针和行动准则；[7] 或者

---

1. 吉田金一：《ロシアの東方進出とネルチンスク條約》，近代中国研究センタ，1984；氏著：《ネルチンスク條約で定めた清ロシアの國境たついて》，《東洋史研究》，vol. 42, no.1,（Jun 1983），pp. 62—87。

2. 柳泽明：《噶尔丹攻侵喀尔喀（1688年）后喀尔喀诸侯与沙俄》，邢玉林译，《世界民族》1994年第2期，第58—65页；氏著：《恰克图条约以前的外蒙古—俄国边境地区》，完泽译，《蒙古学资料与情报》1990年第1期，第19—26页。

3. 其中比较突出的是美国学者戈尔德（F. A. Golder）、伦森（George Alexander Lensen）和法国学者加恩（Gaston Cahen）。弗·阿·戈尔德：《俄国在太平洋的扩张（1641—1850年）》，陈铭康、严四光译，北京：商务印书馆，1981年；乔治·亚历山大·伦森：《俄国向东方的扩张》，杨诗浩译，北京：商务印书馆，1978年；葛斯顿·加恩：《早期中俄关系史（1689—1730）》，江载华译，北京：商务印书馆，1961年。

4. 陈维新在这一方面最为典型，他仍以"中华世界秩序原理"之"封贡体制"等相关理论来探讨分析清代对俄外交礼仪体制问题。参见陈维新：《清代对俄外交礼仪体制及藩属归属交涉（1644—1861）》，第5—7页。

5. 正如笔者在前面所述，《尼布楚条约》是中国传统对外交往中的一个"特例"，因而笔者将以清朝为主体，分析清朝的对俄政策。

6. 陈尚胜：《中国传统对外关系研究刍议》，陈尚胜编：《中国传统对外关系的思想、制度与政策》，济南：山东大学出版社，2007年，第17页。而对传统中国的对外政策进行分析的著作和文献主要有陈尚胜：《闭关与开放——中国封建晚期对外关系研究》，济南：山东人民出版社，1993年；吴建雍：《清前期对外政策的性质及其对社会发展的影响》，《北京社会科学》1989年第1期，第93—100页；万明：《中国融入世界的步履——明与清前期海外政策比较研究》，北京：故宫出版社，2014年。

7. 钱其琛编：《世界外交大辞典》，北京：世界知识出版社，2005年，第2055页。

是国际关系中独立行为体（主要为国家）所实施的官方对外关系的集合。[1] 17世纪的清朝和俄国与当今的主权国家有所差异，在国内层面尤为明显。为了避免"以今度古"，笔者结合前人的陈述和当时清朝的政治体制，在本文中，将"对外政策"界定为，"一个国家的决策者和执行者在处理对外关系时所表现的原则和行动准则。"在对外关系方面，相比于明朝，清朝更加务实，也更加具有灵活性，[2] 其原因大致体现为"清朝以藩封体制为依据而设定的某些对外政策与同时期为解决国内重大问题而制定的对内政策之间存在着一种互动性"。[3] 对外政策与内政息息相关，清朝的对俄政策受到内政的制约，因而内政是清朝对俄政策转变的重要原因。已有的关于清朝对俄政策的研究，往往将其置于清朝的边疆政策或者鸦片战争前期的对外政策整体中进行论述，这就使清朝的对俄政策分析仍然比较笼统、单一，不能发现清朝对俄政策在不同时期的特殊性。[4] 本文以细致梳理和分析中俄《尼布楚条约》的签订始末为途径，讨论对俄政策的目的与内涵，具体分析清朝对俄的政治外交政策和经济贸易政策，以及这套政策的运作程序，从而明晰17世纪后期清朝对俄政策的特殊性及其表现。

一 对俄政策的目标与出发点：稳定边疆

为了了解对外政策，必须要获得"对外政策是如何制定、为何领导人做出了此种决策、为何国家做出了某种具体的对外政策行为等方面的普遍可应用的知识"。[5] 而分析对外政策的目标正是了解对外政策的前提和基础，清朝对俄政策的目标不是孤立的，也不是单一的，"一个国家对外政策目标设置可以分为高层

---

1 克里斯托弗·希尔：《变化中的对外政策政治》，唐小松、陈寒溪译，上海人民出版社，2007年，第153页。
2 《清史稿》卷91《礼志十》，第2679页。
3 曹雯：《清朝对外体制研究》，北京：社会科学文献出版社，2010年，第8页。
4 张羽新：《清朝前期的边疆政策》，马大正编：《中国古代边疆政策研究》，北京：中国社会科学出版社，1990年，第315—354页；陈尚胜：《闭关与开放——中国封建晚期对外关系研究》，第64—124页。
5 Marijike Breuning, *Foreign Policy Analysis: a Comparative Introduction*, New York: Palgrave Macmillan, 2007, p.5.

次和低层次两种。"高层次是一种对理想国际社会秩序的期求,而低层次是达到国家的具体目的。"[1] 清朝的对俄政策主要由内政决定,而影响决策者制定对外政策的国内政治因素又可以分为两大类:第一类是制约对外政策的主要因素,它在对外决策过程中属于相对持久的稳定因素,是决定一国对外政策的终极目标的基础;第二类是影响一国对外政策制定过程的因素,属于影响对外政策的准稳定因素,这些因素决定了一国对外政策的具体目的、具体对外政策以及实施方式。[2] 一言以蔽之,高层次的目标设置是长期目标,较为稳定;而低层次的目标设置是短期目标,灵活多变。笔者将对清朝对俄政策的高层次目标与低层次目标进行论述。

清朝继承和发展了前朝的"朝贡体系",在这个体系中清朝乃是"天朝",而向清朝朝贡的国家只是清朝的"属国","天朝"与"属国"间的关系是不平等的,[3] 最明显的表现是"属国"需要向"天朝"称臣,行"朝贡礼(三跪九拜)"。顺治十二年(1655),俄国沙皇政府打算派遣巴伊科夫(Федор Исакович Байков)使团前往中国,在出使之前巴伊科夫"派遣阿勃林(Сеиткул Аблин)和亚雷日金(Петр Ярыжкин)先行前往北京预先通知他——巴伊科夫即将出使之事"。[4] 阿勃林等人出使中国时,很可能按照清朝礼仪行了朝贡礼,[5] 所以清朝将其视为"贡使",热情款待,并给予赏赐。[6] 同年五月二十二日顺治帝向俄国沙皇颁赐了敕书,其中说道:

尔国远处西北,从未一达中华。今尔诚心向化,遣使进贡方物,朕

---

1 万明:《中国融入世界的步履——明与清前期海外政策比较研究》,第53页。
2 汪永泽:《试析国内政治与对外政策的关系》,《世界经济与政治》1991年第8期,第34—35页。汪永泽认为第一类因素主要有地理位置、国力、传统文化和国内政治经济体制,第二类因素有政府部门、非政府部门和领导人。就清朝而言,第一类因素是中国的传统文化和满族的民族特点;第二类因素是清朝皇帝、大臣的认知与国内发生的重大事件。
3 "天朝"与"属国"的不平等来源于"在中国人和周边蛮夷的长期交往过程中,自以为无论在文化上还是在物质上都具有无可比拟的优越性"。参见 John K. Fairbank, "Tributary Trade and China's Relations with the West", *The Far Eastern Quarterly*, vol.1, no.2 (February 1942), pp. 129–130。关于"天朝",笔者在此只陈述一种客观事实,并不作价值判断。
4 尼古拉·班蒂什-卡缅斯基编:《俄中两国外交文献汇编(1619—1792年)》,第23—24页。
5 《清世祖实录》卷135,顺治十七年五月丁巳《清实录》,北京:中华书局,1985年,第3册,第1042页。《清实录》中对于这次出使记载到"先是鄂罗斯国察罕汗,于顺治十二年,遣使请安,贡方物,不具表文,因其始行贡礼,赍而遣之,并赐敕命,每岁入贡"。
6 陈维新:《清代对俄外交礼仪体制及藩属归属交涉(1644—1861)》,第74页。

> 甚嘉之。特颁恩赐,即俾尔使人赍回,昭朕柔远至意。尔其钦承,永效忠顺,以副恩宠。[1]

敕书就其形式来说是一种下行文书,[2] 结合内容不难发现,俄国在清朝眼中也只是"属国",并没有被区别对待。[3] 只有俄国使者遵守朝贡礼,清朝才与它有交往的必要。总而言之,像对其他属国一样,清朝想把俄国纳入到朝贡体系之中,使俄国向清朝"称臣",这是清朝对俄政策一以贯之的高层次目标设置。

17世纪40年代,俄国哥萨克首领波雅尔科夫(Василий Поярков)和哈巴洛夫(Еофей Хабаров)率领远征队侵入到黑龙江流域,并和当地的原住居民(如赫哲人和达斡尔人)发生了冲突。[4] 清朝把东北地区视为"龙兴之地",非常重视,[5] 因而从顺治九年(1652)起,不断派兵驱逐俄人,到顺治十七年基本肃清。但因清兵"中道而返",俄人"仍出没不时"。[6] 康熙四年(1665),切尔尼戈夫斯基(Никифор Черниговский)率领盗匪再次入侵到黑龙江流域。[7] 康熙帝登基之后致力于内政,对此无暇关注,只是不断地宣谕俄国,希望他们能够自觉"退还侵地",并没有采取实质性的行动。[8]

康熙二十年(1681)削平三藩之后,国内基本稳定。这时才因为"罗刹扰我黑龙江、松花江一带三十余年,其所窃据距我朝发祥之地甚近。不速加剪除,恐边徼之民不获宁息",[9] 集中精力处理对俄关系。康熙二十一年八月,康熙帝派遣副都统朗坦[10]、朋春率兵赴黑龙江,"沿黑龙江行猎,觇雅克萨情形,

---

[1] 《清世祖实录》卷92,顺治十二年五月乙巳,《清实录》,第3册,第720页。
[2] 王和平认为"敕书"是下行文书,是君主发给藩属国和幕僚的。参见王和平:《从中俄外交文书看清前期中俄关系》,《历史档案》2008年第3期,第51页。
[3] 中国第一历史档案馆编:《清代中俄关系档案史料选编》,第一编上册,北京:中华书局,1981年,第1—19页。
[4] 王希隆:《中俄关系史略(一九一七年前)》,第31—34页;弗·阿·戈尔德:《俄国在太平洋的扩张(1641—1850年)》,第20—30页。
[5] 郭文深:《清代中国人的俄国观》,长春:吉林大学出版社,2010年,第45—46页。
[6] 《平定罗刹方略》卷1,康熙二十一年八月庚寅,中华书局,1991年,第1页。
[7] 王希隆:《中俄关系史略(一九一七年前)》,第35页。
[8] 中国第一历史档案馆编:《清代中俄关系档案史料选编》,第一编上册,第48—53页。
[9] 《平定罗刹方略》卷2,康熙二十四年六月癸巳。
[10] "朗坦"亦作"郎谈",其中《清史列传》和《清史稿》为朗坦,《八旗通志》为郎谈,笔者疑为翻译之异。参见《清史稿》卷280《朗坦列传》,第10133页;王钟翰点校:《清史列传》卷10《大臣传一传档正编七·朗坦》,北京:中华书局,1987年,第725—728页;鄂尔泰等修:《八旗通志》卷153《名臣列传十三·郎谈传》,东北师范大学出版社,1985年,第3882—3893页。

相度水陆往来远近。"¹ 康熙二十二年九月初九，收复台湾后不久，康熙帝即宣示："今雅克萨、尼布楚罗刹等，若改前过，将根特木尔等逃人送来，速回本地，则两相无事，于彼有益不浅。"否则"必致天讨，难免诛罚"。² 由于俄国继续占据雅克萨，康熙二十四年和康熙二十五年清朝发动了两次雅克萨之战，包围了雅克萨城。³ 为了摆脱清朝军队对于雅克萨的围困，俄国沙皇首先提议中俄两国通过谈判解决问题，康熙帝表示同意。⁴ 康熙二十七年五月初二，索额图使团出发前，康熙帝态度坚决，谕示：

> 尼布潮、雅克萨、黑龙江上下及通此江之一河一溪，皆我所属之地，不可少弃之于鄂罗斯。我之逃人根特木尔等三佐领及续逃一二人，悉应向彼索还。⁵

不难发现，在雅克萨之战后，清朝已占据优势，此时通过谈判解决问题，能够保证利益的最大化。⁶ 毋庸讳言，康熙帝初期的目标是稳定边疆，捍卫"天朝"形象，更有"怀柔远人"之意。⁷

1　王钟翰点校：《清史列传》卷10《大臣书一传档正编七·朗坦》，第726页。
2　中国第一历史档案馆编：《清代中俄关系档案史料选编》，第一编上册，第49—50页。
3　在第一次雅克萨之战结束之后，康熙帝曾经谕示："至雅克萨城，虽已克取，防御决不可疏，应于何地永驻官兵弹压，此时即当定议。"参见《清圣祖实录》卷121，康熙二十四年六月癸卯，北京：中华书局，1985年，第5册，第278页。但派遣雅克萨的官兵显然没有遵守康熙帝的这一谕示。
4　中国第一历史档案馆编：《清代中俄关系档案史料选编》第一编上册，第70—72页。
5　《清圣祖实录》卷135，康熙二十七年五月癸酉，第5册，第466页。
6　康熙帝开始的想法是："既然俄罗斯察罕汗遣使专奏，可派员并由来使中选一二精干之人，持俄罗斯文书驰驿速去雅克萨宣谕，解围遣返，此于双方均为有益。"参见中国第一历史档案馆编：《清代中俄关系档案史料选编》第一编上册，第66页。而双方实际上通过谈判解决问题并最后达成了条约，就其形式而言无疑是对同时期西方外交习惯的借鉴。因为在传统中国之前的王朝谈判之中，尽管达成了协议，但是并没有出现"条约"，这应该与康熙朝耶稣会士的引进与介绍有关，而康熙帝采用这一套形式，也是"依彼之礼"的体现。耶稣会士参与尼布楚谈判，除了翻译之外，也有宣传与践行国际法的使命。参见李雷：《论西方传教士在〈中俄尼布楚条约〉签订过程中的作用》，硕士学位论文，外交学院国际关系专业，2012年，第29页；Vincent Chen, *Sino-Russian Relations in the Seventeenth Century*, St. John's University, 1966, p.96; George Alexander Lensen, "The Jesuits and the Sino-Russian Treaty of Nerchinsk（1689）. The Diary of Thomas Pereira, S.J. By Joseph Sebes. Rome: Institutum Historicum S.I., 1961.xxxvi, 341.Appendix, Map, Index." *The journal of Asian Studies*, vol.22, no.2（February 1963）, p.208.
7　康熙帝谕示兵部侍郎佛伦，"至于抚绥外国，在使之心服，不在震之以威……尔时勿杀一人，俾还故土，宣朕柔远至意。"参见《平定罗刹方略》卷2，康熙二十四年六月癸巳，第19页。

俄国和蒙古各部的联系最早可以追溯到17世纪初。[1]自其交往之初,俄国就不断威逼利诱蒙古各部"归顺"沙皇,但蒙古各部均对此表示拒绝。厄鲁特蒙古准噶尔部的巴图尔珲台吉和僧格一直坚持这一立场,[2]但噶尔丹担任部落首领之后态度发生转变,原因在于噶尔丹"追求在达赖喇嘛庇护下建立一个统一的蒙古国",因而希望"通过对俄国的适当政策以保证后方的安全",甚至可以希望获得俄国的支持以对抗清朝。[3]而俄国此时需要蒙古内部发生纷争,这样不仅可以保证其对贝加尔湖以东的征服,而且有助它对黑龙江流域的扩张。[4]因此,不难发现17世纪后期,俄国和准噶尔部是一种互相利用、互相合作的关系。为此在17世纪70、80年代,噶尔丹曾多次向俄国派遣使者。[5]

准噶尔部和俄国针对清朝进行了密切配合,康熙二十七年(1688)喀尔喀蒙古土谢图汗察珲多尔济的弟弟西第什里·巴图尔珲台吉曾率领军队切断色楞格斯克(楚库伯兴)与乌丁斯克的联系,将色楞格斯克包围起来,而此时俄国派往中国的使臣戈洛文(Федор Алексеевич Головин)就在城内。[6]本来这一局势对于清朝在即将到来的尼布楚谈判大大有利,但是同年六月初九噶尔丹发动了对喀尔喀蒙古的战争,喀尔喀蒙古战败,"各弃其庐帐器物、马驼牛羊,纷纷南窜,昼夜不绝。"[7]这才使戈洛文转危为安。喀尔喀蒙古通过"九白之贡"已初步顺从清朝,清朝必然要对其"南窜"负责;[8]此外准噶尔部的扩张对清朝构成了直接威胁。甚至于噶尔丹在进攻喀尔喀蒙古时,"利用自己和俄国人的关系,

---

1　清初蒙古有大量部落,大致可分为漠南蒙古、喀尔喀蒙古与厄鲁特蒙古,其又可以细分,笔者在此不再赘述,参见祁韵士:《皇朝藩部要略》,光绪十年刻本。Н·П·沙斯季娜:《十七世纪俄蒙通使关系》,北京师范大学外语系七三级工农兵学员、教师译,北京:商务印书馆,1977年,第9页。
2　厉声等:《中国历代边事边政通论》卷三,哈尔滨:黑龙江教育出版社,2015年,第1160—1161页;准噶尔史略编写组:《准噶尔史略》,北京:人民出版社,1985年,第77—86页。
3　伊·亚·兹拉特金:《准噶尔汗国史(1635—1758)》,马曼丽译,北京:商务印书馆,1980年,第254页。
4　刘存宽:《17世纪清俄与喀尔喀蒙古关系述略》,《中国边疆史地研究》1993年第3期,第6页。
5　葛思顿·加恩:《早期中俄关系史(1689—1730)》,第72—73页。
6　柳泽明:《噶尔丹攻侵喀尔喀(1688年)后喀尔喀诸侯与沙俄》,第59页。
7　《清圣祖实录》卷135,康熙二十七年六月庚申,第5册,第471页;噶尔丹进攻喀尔喀蒙古的具体过程及影响在索额图使团成员的日记中也多有记载,参见张鹏翮:《奉使俄罗斯日记》、钱良择:《出塞纪略》,忒莫勒、乌云格日勒编:《中国边疆研究文库·初编·北部边疆卷一》,哈尔滨:黑龙江教育出版社,2014年,第19—94页。
8　黑龙:《1688—1690年康熙救助南下蒙古喀尔喀之新史料》,《中国边疆史地研究》2011年第2期,第130—140页。

散布和俄国人联合作战的谣言。"¹ 因而在清朝看来,蒙古问题是心腹之患,俄国的袭扰只是疥癣之祸,这就有可能使清朝同时面对俄国和准噶尔部两个敌人。清朝的对俄政策因为蒙古动乱而发生了调整。康熙帝审时度势,一方面在蒙古与俄国两个问题上重点解决蒙古问题,² 另一方面防止准噶尔部与俄国互相勾结起来共同对付清朝。³ 清朝面临的处境正是"欲巩固西北,须征服外蒙;欲征服外蒙,须阻其与俄联络",⁴ 对此,清朝的处理程序是首先稳定中俄关系,然后重点解决蒙古动乱。而这对即将进行的中俄谈判产生了影响,直接表现为索额图使团受阻,滞留许久后,受命返回;⁵ 间接且最为重要的是清朝对俄国的要求出现了让步。索额图使团第二次出使前,康熙帝谕示:

> 今以尼布潮为界,则鄂罗斯遣使贸易,无栖托之所,势难相通。尔等初议时,仍当以尼布潮为界,彼使者若恳求尼布潮,可即以额尔古纳为界。⁶

蒙古发生战争后,清朝对于稳定边疆的需求增大,已有安抚俄国、对俄国做出让步之意,希望联合或者至少使俄国保持中立从而孤立噶尔丹。⁷ 综合来看,17世纪后期清朝对俄政策的目标是稳定边疆,并且随着蒙古的动乱,这一需求更

---

1. 噶尔丹曾经在1691年致信俄国沙皇,"敬请陛下就兵员、火药、弹铅和大炮等一切作战之所需,给予至善的谕旨。"参见 Н·П·沙斯季娜:《十七世纪俄蒙通使关系》,第154、164页。
2. 蒙古各部在清朝眼中的地位一直高于俄罗斯,《康熙会典》中记载到"康熙七年题准,喀尔喀进贡之使与厄鲁忒之使同来,令厄鲁忒之使首坐,喀尔喀等使接坐,其次令俄罗斯之使坐"。由此可知,喀尔喀地位不如厄鲁特,俄罗斯地位不如喀尔喀。参见康熙《大清会典》卷144《理藩院·朝贡》,《大清五朝会典》本,北京:线装书局,2006年,第2册下,第1867页。
3. 关于清朝的这一举动,刘存宽、沙斯季娜和兹拉特金都有分析。参见刘存宽:《17世纪清俄与喀尔喀蒙古关系述略》,《中国边疆史地研究》1993年第3期,第7页;Н·П·沙斯季娜:《十七世纪俄蒙通使关系》,第157—158页;伊·亚·兹拉特金:《准噶尔汗国史(1635—1758)》,第274页。在笔者看来,无论噶尔丹是否有与俄国勾结的事实,清朝必然会试图疏远两者间的关系,康熙帝表示出的让步态度就是表现。
4. 陈复光:《有清一代之中俄关系》,《民国丛书》第二编28集,上海书店,1990年,第23页。
5. 《徐日升日记》,黑龙江大学俄语系翻译组、黑龙江哲学社会科学研究所第三室合译:《十七世纪俄中关系》第2卷第4册,北京:商务印书馆,1975年,第1048页。值得注意的是,在索额图使团出使过程中,喀尔喀蒙古曾经"来乞援师",但使团以"此来乃奉命出使俄罗斯国,非为尔国也,未奉君命,岂可进援,尔国自行请旨可也"。参见张鹏翮:《奉使俄罗斯日记》,《中国边疆研究文库·初编·北部边疆卷一》,第42—43页。
6. 《清圣祖实录》卷140,康熙二十八年四月壬辰,第5册,第543页。
7. Vincent Chen, *Sino-Russian Relations in the Seventeenth Century*, p.90; George Alexander Lensen, "The Jesuits and the Sino-Russian Treaty of Nerchinsk (1689). The Diary of Thomas Pereira, S.J. By Joseph Sebes. Rome: Institutum Historicum S.I., 1961.xxxvi, 341.Appendix, Map, Index.", p. 208.

加迫切,甚至可以为此而付出代价。

清朝对俄政策的目标根据现实而有所变化,因而有学者认为清朝对俄的低层次目标设置随着国家的具体目的的变化而发生变动。[1]相对于一成不变的高层次目标而言,17世纪后期清朝的对俄政策更多地受到准稳定因素(即康熙帝和大臣们对于俄国的认知以及此时国内发生的重大事件)的影响,表现出追求低层次的目标的特征。因此本文将根据清朝的低层次目标对17世纪后期清朝对俄政策的特殊性及其表现进行分析。

二 清朝对俄国的权宜政策:抚绥俄国

一个国家的对外政策可以表现为国家在对外关系方面采取的所有政策。[2]17世纪俄国奉行的是一种对外扩张的政策。[3]与俄国的对外政策相对应,这一时期中国的对俄政策无疑是值得深思的。笔者通过清朝对俄的政治外交政策和经济贸易政策来分析17世纪后期的清朝与俄国的交往,从而论述和总结清朝的对俄政策。值得注意的是,这两部分不是彼此分离,而是联系在一起的。

(一)政治外交政策

清朝对俄的政治外交政策围绕着当时中俄交往中的一系列问题得以展开,其中最重要的是三个:俄国使者的外交礼仪、划定边界、逃人,本文将对这些问题进行具体分析。

顺治年间清朝和俄国开始了正式的官方交往。正如前文所述,阿勃林等因为行使朝贡礼,得到了顺治帝的接见和赏赐。而之后巴伊科夫本人出使中国的时候,"虽具表文,但行其国礼,立而受表,不跪拜",没有执行"朝贡礼",从

---

1 尤淑君:《接待俄使之异:论清朝对俄政策的变化》,《中国边疆史地研究》2013年第3期,第55—67页。
2 杰夫·贝里奇、艾伦·詹姆斯:《外交辞典》,高飞译,北京大学出版社,2008年,第113—114页。
3 孙成木等编:《俄国通史简编》,北京:人民出版社1986年版,第160页。

而被"却其贡物,遣之还"。¹ 清朝对于"贡使"的跪拜有一套固定的礼仪:

> 既得旨,所司陈赐物午门道左,馆卿率贡使等东面立,侍郎西面立,有司咸序,贡使请谒西墀,三跪九叩,主客司官颁赐物,授贡使,贡使跪受,以次颁赐贡使,暨从官从人咸跪受,赞兴叩如仪,退,赐宴礼部。²

由此来看,清朝非常重视跪拜,因而有学者总结道:"中外争论交涉的最主要、最核心的问题,是外国使臣是否需要觐见,怎样觐见,是否必须以三跪九叩之礼觐见清帝的问题……在相当长一段时间之内,中外双方在觐见礼仪问题上互不相让,几乎成为中外交往过程中解不开的死结。"³ 康熙十二年(1673)尼果赖(Николай Гаврилович Спафалий)使团出使中国,由于他坚持俄国与中国的平等地位,与理藩院关于递交国书的礼仪发生了争执。⁴ 值得注意的是,最后理藩院对尼果赖递交国书的方式采取了折中的解决办法——允许尼果赖在康熙的御案前呈递国书,由首席大学士接受,但皇帝本人不在场;⁵ 而尼果赖为了完成出使任务,也同意跪拜。⁶ 清朝的这一行为也令在场的耶稣会士感到惊讶,"说实在的,他们(清朝官员)现在所提出的建议,几乎已经是奇迹了;他们都是妄自尊大的人,而这种新的仪典对过去任何使节又都未采用过。"⁷ 自此以后,俄国使者在向清朝递交国书时都依此例进行。⁸ 然而后来觐见康熙帝时,尼果赖"叩得很快,头也没有到地",并且认为,"那些人(三跪九叩的人)是博格德汗(清朝皇帝)的奴仆,他们善于叩头,我们不是博格德汗的奴仆,就只能按我们知道的方式叩

---

1 《清世祖实录》卷135,顺治十七年五月丁巳,第3册,第1042页。
2 金兆丰编或写:《大清国修正宾礼志》,《山海诸国朝贡礼》,台北故宫博物院藏,文献编号:6000134,转引自陈维新:《清代对俄外交礼仪体制及藩属归属交涉(1644—1861)》,哈尔滨:黑龙江教育出版社,2012年,第49—50页。
3 王开玺:《清代的外交礼仪之争与文化传统》,《北京师范大学学报(社会科学版)》2008年第2期,第59页。
4 尼果赖进入北京后,理藩院要求尼果赖先交出俄国国书,并要求尼果赖觐见皇帝时行"跪拜礼"。然而,尼果赖仍坚持向康熙皇帝面递国书,还要求觐见皇帝时,康熙皇帝必须站立,向俄国沙皇问安,表示两国平等。参见尤淑君:《宾礼到礼宾——外使觐见与晚清涉外体制的变化》,北京:社会科学文献出版社,2013年,第85页。
5 北京师范大学清史研究小组:《一六八九年的中俄尼布楚条约》,第140页。
6 Vincent Chen, *Sino-Russian Relations in the Seventeenth Century*, p.68.
7 约·弗·巴德利:《俄国·蒙古·中国》,吴持哲、吴有刚译,北京:商务印书馆,1981年,第1484页。
8 康熙二十五年(1686)文纽科夫(Никнфор Данилович Венюков)使团使华的时候,亦按此礼敬献奏文。参见中国第一历史档案馆编:《清代中俄关系档案史料选编》,第一编上册,第77页。

头。"¹ 由此可见，在双方交往之初，对于对方的实力与国情都不了解，自大与傲慢的言行充斥在交往之中，清朝要求俄国使者"跪拜"，俄国地方官员也曾要求清朝皇帝臣服于沙皇，² 清朝的态度尤为坚决。但是康熙年间，清朝对俄国使团的礼仪要求出现了让步，在递交国书的礼仪上康熙帝有所妥协，在觐见时甚至没有严格地要求俄使执行三跪九叩。清朝做出这一让步的直接目的是为了接见俄使，要求俄国遣返根特木尔以及约束罗刹的扩张，³ 根本目的还是为了稳定边疆。

康熙二十八年七月初八（1689年8月22日），索额图使团和戈洛文使团在尼布楚正式进行谈判。⁴ 清朝的态度开始比较坚决，但后来就软化下来。康熙帝的态度是只要能够划定边界，可以不惜一切代价，但总体上是以"使之心服，不在加之以威"。⁵ 在具体的谈判过程中，双方开始存在着很大的分歧，8月22日与23日进行了两次会议后，就陷入了僵局。⁶ 接下来的13天是"会下谈判"，通过中方使团随行的耶稣会士张诚（Jean-Francois Gerbillon）和徐日升（Thomas Pereira）居中联系而进行。⁷ 谈判是一个双方不断妥协从而达成一致的过程，因而中俄双方各自让步来逐渐与对方的要求统一。根据相关学者的研究，康熙帝

---

1 苏联科学院远东研究所等编：《十七世纪俄中关系》第1卷第3册，厦门大学外文系译，北京：商务印书馆，1978年，第599—600页。
2 俄国尼布楚长官兹达·达·阿尔申斯基（Д. Д. Аршинский）在给米洛瓦诺夫（Игнатий Милованов）的使团出使清朝训令中说到"希望博格德汗本人归附沙皇陛下，永世不渝，并向大君主纳贡。"参见苏联科学院远东研究所等编：《十七世纪俄中关系》第1卷第2册，第401—402页。
3 中国第一历史档案馆编：《清代中俄关系档案史料选编》，第一编上册，第30页。
4 戈洛文出使中国有着政治与经济使命，其政治使命是定界，经济使命则是获得中国官方的贸易许可。参见 Vincent Chen, *Sino-Russian Relations in the Seventeenth Century*, p.87。
5 康熙帝除了有"妥协"的要求外，同时也有用武力解决问题的准备，两种手段是并行的。郎谈在中俄谈判陷入僵局的时候，对诸大臣说道："临行时，有密旨，令'相机而动'。今观罗刹，非以兵威勒之不可。"参见鄂尔泰等修：《八旗通志》卷153《名臣列传十三·郎谈传》，第3888页。
6 张诚：《张诚日记（1689年6月13日—1690年5月7日）》，陈霞飞译、陈泽宪校，北京：商务印书馆，1973年，第29—33页。
7 对于耶稣会士在其中发挥的作用，目前存在四种看法：俄国学者认为耶稣会士的行动目的是旨在破坏谈判，参见普·季·雅科夫列娃：《1689年第一个俄中条约》，第159—160页。在中国文献的叙述中，他们是接受了俄国人的贿赂，从而与俄国人互相勾结，参见北京师范大学清史研究小组编：《一六八九年的中俄尼布楚条约》，第282—283页。加恩认为"耶稣会教士一方面支持中国人，一方面又压制俄国人，但又不到造成谈判决裂的程度，目的是为了"一举而博得一方乃至双方的好感"，参见葛思顿·加恩：《早期中俄关系史（1689—1730）》，第22页。耶稣会士自己则认为发挥了举足轻重的作用，甚至没有他们的帮助，双方就不可能达成协议。参见《徐日升日记》，《十七世纪俄中关系》第2卷第4册，第1059页；张诚：《张诚日记（1689年6月13日—1690年5月7日）》，第29—33页。各方的记载中都包含了强烈的主观色彩。不过，毋庸置疑的是耶稣会士在联络双方层面确实发挥了重要作用，这也是各方共同提到的。

之前的态度也影响到了清朝使团，相比较俄国，清朝做出的让步更大。[1]

值得注意的是，除了划定东北地区的边界之外，索额图使团也曾提出划定中俄的中段边界，即在蒙古地区进行划界。但被戈洛文以种种理由搪塞过去，最终搁置了下来。这一地区的划界到雍正时期才得以解决。[2] 双方在第三次会议中正式交换了文本，尼布楚谈判结束。在最终达成的《尼布楚条约》中，划界问题是第一条，规定如下：

> 将自北流入黑龙江之绰尔纳，即乌鲁木河，附近之格尔必齐河为界，沿此河之大兴安岭至海；凡岭阳流入黑龙江之河属中国；其岭阴河道悉属俄罗斯。惟乌第河以南、兴安岭以北中间所有地方河道暂行存放，俟各还国察明后，或遣使，或行文，再行定议。

> 将流入黑龙江之额尔古纳为界；南岸属中国；北岸属俄。[3]

从清朝同意谈判以及中俄两国使团人员的组成可以看出两国对谈判的重视，同时也可以发现双方谈判代表的地位对等。[4] 作为一个"天朝上国"，甘愿与"蛮夷"进行对等谈判，这是清朝对俄国的让步，目的是为了稳定边疆。而为了"拉拢"俄国，孤立噶尔丹，清朝君臣甚至对"龙兴之地"也可以做出让步。[5]

逃人问题是康熙朝两国开始接触时的主要问题，康熙帝对此非常重视，不止一次要求俄国遣返根特木尔。[6] 在尼布楚谈判中，中方使团也提出引渡根特木尔的建议，但此时已是作为划界的附议而提出，重要性有所下降。[7] 谈判陷入胶着之后，鉴于根特木尔已在俄国生活了20年的事实，索额图对引渡根特木尔不再坚持。双

---

1 参见刘远图：《早期中俄东段边界研究》，北京：中国社会科学出版社，1993年，第54—58页。
2 北京师范大学清史研究小组编：《一六八九年的中俄尼布楚条约》，第302—313页。
3 鉴于笔者考察的是清朝的对俄政策，以清朝为主体，因而参考的是作者翻译的《尼布楚条约》满文本。参见王铁崖编：《中外旧约章汇编》第1册，北京：生活·读书·新知三联书店，1957年，第1—7页。
4 关于中俄双方使团人员的组成可参见刘民声、孟宪章、步平编：《十七世纪沙俄侵略黑龙江流域史资料》，哈尔滨：黑龙江教育出版社，1998年，第412—428页。
5 索额图在签约之后宣称，"尔国既与我已盟誓和好，当不会以兵援助噶尔丹。"参见中国第一历史档案馆编：《清代中俄关系档案史料选编》，第1编上册，第135页。
6 康熙帝最早向俄国君主提出这一要求的时间可以追溯到康熙九年（1670）五月三十日，然后到康熙二十七年（1688）索额图使团出使前亦有此要求。参见中国第一历史档案馆编：《清代中俄关系档案史料选编》第1编上册，第123页；《清圣祖实录》卷135，康熙二十七年五月癸酉，第5册，第466页。
7 普·季·雅科夫列娃：《1689年第一个俄中条约》，第169页。

方的解决措施只是对于在《尼布楚条约》中对以后两国的逃人问题进行了规定：

    中国现有之俄罗斯人及俄罗斯国现有中国之人免其互相索还，著即存留。

    自会盟日起，逋逃者不得收纳，拿获送还。[1]

尽管康熙帝也曾高度重视根特木尔的叛逃，但是这一问题相对于清朝稳定边疆的需求来说就显得微不足道了。索额图最后追求的也不是遣返根特木尔，而是对自此之后的逃人的预防和处置。[2]

  通过分析清朝在三个主要问题上的处理措施与结果，笔者发现，清朝往往在开始态度比较强硬，但后来为了解决边疆问题，对俄国都做出了让步。尤其是在蒙古发生动乱之后，清朝稳定边疆的需求增大，做出的让步也逐渐增多。

（二）经济贸易政策

  未知的中国市场对于外国人有着非常大的吸引力，[3]俄国人自然也不例外，17世纪俄国政府在对华关系上奉行的是领土扩张与贸易扩展双管齐下的政策。[4]巴伊科夫使团出使清朝的主要使命，是将在莫斯科和西伯利亚购置的货物运往中国进行贸易，并考察俄中通商的可能性。对于俄国来说，这次出使虽然在外交上失败了，但从收集情报的角度着眼是成功的，使者向莫斯科提供了关于北京和中国的详细报告。[5]俄国之后相继派遣了佩尔菲林耶夫（Ивано Степанович

---

1 王铁崖编：《中外旧约章汇编》第1册，第1—7页。
2 阚凯：《根特木尔逋逃事件与康熙年间中俄双方的外交交涉》，《绥化学院学报》2012年第6期，第62页。
3 与中国接触伊始的西方国家非常渴望和中国发展贸易关系，为此不惜付出任何代价，包括遵守"朝贡礼"。康熙帝曾颇为自豪地表示："西洋等较大之国，每来呈递奏事，均按我大中国所定之例行事。为此得享宽恩厚赏，贸易往来不断。"参见中国第一历史档案馆编：《清代中俄关系档案史料选编》，第1编上册，第63页。在这方面最典型的国家是荷兰。马士曾经说道："他们情愿以一个亚洲藩属向宗主国来朝贡的使臣地位自居，他们希望用这种行为在中国取得贸易特权……但他们所得到的只不过是被准许每八年遣'使'一次，每次随带商船四艘而已。"参见马士：《中华帝国对外关系史》第1卷，张汇文等译，北京：商务印书馆，1963年，第52—53页。
4 宿丰林：《〈尼布楚条约〉与早期中俄通商关系》，第128页。
5 Mark Mancall, *Russia and China: Their Diplomatic Relations to 1728*, Cambridge, Mass: Harvard University Press, 1968, p.52, 转引自叶柏川：《俄国来华使团研究（1618—1807）》，北京：社会科学文献出版社，2010年，第31页；王希隆对此看法类似，认为此次俄使来华，虽未能尽如其意，但是俄方的目的基本达到。参见王希隆：《中俄关系史略（一九一七年前）》，第37—38页。但王开玺有不同看法，他认为巴伊科夫使团来华遭到彻底失败。参见王开玺：《清代外交礼仪的交涉与论争》，第96—104页。

Перфильев）使团、米洛瓦诺夫使团、尼果赖使团，他们也都奉有和清朝进行通商的使命。[1] 与中国进行通商是俄国派遣使者来华的重要目的。此时，双方的贸易主要是由俄国商人特别是官商占据主导地位，沙皇通过各种手段限制私商。[2] 康熙年间，俄国对华的贸易需求越来越大，从而中俄贸易在双方关系中具有举足轻重的分量，甚至有学者认为，"中国与俄国早期关系的历史……就是俄国在远东的商业史以及中国政策对这种经济关系所发生影响的历史。"[3]

在尼布楚谈判之前，清朝和俄国的贸易可以分为"贡赐贸易"和"边境互市贸易"两种，其中贡赐贸易是最主要的形式。贡赐贸易涉及到属国向中国的"朝贡"和中国向属国的"回赐"两部分，是朝贡体系的重要组成部分。[4] 俄国并不是清朝的"属国"，但是在清朝的官方文书当中，一直把俄国派遣的使团视为"贡使"。因而俄国与中国的官方贸易也就成为了所谓的"贡赐贸易"。顺治十七年（1660），佩尔菲林耶夫使团使华时所携带的"礼物"被清朝认为是"贡品"。[5] 尽管俄国"表内不遵正朔……又自称大汗，语多不逊"，但是"外邦从化，宜加涵容，以示怀柔"，清朝还是以顺治帝的名义"赏赐"给俄国察罕汗大量物品。[6] 无独有偶，康熙十五年（1676）尼果赖使团使华时，虽然尼果赖并没有完全遵守"朝贡礼"，但是康熙帝仍将其视为"贡使"，"赏赐"给俄国沙皇大量礼物。[7] 对于来到清朝俄国使团或者商队，清朝并不对其加以区分，一律以"贡使"看待，给予优待：

> 将入境，所在长吏给邮符，遴文武官数人伴送。有司供馆饩，遣兵护之。按途更代，以达京畿。既至，延入宾馆，以时稽其人众，均

---

1 叶柏川：《俄国来华使团研究（1618—1807）》，第 209—217 页。
2 普·季·雅科夫列娃：《1689 年第一个俄中条约》，第 117 页。
3 葛思顿·加恩：《早期中俄关系史（1689—1730）》，第 13 页。
4 滨下武志：《近代中国的国际契机——朝贡贸易体系与近代亚洲经济圈》，朱荫贵、欧阳菲译，北京：中国社会科学出版社，1999 年，第 38 页。
5 这次俄国是由佩尔菲林耶夫和阿勃林共同组成，因而部分著作也称之为阿勃林使团，参见王开玺：《清代外交礼仪的交涉与论争》，第 104—106 页。但是由于这次出使清朝的使团是以佩尔菲林耶夫为主导，所以称为佩尔菲林耶夫使团相对而言更加合适。参见叶柏川：《俄国来华使团研究（1618—1807）》，第 32—34 页。
6 中国第一历史档案馆编：《清代中俄关系档案史料选编》，第 1 编上册，第 20 页；《清世祖实录》卷 135，顺治十七年五月丁巳，第 3 册，第 1042 页。
7 尼古拉·班蒂什-卡缅斯基编：《俄中两国外交文献汇编 1619—1792》，第 50 页；中国第一历史档案馆编：《清代中俄关系档案史料选编》第 1 编上册，第 31 页。

其饮食。[1]

而且对于他们携带的大量商品，往往"不计其价"，大量买入，颇有"厚往薄来"之意。俄国商人能够在中国获得巨额利润，与此不无相关。[2] 笔者将这两次贡赐贸易列为表1。

表1 俄国与中国的贡赐表

使团名称	贸易时间	"进贡"	"回赐"
佩尔菲林耶夫使团	顺治十七年	貂皮一百六十张、银鼠皮三百张、白狐狸皮五十张、镜子二面、白袖子四件、蓝猩猩毡一尺、红猩猩毡三尺、绿猩猩毡一尺一拃、紫色猩猩毡一尺一拃；来使伊万进貂皮四十张、银鼠皮二百张、白狐狸皮三十张、镜子一面；阿金墨尔根进貂皮四十张；阿巴斯进绿猩猩毡一尺；巴奔进元狐皮一张、白狐皮十张、银鼠皮一百二十张。	银二百两、缎十三匹、茶五竹篓；赏来使伊万缎十二匹、毛青布四十皮、茶三竹篓；赏阿金墨尔根缎三匹、毛青布二十五皮；赏阿巴斯缎四匹、茶一竹篓；赏巴奔缎三匹、毛青布十五皮、茶一竹篓。
尼果赖使团	康熙十五年	价值五百卢布的貂皮，价值一百卢布的成捆的银鼠皮，价值五十卢布的整块呢料，价值一百五十卢布的红珊瑚珠、镜子、欧洲国家钟表和琥珀。以上总共价值八百卢布。	整套带辔镫的中国式马鞍一具，带洗脸盆的重八十两的银质水罐一只；各色绸缎和丝绒共三十幅；北欧海豹皮五张；海狸皮五张；雪豹皮五张和茶叶四筐；赠给使臣全体随员的有衣服和花缎；单独赠给使臣的有一匹配有全副中国鞍辔的小驽马、重八十两的带洗脸盆的水罐一只，还有各种料子、皮革、海狸皮、雪豹皮和两筐茶叶。

资料来源：中国第一历史档案馆编：《清代中俄关系档案史料选编》，第1编，上册，第20页；苏联科学院远东研究所等编：《十七世纪俄中关系》，第1卷第2册，1978年，第368—369页；尼古拉·班蒂什-卡缅斯基编著：《俄中两国外交文献汇编1619—1792》，第50页。在此需要说明，鉴于中俄史料中对于同一次出使的"贡品"或"赐物"记载有异，所以笔者斟酌之后，对于同一次出使尽量运用一国所记载的文献。

1　《清史稿》卷91《礼志十》，第2675页。
2　根据俄国人的记载，佩尔菲林耶夫使团收获颇丰，"俄国使团送给中国皇帝的礼品价值一百二十卢布，中国皇帝赠给大君主的礼品两项共值五百〇六卢布，二十七阿尔腾一兼卡半……中国的礼品比俄国多出三百八十六卢布二十七阿尔腾一兼卡半。"参见苏联科学院远东研究所等编：《十七世纪俄中关系》第1卷第2册，第368—369页。

清朝与俄国的互市贸易主要在清朝的东北和西北边境地区进行。这种贸易属于私人贸易的性质，贸易人员包括当地的少数民族、随军的俄罗斯商人乃至清朝军役人员。其中西北地区主要贸易是在蒙古各部与俄国之间进行，贸易地点分散，规模较小。[1] 而东北地区不一样，1668 年尼布楚当地俄商的贸易额达 30000 卢布以上，雅克萨和尼布楚逐渐发展成为黑龙江流域的贸易中心。[2] 除黑龙江流域之外，外贝加尔地区的中俄贸易也发展起来，1688 年，总贸易额近 26140 卢布。[3] 在东北地区进行的边境贸易中，清朝商人自己并不到俄国来，而是通过鄂温克人和蒙古人把他们的商品运往俄罗斯的边境城堡阿尔巴津（即雅克萨）和尼布楚，俄国人收购这些商品转到西伯利亚的最大城市托波尔斯克，最后销往莫斯科。[4] 在中俄的早期双边贸易中，俄国主要出口的商品与贡赐贸易一样，都是毛皮；清朝则是丝绸和丝织品、大黄和烟草、金银、棉布、茶叶及其他商品。[5] 这也正是何秋涛所描述的，"彼以皮来，我以茶往。"[6] 但是由于清朝的种种限制，边境的互市贸易并不如贡赐贸易发达。清朝对与俄国之间的通商贸易并不重视，只是执着于朝贡礼，希望能够把俄国纳入到朝贡体系之中。因而，在《尼布楚条约》签订之前，中俄之间的贸易规则并没有确定，清朝对此也不在意。

　　如前所述，8 月 23 日之后，双方使团开始了长期的会下谈判，就各种具体问题进行了商议，通商贸易是其中的重要问题。索额图虽然表示"中国从不明令禁止商贾人员往来、进行自由贸易"，但是并没有把通商条款正式纳入书面条

1　邓沛勇：《康雍乾时期的中俄贸易关系》，硕士学位论文，哈尔滨师范大学历史系，2012 年，第 6 页。

2　Трусевич Х, *Посольские и торговые сношения России с Киаемдо ЖХ века*. М., 1982, с.159. 转引自叶柏川：《俄国来华使团研究（1618—1807）》，北京：社会科学文献出版社，2010 年，第 220 页。

3　《俄蒙通使与通商关系（19 世纪前）》一书中提到："1688 年，色楞格斯克和乌金斯克仅从输入此地的各类中国货就征收了 1036 卢布 30 阿尔腾 6 兼卡的关税，因此，总交易额应为近 26140 卢布。"（Трусевич Х, *Посольские и торговые сношения России с Киаемдо ЖХ века*. М., 1982, с.159.）转引自叶柏川：《俄国来华使团研究（1618—1807）》，北京：社会科学文献出版社，2010 年，第 159—160 页。

4　普·季·雅科夫列娃：《1689 年第一个俄中条约》，第 115—116 页。

5　叶柏川：《俄国来华使团研究（1618—1807）》，第 219—232 页。

6　何秋涛：《朔方备乘》卷 37《俄罗斯互市始末》，第 43 页。

约的意向。¹ 戈洛文使团表示不满,他们想把清朝政府与俄国政府之间的商业贸易关系正式确定下来,不希望以后双方关系的变化影响彼此间的通商贸易,² 因而坚决宣称"不列入有关贸易以及不在阿尔巴津所在地建立任何居民点的条款,他们将不缔结条约"。为了使清朝使团同意要求,俄国使团做出了大量努力,甚至包括贿赂耶稣会士。最终,双方使团达成了一致:把贸易条款列入条约,关于阿尔巴津不设立居民点的条款则不列入条约。³ 在双方达成的《尼布楚条约》中,对通商贸易做出了规定:

> 两国既永远和好,嗣后往来行旅,如有路票,听其贸易。⁴

在尼布楚谈判时,索额图使团只是把通商贸易作为一个使俄国在划界谈判上让步的砝码,根本没有想到通商贸易可能给清朝带来的利润。⁵ 但条约的达成意味着清朝放弃了与贸易相伴随的朝贡礼,中俄直接贸易关系正式确立,两国正式开始了"平等通商",俄国成为与中国有着正式贸易关系的第一个国家。⁶ 从此之后,双方开始开展以北京为中心的互市贸易,⁷ 大批俄国商队来到中国,获取了巨大的利润。⁸ 俄国也为直接通商付出了代价,清朝对于俄国商队的优待逐渐减少,虽然仍提供诸多便利,但是已对其来华人数进行限制。⁹ 甚至在康熙三十二年(1693)有所定例:

> 俄罗斯国准其隔三年来京贸易一次,不得过二百人,在路自备马驼盘费,一应货物不令纳税,犯禁之物不准交易,到京时安置俄罗斯馆,

---

1 雅科夫列娃对此有所描述:"博格德汗的使节又拒绝把关于贸易的条款列入条约文本,硬说'这是小事情',没有条约也能进行,仿佛在约中列入这一条将是对他们的'侮辱'。"参见普·季·雅科夫列娃:《1689年第一个俄中条约》,第164页。
2 对于戈洛文的担心,加恩有论述如下:"中国在政治上对俄国的不满就会表现为阻挠俄国人进行贸易,愤懑日增,就会造成与俄国经济关系的完全破裂。"参见葛思顿·加恩:《早期中俄关系史(1689—1730)》,第12页。
3 普·季·雅科夫列娃:《1689年第一个俄中条约》,第188页。
4 王铁崖编:《中外旧约章汇编》第1册,第1—7页。
5 普·季·雅科夫列娃:《1689年第一个俄中条约》,第164页。
6 王希隆:《中俄关系史略(一九一七年前)》,第61页。
7 《尼布楚条约》签订以后,中俄互市主要有三种形式:俄罗斯前往北京的商队贸易、库伦贸易和齐齐哈尔贸易。参见何新华:《最后的天朝:清代朝贡制度研究》,北京:人民出版社,2012年,第442—443页(或当参考《朔方备乘》)。
8 徐昌汉:《关于尼布楚商队贸易》,《学习与探索》1982年第3期,第119—121页。
9 中国第一历史档案馆编:《清代中俄关系档案史料选编》,第1编上册,第309—311页。

　　　　不支廪给，限八十日起程还国。[1]
由于俄国与清朝可以互相通商，清朝就取消了对于这些商人的优待，不再承担他们在中国的费用。但是由于清朝巨大的市场，还是有大量俄国商人来到中国通商。

　　清朝对外的经济政策往往与政治目的联系在一起，不是为了追求商业利润，而是希冀获得政治上的优越地位，这是对中国传统对外贸易政策的继承和发展。[2] 17世纪后期清朝对俄的经济贸易政策从属于政治外交政策，为了使俄国达成条约，对俄国做出让步，放弃了一直坚持的、和贸易紧密联系的朝贡礼，拉开了两国平等通商的序幕。[3]

　　清朝构建的朝贡体系较为务实，最终考虑的是现实利益。清朝统治者希望把周边诸国作为自己的藩篱和屏障，为了边疆的稳定，在处理同周边国家的关系时，清朝必然会做出适当的变通，在对俄关系上也是如此。综合17世纪后期清朝对俄的政治外交政策与经济贸易政策，可以发现为了稳定边疆，清朝对俄国做出了不同程度的让步。有学者据此也认为，清朝对待俄国的政策和实践是与西方海洋国家不同的。[4] 总的来说，17世纪后期，清朝的态度是把俄国视为"敌国"，[5] 待之以"客礼"——不是把俄国视为自己的属国，而是将之置于一个对等的地位。[6] 因此，笔者认为这一时期清朝的对俄政策是对俄国进行妥协和让步的

1　何秋涛：《朔方备乘》卷37《俄罗斯互市始末》，第4页。
2　费正清对于传统中国的对外贸易多有论述，在他看来"在中国和属国的交往中，商业联系和朝贡关系是不可分割的……中国的统治者更加重视道德价值，而属国更加重视商业价值。这两方面的平衡使他们互相满足，并且使朝贡体系继续得以运作"。参见 J. K. Fairbank and S. Y. Teng, "On The Ch'ing Tributary System", *Harvard Journal of Asiatic Studies*, vol.6, no. 2（Jun1941），pp.139–141。
3　加恩对于贸易在中俄双方眼中的不同地位有经典的论述，参见葛思顿·加恩：《早期中俄关系史（1689—1730）》，第24页。
4　Li Zhaojie, "Traditional Chinese World Order", *Chinese Journal of International Law*, vol.1, no. 1（May2002），p.52.
5　"敌国"一词最早用来形容匈奴。在呼韩邪单于觐见汉宣帝之前，关于单于应该遵守何种礼仪，在汉朝的大臣中发生了争执。萧望之认为匈奴"非正朔所加，故称敌国，宜待以不臣之礼，位在诸侯上。"即便以后匈奴作乱，也"不为畔臣"。颜师古注曰："本以客礼待之，若后不来，非叛臣。"参见《汉书》卷78《萧望之传》，北京：中华书局，1962年，第3282—3283页。晚清曾国藩也认识到了这一时期康熙帝对待俄国"实系以敌国之礼待之"，参见《曾国藩全集》奏稿九，长沙：岳麓书社，1991年，第5786页。
6　关于"客礼"与"朝贡礼"的不同，尤淑君有过详细论述。参见尤淑君：《宾礼到礼宾——外使觐见与晚清涉外体制的变化》，第68页；氏著：《接待俄使之异：论清朝对俄政策的变化》，第58—62页。笔者借鉴了这一说法。

抚绥政策,[1]《尼布楚条约》的签订正是这一政策的最明显体现。

三 对俄政策运作程序及其重要机构——理藩院

笔者在前文论述到,清朝为了达到稳定边境的目标,把俄国视为"敌国",和俄国进行了对等交往。但是有学者认为,清朝并未将俄国视为对等的存在,指出,"虽然与俄罗斯协议边界,却丝毫不影响清朝将自己视为天下共主的观念。"[2] 笔者并不否认清朝存在"天下共主"的观念,但是在制定对俄政策时,清朝的决策者必然要从客观形势与环境出发,并遵循一定的路线、方针和策略;在执行对俄政策时,也要根据现实对政策本身做出一定的变动。以此而言,清朝对俄政策的运作程序与现实密切相关,在分析康熙帝对俄政策的基础上,对运作程序加以考察,才能形成关于清朝对俄政策较为完整的认识。

清朝对俄政策的运作程序是政治体制的一部分,大体上是由决策者制定,施动者执行。在清朝前期的政治体制中,最高决策者是皇帝,参与决策的是议政王大臣会议和内阁,执行者是六部、理藩院、翰林院、地方政府和钦差大臣。笔者拟通过《尼布楚条约》签订前后的具体事例来对各机构所发挥作用及运行程序进行分析。

康熙二十五年(1686),俄国沙皇派遣文纽科夫使团使华,就清朝撤围及双方谈判进行交涉,这是双方谈判的前奏。清朝大学士明珠、户部尚书科尔坤、兵部侍郎佛伦奉命接待俄国使团,把俄国使团的使命向康熙帝题奏。康熙帝认为撤兵及谈判对双方都有利,然后:

---

1 关于康熙年间清朝的对俄政策,诸多学者已有所见,其中尤淑君认为康熙帝采取的是"亲善政策"(尤淑君:《接待俄使之异:论清朝对俄政策的变化》,第58—62页)。陈尚胜认为清朝"积极谋求以和平方式解决中俄边界问题,坚决反击俄国的侵略扩张,以战促和,实行维持北边安宁的睦邻政策"(陈尚胜:《闭关与开放——中国封建晚期对外关系研究》,第72页)。在笔者看来,两位学者所主张的"亲善"与"睦邻"两词均有友好、和善的含义,在形容清朝与俄国之间战时和的状态时并不合适。而"抚绥"兼有"安抚"与"绥靖"的含义,基于清朝以"天朝"自居,用来形容清朝对俄国的妥协似更为恰当。在此可参考茅海建对"抚"的分析,参见茅海建:《天朝的崩溃:鸦片战争再研究》,北京:生活·读书·新知三联书店,2014年,第182页。

2 曹雯:《清朝对外体制研究》,第68页。

> 著议政王、贝勒、大臣会议立刻议奏。钦此钦遵。臣等公同议得：派我人员并挑选俄罗斯使臣中之精干者，遣往雅克萨城宣谕，于事有益，谕旨甚是。当经派员询问俄罗斯使臣等情具奏。奉旨：将朕所拟敕谕，交议政阅看。若谓可，则尔等晓谕来使，并询问其意，钦此钦遵。将谕旨交议政王、大臣阅看。议政王、大臣等奏称：皇上所诘之处甚合等语。

内阁、议政王大臣商议后对此表示同意，并给出了自己的意见，汇报给康熙帝定夺。康熙帝同意之后，由明珠等向文纽科夫传谕康熙帝的旨意。[1]

清朝在撤回围困雅克萨的军队之后，开始准备谈判事宜。康熙二十六年（1687）十一月初六，议政王大臣议奏，"已撤回围困雅克萨之兵，俄罗斯使臣应速前来议划边界等事。"康熙帝同意后，交付理藩院处理。同日，理藩院咨文，俄国使臣戈洛文"既已奉察罕汗旨意来奏，理应急速前来议定"。[2]

索额图使团在尼布楚与戈洛文使团谈判时具有极大的自主性，一方面原因在于尼布楚与北京相距甚远，联系不便；更重要的原因是索额图的身份和地位决定了他可以"便宜从事"。[3]因而他并没有向康熙帝奏报谈判的具体细节，也没有及时向康熙帝请示如何处理谈判过程中双方的矛盾，最后只是通过理藩院向康熙帝汇报了谈判结果。[4]

结合上述三件事中各个机构发挥的作用可列为表2。

表2 中俄交涉中各机构发挥的作用

机构	议政王大臣会议	内阁	理藩院	钦差大臣
作用	题奏 集议	题奏 接见俄使	题奏 执行决议 咨文俄使 奏报俄务	题奏 直接处理俄务

---

1 中国第一历史档案馆编：《清代中俄关系档案史料选编》，第1编上册，第66—75页。
2 同上书，第80—81页。
3 《清史稿》卷269《索额图列传》，第9990页。索额图不仅是"皇亲国戚"，又在康熙二十五年（1686）被授为领侍卫内大臣，与明珠"同柄朝政"。
4 在奏报康熙帝的文书中，索额图说道："由于臣等如此宣谕皇上好生德意，遂使费奥多尔·阿列克谢耶维奇等大小俄罗斯人，皆与欣悦诚服，并声称：此言甚是，感念雅克萨两次解围之鸿恩，将其载入本国国册，刊刻印刷，布告邻国。遂出其本国地图，问臣等欲以何处为界。"参见中国第一历史档案馆编：《清代中俄关系档案史料选编》，第1编上册，第121—124页。

由此可知，清朝的政治机构在对俄政策中发挥着重要作用，甚至对康熙帝的决策也形成了一定的影响。这些政治机构和康熙帝共同构成了一套运作程序，可总结如下：首先由内外大臣向皇帝题奏，皇帝发给议政王大臣会议或者内阁进行集议，议政王大臣会议和内阁形成自己初步的处理意见后上报皇帝，皇帝最终定夺，交给理藩院或者钦差大臣执行，理藩院或者钦差大臣执行结束之后需要向皇帝奏报处理措施与结果。

值得注意的是，这套对俄政策的运作程序与清朝在朝贡体系中的运作程序是迥然不同的，最大的区别在于朝贡体系中涉外事务的总管机构是礼部，负责具体事务的则是礼部的主客清吏司；[1]而在处理对俄关系时，理藩院发挥了举足轻重的作用。实际上就处理俄国事务的机构而言，清朝前期有过明显的转变，顺治年间由礼部主管俄国事务，在两国边境发生争端时，先由"主客清吏司案呈"，礼部形成决议后，由礼部尚书一同题奏；[2]康熙年间则由理藩院处理大量俄国事务，[3]甚至后来随着中俄事务的增多，雍正六年（1728）中俄签订《恰克图条约》，明确地将对俄交涉事务定格于理藩院的职掌之内，并与俄国的枢密院对等。[4]这一转变说明清朝对于俄国的定位发生了转变。理藩院作为清朝的创设机构，[5]与礼部大不相同。一方面理藩院主要掌管的是"藩部"事务，[6]基于其拥有重大的军事和国防价值，政治稳定是首要目标，[7]而为了实现这一目标，可以施以包

---

[1] 礼部的职责可参见黄本骥：《历代职官表》卷9《礼部·国朝官职》，北京：商务印书馆，1936年，第223页。主客清吏司的职责是："掌宾礼。凡藩使朝贡，馆饩赐予，辨其贡道远近、贡使多寡、贡物丰约以定。"参见《清史稿》卷114《职官志一》，第3280页。

[2] 这套运行程序是："主客清吏司案呈，奉本部送，礼科抄出，囊本部题前事。"参见中国第一历史档案馆编：《清代中俄关系档案史料选编》，第1编上册，第11—19页。

[3] 虽然由理藩院处理对俄事务，但这并不意味着俄国是清朝的属国，钱实甫指出："俄罗斯不能说是'属国'，应该列入'外国'的范围。"参见钱实甫：《清代的外交机关》，北京：生活·读书·新知三联书店，1959年，第15—19页。

[4] 叶柏川：《17—18世纪清朝理藩院对中俄贸易的监督与管理》，《清史研究》2012年第1期，第48页。

[5] 理藩院，初名"蒙古衙门"，设立于崇德元年（1636）六月，崇德三年（1638）六月改名理藩院。它的职责是："掌内外藩蒙古、回部及诸番部封授、朝觐、疆索、贡献、黜陟、征发之政令，控驭抚绥，以固邦翰。"参见嵇璜、刘墉等：《清朝通典》卷26《职官四》，杭州：浙江古籍出版社2000年版，第2175页。

[6] 藩部的范围"自松花、黑龙诸江，迤逦而西，绝大漠，亘金山，疆丁零、鲜卑之域，南尽昆仑、析支、渠搜，三危既宅，至于黑水"，参见《清史稿》卷518《藩部一》，第14319页。而礼部主要管辖的是"属国"事务。

[7] 张永江：《论清代的藩部与行省》，《中国边疆史地研究》2001年第2期，第35页。

括武力的治理手段。[1] 因而，理藩院管理之下的藩部与属国不同，其中厄鲁特蒙古和喀尔喀蒙古可以行使"蒙古礼"，而不必三跪九叩。[2] 另一方面，两者的职能后来都有延伸——同时作为清朝的涉外管理机构，管理的国家有所增加。但这些国家有明显的区别，主要在于礼部所掌理的"属国"和"外国"多在东、南两方，主要由海路往来；而理藩院所掌理的"属国"和"外国"则多在北、西两方，均由陆路往来。[3] 这体现了清朝对朝贡体系的继承和发展。[4] 因此有学者认为，这一转变的原因一方面在于俄国与蒙古地区毗邻，许多对俄交涉与蒙古事务相关；另一方面也是清朝统治者主观片面的错误认识造成的。[5] 但在笔者看来，清朝让掌管藩部的理藩院管理俄国事务，与俄国所拥有的重大军事价值也有关，清朝致力于和俄国的政治和边疆稳定；同时也蕴含着清朝对俄国的让步——在某种程度上允许俄国可以"依彼之礼"，而不用"称臣"。所以理藩院作为一个重要的政治机构，在 17 世纪后期体现出了对俄妥协的意味。

结　语

　　清朝与俄国谈判签约的目的是为了分化准噶尔与俄国，稳定东北边疆。《尼

1　陈尚胜：《试论清朝前期封贡体系的基本特征》，《清史研究》2010 年第 2 期，第 91—92 页。
2　尤淑君：《宾礼到礼宾——外使觐见与晚清涉外体制的变化》，第 31 页；康熙帝谕示奇塔特、费扬古："我朝威灵德意，天下外国无不知之者，谅厄鲁特、喀尔喀必大加恭敬。然伊等向行之例，俱用蒙古礼，今若凡事指授而去，或致相歧，行事反多滞碍。厄鲁特、喀尔喀依彼蒙古之例，大加尊敬，则已。"参见《清圣祖实录》卷 103，康熙二十一年七月乙卯，第 5 册，第 43 页。
3　钱实甫：《清代的外交机关》，第 15 页；J. K. Fairbank and S. Y. Teng, "On The Ch'ing Tributary System", p.158. 李文杰对此也有所见，参见李文杰：《中国近代外交官群体的形成（1861—1911）》，北京：生活·读书·新知三联书店，2017 年，第 34 页。
4　马克·曼考尔认为清朝所主导的"世界秩序"分为两部分，即东部和南部组成的新月形地区，西部和北部组成的新月形地区。东南新月带由礼部管辖，是中国本土的外延，已超出皇帝的有效控制范围；西北新月带的经济基础和满洲是一样的，更像满族人在满洲的家园。清朝和西北新月带的交易更多的不是为了便利，而是由于必需……理藩院唯一的职能是负责这些地区与清朝的交往。参见马克·曼考尔：《清代朝贡制度新解》，费正清：《中国的世界秩序——传统中国的对外关系》，第 66—68 页。
5　赵云田：《清朝理藩院和中俄关系》，《齐齐哈尔师范学院学报（哲学社会科学版）》1987 年第 1 期，第 109 页；廖敏淑对此也有类似看法，参见廖敏淑：《清代中国对外关系新论》，台北：政大出版社，2013 年，第 289 页。

布楚条约》签订后,俄国仍与噶尔丹暗中往来,多有边民叛逃之事,让清朝相当不满。[1] 于是清朝就以《尼布楚条约》为依据,致函俄国尼布楚长官:"尔国既与我已盟誓和好,当不会以兵援助噶尔丹。倘若尔国畏惧其势,不可不援,则随尔国之便。"[2] 尼布楚长官承认了噶尔丹的求援事实,但同时表示,"我等并未将兵拨给博硕克图汗(噶尔丹)所派之人卡希奇。"[3] 清朝抓住这一时机击败了准噶尔,并增强了东北边境的防务力量,加强了对边疆各族的管辖,[4] 从而使东北边疆保持了长期的稳定,整体上来说清朝达到了预期目标。

清朝在处理对外关系上较为灵活,并不执着于虚幻的"万邦来朝",最关心的还是"中国安宁"。[5] 因而康熙帝可以待俄国以"客礼",对俄国做出让步。但也应该注意到清朝并没有放弃把俄国纳入朝贡体系之中,康熙三十一年(1692)伊台斯(Избрандт Порецкий)使团出使清朝,这时候由于康熙帝已经在康熙二十九年乌兰布通之战中对噶尔丹进行了有效打击,边疆趋于稳定。[6] 康熙帝对俄国使者的态度发生了转变,谕示:"嗣后察罕汗奏文,先着黑龙江将军开看,若有不合式处,即自边地发回,验明合式,方令入奏……永著为例。"[7] 很明显,清朝在尼布楚谈判时对俄国的"平等"态度并没有延续下来,俄国似乎又重新回到了"属国"的地位。尽管雍正时期清朝对俄国的政策又有反复,但也是源于准噶尔部动乱的再起。不难发现,当边境动乱时,清朝会对俄国做出让步,甚至允许一定程度上的"平等";而当边境趋于稳定之后,清朝又会强调俄国对清朝的从属。乾隆帝完全平定准噶尔之乱后,对俄态度强硬,要求俄国遵守朝贡礼的规范,并销毁了雍正朝两次遣使赴俄报聘的官方记录,掩盖康熙帝

---

1 祁韵士:《皇朝藩部要略》卷10《厄鲁特要略二》,第3—8页。
2 中国第一历史档案馆编:《清代中俄关系档案史料选编》,第1编上册,第135页。
3 同上书,第137—138页。
4 北京师范大学清史研究小组编:《一六八九年的中俄尼布楚条约》,第382—415页。
5 康熙帝曾经说过:"外藩朝贡,虽属盛事,恐传至后世,未必因此,反生事端。总之,中国安宁则外衅不作,故当以培养元气为根本要务耳。"参见《清圣祖实录》卷160,康熙三十二年十月丁酉,第5册,第761页。
6 《清圣祖实录》卷148,康熙二十九年八月己未,第5册,第632—633页。
7 雍正《大清会典》卷222《理藩院·朝贡》第9册,《大清五朝会典》本,北京:线装书局,2007年,第3656—3657页。关于伊台斯使团出使清朝的详细情况可参见伊兹勃兰特·伊台斯、亚当·勃兰德著:《俄国使团使华笔记(1692—1695)》,北京师范学院俄语翻译组译,北京:商务印书馆,1980年。

和雍正帝曾视俄国为敌国，待以"客礼"的事实。[1] 嘉庆帝对于清朝与属国的关系进行了明确定位，与中国交往者必须表明自己的态度，愿意遵守朝贡礼的成为清朝的"朝贡国"；而只愿意与清朝保持通商关系的则是"互市国"。嘉庆十年（1805）俄国政府派遣戈洛夫金（Ю. А. Головкин）使团出使清朝，但是却因为"该国使团不知礼节"，而被拒绝入京。[2] 这表明俄国不愿向清朝称臣，因而双方的关系只能维系在互市层面上，俄国正式成为清朝的"互市国"。

17世纪后期清朝的对俄政策是国内外特殊情况下的产物，并不意味着俄国对朝贡体系的冲击，只是清朝在体系内的妥协；中俄间的平等谈判与签订条约也并不意味着清朝皇帝失去了"天下共主"的地位。[3] 与俄国签订《尼布楚条约》只是"等级制的传统中国外交秩序"中的一个"特例"。

---

[1] 尤淑君：《宾礼到礼宾——外使觐见与晚清涉外体制的变化》，第99页。中国的记载中对于《尼布楚条约》非常模糊，"由于臣等如此宣谕皇上好生德意，遂使费奥多尔·阿列克谢耶维奇等大小俄罗斯人，皆为欣悦诚服，并声称：此言甚是，感念两次解围之鸿恩，将其载入本国史册，刊刻印刷，布告邻国。"参见中国第一历史档案馆编：《清代中俄关系档案史料选编》第1编上册，第123页。

[2] 陈开科对嘉庆十年戈洛夫金使团的出使有非常细致的描述，参见陈开科：《嘉庆十年——失败的俄国使团与失败的中国外交》，北京：社会科学文献出版社，2014年。

[3] 或许正如费正清所言"清朝接受条约的根本原因只是它运用了自古就有的羁縻观念……对中国来说，条约代表着西方的实力至上观念，并未引入西方的法律至上观念。"参见费正清：《中国的世界秩序中的早期条约体系》，费正清编：《中国的世界秩序——传统中国的对外关系》，第280—282页。

"不臣天子":汉晋之际礼制与经典诠释中的王权观念

何繁(新加坡南洋理工大学人文与社会科学学院博士候选人)

内容提要 汉晋之际王权的衰微已成共识。在此观点影响之下,晋王朝只能被动地接受王权衰微的局面,似乎也是必然。相比而言,晋王朝如何应对现状、如何积极地重振王权的层面,被多数研究所忽略。本文将考察自汉初以来"不臣天子"的观念在礼制与经典诠释中的演变,论证"不臣天子"隐含着对王权的巨大挑战。但在两晋王朝礼法制度化与重振王权的努力下,"不臣天子"的观念逐渐失去了合法性。晋王朝通过加强"无不臣妾"的礼法观念,不断试图重振自东汉后期以来衰落的普遍王权观。"不臣天子"观念所隐涉的对王权的挑战与"无不臣妾"所显示的对王权的加强,两观念之间不可避免地存在着冲突。为调和此冲突,两晋之人一方面接受"莫非王臣"的观念,另一方面希望王权允许士人或宗教僧侣在入仕以及礼敬王者有选择的自由。

关键词 不臣 礼法 诠释 王权 不仕

前 言

"不臣天子"在汉晋之际是一个流行的现象。但是这个词语的具体含义却先需要厘清。"天子"当然指的是中国古代政治观念中被普遍接受的正统王朝,比如夏、商、周、秦、汉、魏、晋,这些王朝在建立之初,王朝建立者通过禅让、告天的仪式成为天子。但是"不臣"的含义却具有模糊性。以字面而言,"不臣"指的是某人不向另一人称臣,两者之间没有君臣关系。但是进而言之,不存在君臣关系,则两者之间也就不存在君臣之礼。同时,若"不仕"的目的是对王权的抗议,那么"不仕"很可能隐含"不臣"的意味。事实上,如本文将论述到,在汉晋人的观念中,"不仕"确实有暗示不存在君臣关系的意涵。故"不臣"的意涵可以指礼制上不存在君臣之礼,又可以指政治抗议的"不仕"。因此,本文"不臣天子"的意涵主要指的是个人不臣于天子,尤其是个人与天子之间不存在君臣之"礼",但有时政治抗议的"不仕"与"不臣天子"几乎是相近的意思。

嵇绍(253—304)在其父嵇康(223—263)以"非毁典谟",破坏名教之名为晋室司马昭处死之后,经康友山涛之荐入仕,后在荡阴之战因捍卫晋惠帝而死,其作为"忠君"的典范,自唐以来即深入人心。[1]但值得注意的是,与嵇绍同时代的士人却对其父死"仕晋"的行为持批评态度。郭象(约252—312)与郗鉴(269—339)二人对之曾有如下议论:

> 河南郭象著文称"嵇绍父死在非罪,曾无耿介,贪位,死阇主,义不足多"。(郭象)曾以问郗公,曰:"王裒之父亦非罪死。裒犹辞征,绍不辞用。谁为多少?"郗公曰:"王胜于嵇。"或曰:"魏晋所杀,子皆仕宦,何以无非也?"(郗鉴)答曰:"殛鲧兴禹,禹不辞兴者,以鲧犯罪也。若以时君所杀为当耶,则同于禹;以不当耶,则同于嵇。"[2]

郭象乃魏晋玄学的代表人物,郗鉴在东晋政治史有举足轻重的地位[3],二人各自在两晋间的思想与政治界都拥有相当的影响力。但值得注意的是,两人对嵇绍仕晋的行为都持否定的看法,而对王裒持赞赏的态度。那么王裒的行迹有何称道之处?《晋书》对其有描述:

> (王裒)父仪,高亮雅直,为文帝(司马昭)司马。东关之役,帝

---

[1] 唐朝官修《晋书》有"忠义"列传,嵇绍列"忠义"列传之首,亦可见其为唐朝官方之尊崇。见房玄龄等撰《晋书》,中华书局,1996年,第2298—2301页。文天祥在《正气歌》咏到"时穷节乃见,一一垂丹青",嵇绍"为嵇侍中血",作为气节的典范也为所歌咏。

[2] 李昉:《太平御览》,中华书局,1960年,第2048页。为了使意思显豁,本文所有引文中的括号及括号中的文字均为笔者所加。

[3] 郗鉴尝言"忠臣正士志存报国",《晋书》,第1799页;田余庆认为郗鉴在东晋门阀政治中平衡士族之间的关系,稳定政权,且在京口多年经营北府兵,为谢玄之成功打下坚实基础,参见氏著:《东晋门阀政治》,北京大学出版社,1989年,第39—105页。

问于众曰:"近日之事,谁任其咎?"仪对曰:"责在元帅。"帝怒曰:"司马欲委罪于孤邪!"遂引出斩之。裒……痛父非命,未尝西向而坐,示不臣朝廷也。于是隐居教授,三征七辟皆不就。[1]

王裒的父亲王仪与嵇绍之父嵇康皆因得罪晋室而被杀。与嵇绍仕晋不同的是,王裒不仅不仕,且通过不遵礼仪显示不臣晋室。魏晋之间,政变频仍,与王裒、嵇绍同遭相似命运的还有诸葛靓,可作对比:

（诸葛诞之子靓）后入晋,除大司马,召不起。（靓）以与晋室有雠,常背洛水而坐。与武帝有旧,帝欲见之而无由,乃请诸葛妃呼靓。既来,帝就太妃间相见。礼毕,酒酣,帝曰:"卿故复忆竹马之好不?"靓曰:"臣不能吞炭漆身,今日复睹圣颜。"因涕泗百行。帝于是惭悔而出。[2]

靓父诸葛诞因拥护曹魏,起兵反抗晋室而死,靓因此与"晋室有雠",背洛水而坐,其姿态很明显与王裒"未尝西向而座"相似,示"不臣晋室"。王裒、嵇绍与诸葛靓之父皆为晋室所杀,嵇绍选择入仕臣于晋室,而王裒与诸葛靓不仅选择"不仕"而且在礼仪上也选择"不臣"。由裒与靓二人所公开展示的"不臣晋室"的行为,以及郭象与郗鉴对王裒"不仕"的推赏,很明显可以看到,即使作为正统王权象征的晋室,士人可以通过政治抗议的"不仕"来展示"不臣","不臣"的观念在魏晋士人中颇具有影响力。这一现象当牵涉到汉晋间社会与政治的因素。具体而言,因父死非罪而与王室有雠,进而不臣的现象,其背后当有魏晋孝先于忠的社会观念的支持;[3] 同时,汉晋以来"二重的君臣观念"盛行,王室与地方府君在政治方面形成二元的权威,士人在王室与府君之间,可以选择其中之一作为效忠的对象,建立君臣关系;此关系在一方建立,即没有必要对另一方效忠,比如:与地方府君建立君臣关系,在中央朝廷与府君发生冲突时,效忠的对象应是府君而不是中央的朝廷。在此观念下,王室所拥有的对士人的精神权威以及所实际掌握的政治权力,与作为地方政权的府君没有甚大的

---

1 《晋书》,第 2277—2278 页。
2 杨勇:《世说新语校笺》,中华书局,2003 年,第 269 页。
3 对于魏晋忠孝观念的研究,可参见唐长孺:《魏晋南朝的君父先后论》,《魏晋南北朝史论拾遗》,中华书局,1983 年,第 233—248 页;林丽真:《论魏晋的孝道观念及其与政治、哲学、宗教的关系》,《台大文史哲学报》1993 年第 40 期。

差异。[1] 无论是从社会，还是政治的角度，论述君臣关系的论文已不胜枚举，但是从礼制与经典诠释的角度论述"不臣天子"观念的文章尚属寥寥。具体而言，"不臣天子"只是汉晋之际"孝先思忠"与"二重的君臣观念"激荡产生的特殊时代观念，还是在礼制与经典诠释中早已形成？"不臣天子"所隐含的对王权观念的挑战，必然造成"不臣天子"的士人与中央王权之间一定的张力。那么，面对此张力，汉晋之际的王权与士民又是如何应对的呢？

本文分成两部分。一二节论述礼仪上的"不臣天子"虽获得东汉官方经学的承认，但是不同的经典对"不臣天子"者的身份持有不同的观点；且到魏晋之际，王权对"不臣"者越趋难以容忍。三四节论述魏晋王权通过礼法的制度化，提出"无不臣妾"的观念，使"不臣天子"完全失去了合法性；以此，两晋之人唯有在接受"莫非王臣"的基础上，希望王权对个人的"不仕"与"隐遁"以及沙门不敬王者能够容忍之。

一 礼制与经典中的"不臣天子"

本节首先将追溯"不臣天子"的思想脉络。"莫非王臣"作为与"不臣天子"对立的观念颇有助于此种追溯。一般认为，自周代以来"普天之下，莫非王土；率土之滨，莫非王臣"的政治理想在汉朝大一统的政权下已为普遍接受，[2] 但汉朝建立的普遍王权观在东汉后期桓帝时已经开始没落。[3] 然而细究之，"莫非王臣"作为政治理想是否在先秦即成共识，此大为可疑。此语最初来自于《孟子》：

---

1 渡边信一郎对中古的"君臣关系"有整合的论述，参阅徐冲：《"汉魏革命"再研究：君臣关系与历史书写》，博士学位论文，北京大学历史系，2008 年，第 5—10 页，文中对川胜义雄、越智重明以及渡边信一郎等学者的研究有精要的评述。甘怀真亦对"二重的君臣关系"有整合的论述，详见甘怀真：《皇权、礼仪与经典诠释——中国古代政治史研究》，台北：台大出版中心，2004 年。
2 王先谦：《诗三家义集疏》，中华书局，1987 年，第 739 页。
3 代表例子即为汉阴老人根本不承认和桓帝有任何的"君臣之义"，关于东汉君臣观念转变的讨论，参见余英时《名教危机与魏晋士风的演变》，《中国古代知识阶层史论》，台北：联经出版公司，1980 年，第 333—334 页。对汉朝普遍王权衰落的讨论，参见王心扬：《家与国的抉择——东晋士人对忠君观念的提倡》，《台大历史学报》第 39 卷，2007 年 6 月。

咸丘蒙曰:"舜之不臣尧,则吾既得闻命矣。诗云:'普天之下,莫非王土;率土之滨,莫非王臣。'而舜既为天子矣,敢问瞽瞍之非臣,如何?"曰:"是诗也,非是之谓也,劳于王事而不得养父母也。曰:'此莫非王事,我独贤劳也。'故说诗者,不以文害辞,不以辞害志;以意逆志,是为得之。如以辞而已矣,《云汉》之《诗》曰:'周余黎民,靡有孑遗。'信斯言也,是周无遗民也。孝子之至,莫大乎尊亲;尊亲之至,莫大乎以天下养。为天子父,尊之至也;以天下养,养之至也。《诗》曰:'永言孝思,孝思维则。'此之谓也。《书》曰:'祗载见瞽瞍,夔夔斋栗,瞽瞍亦允若。'是为父不得而子也。"[1]

孟子以为此诗之意是皆为王臣,何为自己独自多劳,因而不得养父母,"莫非王臣"并非实指全天下之人皆为王臣,故不得"以辞害志""以意逆志"方为得之。"莫非王臣"所涉及的天下皆臣的观念,在孟子看来并非实情。但是咸丘蒙对孟子有"莫非王臣"的疑问,或可说明此观念在孟子时代已经出现,并为一部分人所认可。但是,"莫非王臣"的观念至少在西汉初年即受到"不臣天子"观念的挑战。鲍焦的寓言可作证明:

(鲍焦)周时隐者也。饰行非世,廉洁而守,荷担采樵,拾橡充食,故无子胤,不臣天子,不友诸侯。子贡遇之,谓之曰:"吾闻非其政者不履其地,污其君者不受其利。今子履其地,食其利,其可乎?"鲍焦曰:"吾闻廉士重进而轻退,贤人易愧而轻死。"遂抱木立枯焉。[2]

鲍焦与子贡是否真正有过如上对话,暂且不论,但成书于西汉初年的《韩诗外传》有此记载,显示出西汉初期即存在"不臣天子"的观念。值得注意的是,"不臣天子"的现象在汉代的礼制中得到印证。班固在《汉书·刑法志》中对"不臣"的类别有所罗列。"不臣"者有"前代之后"与"后父":

师古曰:"前代之后,王所不臣者也。自五听以下至此,皆小司寇所职也。"[3]

---

[1] 焦循:《孟子正义》,中华书局,1987年,第637—638页。
[2] 司马迁:《史记》,中华书局,1959年,第2461页。
[3] 班固:《汉书》,中华书局,1962年,第1107页。

> 古者天子封后父百里，尊而不臣，以重宗庙，孝之至也。[1]

此外，"异俗"亦被包括入"不臣"，《后汉书》记载：

> （顺帝时议增蛮夷租赋），尚书令虞诩独奏曰："自古圣王不臣异俗，非德不能及，威不能加，知其兽心贪婪，难率以礼。"[2]

诸种"不臣天子"的分类亦在东汉章帝亲临裁决的《白虎通》中获得正统经义的支持。《白虎通》"王者不臣"包含"二王之后，妻之父母，夷狄"三类，"暂不臣者"有"祭尸，授受之师，将帅用兵，三老，五更"五类，此外诸侯为"不纯臣"，诸父兄弟为"不臣"。[3]《白虎通》乃东汉朝廷集朝廷官员与儒生共同商议经义，而最后经汉章帝亲自决议而成书，其代表汉朝官方之观点无疑。而班固正是负责编写《白虎通》者。且从以上所引《汉书》与《白虎通》正可见东汉朝廷一致之观点，即对于特定类别之人，礼仪上可以"不臣天子"。东汉后期的赵岐在《孟子》"《云汉》之诗曰'周余黎民，靡有孑遗'信斯言也，是周无遗民也"注："王者有所不臣，不可谓皆为王臣。"[4]此"有所不臣"的观点也正是印证《白虎通》以来汉朝官方观点。

以上诸种"不臣天子"指的是礼仪上的不臣，受到东汉官方的承认。值得注意的是，汉晋之际，"不臣天子"现象多为另外两类群体所体现：儒者与逸民。此现象可追溯至两汉之交，隗嚣出令宣称杜林"天子所不能臣，诸侯所不能友"；[5]东汉建国，王霸"征到尚书，拜称名，不称臣。有司问其故。霸曰'天子有所不臣，诸侯有所不友'"；[6]范升奏毁周党"陛见帝廷，不以礼屈，伏而不谒"，但光武帝并不之责，反下诏书褒奖云："自古明王圣主必有不宾之士。伯

---

1 《汉书》，第4052页。
2 范晔：《后汉书》，中华书局，1965年，第2833页。"不臣异俗"乃沿袭周初以来的传统，传说越裳国献白雉，周公拒绝，曰："政不施焉，则君子不臣其人。"见《后汉书》，第2835页。《后汉书》的"不臣异俗"至少可以追溯到刘向的《说苑》，其中有类似记载，见刘向，《说苑校正》，中华书局，1987年，第457—458页。《白虎通》的观点乃两汉今文经学的代表，而刘向所学亦为今文经学。可见从礼制上承认部分人"不臣天子"的观点得到两汉今文经学的支持。
3 陈立：《白虎通疏证》，中华书局，1994年，第316—323页。
4 《孟子正义》，第638页。
5 《后汉书》，第935—936页。
6 同上书，第2762页。

夷、叔齐不食周粟，太原周党不受朕禄，亦各有志焉。其赐帛四十匹。"[1] 可见，儒者与逸民[2]"不臣天子"现象至少在东汉初年即为常见，而发展到东汉晚期桓帝时，汉阴老人甚至明确地不承认与桓帝有任何的君臣之义。[3] 且"汉阴老人"之称与"楚狂接舆""商山四皓"相似，似乎正暗示其隐逸身份。

东汉后期"不臣天子"现象更为普遍。郭林宗一生布衣，教授弟子，名震天下，范滂赞为"隐不违亲，贞不绝俗，天子不得臣，诸侯不得友"。[4] 郭林宗布衣教授，正为儒者与遗民之结合。且儒者"不臣天子"之义有《礼记·儒行篇》"儒有上不臣天子，下不友诸侯"之经义支持。[5]《儒行篇》之内容乃孔子陈述儒者应具备之品德行为，"不臣天子"在儒家观念中乃为儒者之"规"。[6] 汉晋之际士的个体自觉，清议品鉴之风大盛，[7] 范滂所谓的"天子不臣"很可能为人伦品鉴的最高评价。汉灵帝欲拜姜肱为太中大夫，肱不为之屈，灵帝最终手笔下诏称，"肱抗凌云之志，养浩然之气，以朕德薄，未肯降志。昔许由不屈，王道为化。夷、齐不挠，周德不亏。州郡以礼优顺，勿失其意。"[8] 姜肱志情为世尊崇如此。郑玄在《礼记》"虽分国，如锱铢，不臣不仕"注云，"君分国以禄之，视之轻如锱铢矣"[9]，实为东汉后期"不臣天子"的真实写照。

逸民与儒者的"不臣天子"在东汉中后期可以理解为一种高尚的个人品德与行为。但值得注意的是，在《礼记》中儒者被认为是可以"不臣天子"，而

---

1 《后汉书》，第 2762 页。
2 王霸与严光在《后汉书·逸民传》，杜林为时人称为"通儒"。儒者与逸民群体之划分并非决然不同，儒者不仕亦可在逸民群体，同样逸民通经义者亦可为儒者。为论述之方便，下文逸民与儒者多交互称，不必确指。
3 《后汉书》，第 2775 页。
4 《后汉书》，第 2225—2227 页。此评价在黄琼任司徒与灵帝即位建宁元年之间。黄琼任司徒在桓帝永兴元年十月与二年九月之间。故必在桓帝时无疑，与"汉阴老人""不臣天子"同时。
5 孙希旦：《礼记集解》，中华书局，1989 年，第 1407 页。《孟子》中咸丘蒙称"语云'盛德之士，君不得而臣'"，可证孟子时存在"盛德之士，君不得而臣"的观念无疑。此可与《礼记》之"儒有上不臣天子"相参证，且可进一步推论盛德的儒，即可以"不得而臣"（《孟子正义》，第 633—637 页）。
6 宋代的吕大临认为此篇有"夸大胜人之气"，怀疑乃末世儒者自尊其教，托孔子言之。今人王锷通过考证，认为此篇成于春秋末，战国初期，见王锷：《〈礼记〉成书考》，中华书局，2007 年，第 48—52 页。
7 郭林宗即为此现象之嚆矢，对此详细的论述，参见余英时：《汉晋之际士之新自觉与新思潮》，《中国知识阶层史论》，第 236—242 页。
8 《后汉书》，第 1750 页。
9 《礼记集解》，第 1407 页。

《白虎通》并没有把"儒者"列入"不臣"的类别之中。换言之,《礼记》虽在光武之时即列入学官[1],但是在章帝时,集朝廷与士人共同商议而成的《白虎通》并没有接纳《礼记》中儒者"不臣天子"之说。儒者之"不臣天子"没有得到东汉官方的直接承认,然而《礼记》作为官方经典却提倡儒者"不臣天子"。此经义的矛盾必然在现实中呈现,即:儒者不臣天子,虽没有得到东汉官方的直接承认,但是在东汉中后期,存在越来越多相关的例子。"不臣天子"隐含的对天子权威的挑战,王权势必也将难以容忍"不臣者"。"不臣天子"与王权的紧张,从东汉初年即开始呈现(如上文中,范升奏毁周党对光武"不以礼屈")。但是二者之对立在思想史中可以溯及更早。

二 "不臣天子"与王权之间

"不臣天子"与王权的对立,最早可见于《韩非子》:

> 太公望东封于齐,齐东海上有居士曰狂矞、华士,昆弟二人者立议曰:"吾不臣天子,不友诸侯,耕作而食之,掘井而饮之,吾无求于人也。无上之名,无君之禄,不事仕而事力。"太公望至于营丘,使吏执杀之以为首诛。周公旦从鲁闻之,发急传而问之曰:"夫二子,贤者也。今日飨国而杀贤者,何也?"太公望曰:"是昆弟二人立议曰:'吾不臣天子,不友诸侯,耕作而食之,掘井而饮之,吾无求于人也,无上之名,无君之禄,不事仕而事力。'彼不臣天子者,是望不得而臣也。不友诸侯者,是望不得而使也。耕作而食之,掘井而饮之,无求于人者,是望不得以赏罚劝禁也。且无上名,虽知,不为望用;不仰君禄,虽贤,不为望功。不仕则不治,不任则不忠。且先王之所以使其臣民者,非爵禄则刑罚也。今四者不足以使之,则望当谁为君乎?"[2]

---

[1] 《儒林传》云:"(光武时),于是立五经博士,各以家法教授,《易》有施、孟、梁丘、京氏;《尚书》,欧阳,大、小夏侯;《诗》,齐、鲁、韩;《礼》,大、小戴;《春秋》,严、颜,凡十四博士。"见《后汉书》,第2545页。
[2] 王先慎:《韩非子集解》,中华书局,1998年,第315页。

狂矞、华士隐逸"不仕",此处很难判断二人"不仕"的行为本身是否带有政治挑战的意味,但二人立议称"不臣天子",构成对政治权威的直接挑战。这在韩非的思想中难以容忍。此事的真实性暂且不论,但所提倡的严诛"不臣天子"者的政治观念,正显示韩非对君主权威的绝对尊崇。韩非的思想颇为西汉早期的政治人物所接受[1],而西汉中叶董仲舒提倡"唯天子受命于天,天下受命于天子"的绝对君权观亦正与韩非此观点相照应。[2] 东汉以后儒学益昌,在此背景下韩非思想多受批评[3],对于"太公望诛狂矞、华士"的传说,王充(27—97)的看法与韩非相反:

> 凡人禀性也,清浊贪廉,各有操行,犹草木异质,不可复变易也。狂谲、华士不仕于齐……性行清廉,不贪富贵,非时疾世,义不苟仕……太公诛二子,使齐有二子之类,必不为二子见诛之故,不清其身;使无二子之类,虽养之,终无其化……太公不诛二子,齐国亦皆不仕。何则?清廉之行,人所不能为也。夫人所不能为,养使为之,不能使劝;人所能为,诛以禁之,不能使止。然则太公诛二子,无益于化,空杀无辜之民。赏无功,杀无辜,韩子所非也。太公杀无辜,韩子是之,以(是)韩子之术杀无辜也。[4]

王充强调二人的行为是"不仕",而避免讨论韩非所强调的二人"不臣天子"对权威直接造成的挑战。很明显,王充欲以"不仕"来淡化"不臣天子"所导致的与王权的直接冲突。王充东汉早期人,此观点正与此时期官方优礼逸民之风相应。[5]

尽管如此,"不臣天子"与王权之间的紧张始终无法消除。处士王霸因为礼仪上"拜称名,不称臣",当司徒侯霸欲让位于王霸,阎阳毁王霸为"太原俗

---

1 韩非的思想颇盛行于汉初,如:武帝以前官吏多有治"韩非者",而宣帝直接称汉家制度"本以霸王道杂之"。
2 苏舆:《春秋繁露义证》,中华书局,1992年,第319页。
3 光武时冯衍在《显志赋》中云"燔商鞅之法术兮,烧韩非之说论"(《后汉书》,第994页);桓帝时刘陶亦作有《反韩非》(《后汉书》,第1851页)。
4 黄晖:《论衡校释》,中华书局,1990年,第438—439页。
5 可参考隗嚣与光武优礼杜林与周党。《论衡》大为流传于汉末,其以"不仕"而调和逸民"不臣天子"的观点也易为汉末士人接受(《后汉书》,第1629页)。

党",王霸终以病归。[1] 且当普遍王权观衰落之时[2],"不臣天子"与王权的冲突反有愈演激烈之势,魏时,钟会(225—264)奏论嵇康:

> 康上不臣天子,下不事王侯,轻时傲世,不为物用,无益于今,有败于俗。昔太公诛华士,孔子戮少正卯,以其负才乱群惑众也。今不诛康,无以清洁王道。[3]

钟会以"不臣天子"为嵇康一大罪状,最终置其于死地。值得注意的是,钟会援引的例子正是太公望诛华士的传说。很明显,王充在"不臣天子"与王权之间所作的调适,此时被钟会发展到极致:不臣天子者当诛。换言之,钟会不仅不承认"不臣天子"的观念,更且不容忍任何"不臣"的行为对王权的挑战。吊诡的是,魏晋之间,一方面士人对"不臣天子"者极为推许(如王衷与诸葛靓),另一方面,朝政官方对"不臣天子"的容忍越来越低。"不臣天子"与王权的对立呈现表面化。魏晋王权对"不臣天子"的不容忍,在礼法的制度化进程中可以得到印证,而方式即是提出"无不臣妾"的观点。

三 从"不臣天子"到"无不臣妾"

"不臣天子"与王权在东汉即存在张力,但是东汉政府通过《白虎通》不仅承认某类人可以"不臣",且对礼仪规定之外的"不臣天子"的行为(如儒士与逸民)也优容之。而至魏晋,礼制上的"不臣天子"完全为王权所否定(下文将细考之)。其原因当与魏晋之际礼法的制度化有关。[4] 撰成于晋武帝泰始四年

---

1 王霸事例见《后汉书》,第 2763 页。在同处注引《汉书》云"太原多晋公族子孙,以诈力相倾,矜夸功名",阎阳似乎认为王霸"不臣天子"为"矜夸功名"。
2 从淮阴老人、嵇康对天子的职分发生根本的怀疑,发展到阮籍、鲍敬言无君之论,可见汉末到西晋一百余年,名教中的君臣一伦已根本动摇,详细讨论见余英时:《名教危机与魏晋士风的演变》,《中国知识阶层史论》,第 334—336 页。
3 杨勇:《世说新语校笺》,第 315 页。
4 梁满仓认为,魏晋之际五礼制度化,其原因即为儒家内部古文经学取代今文经学而流行。见梁满仓:《论魏晋南北朝时期的五礼制度化》,《中国史研究》2001 年第 4 期。换言之,东汉今文经学的官方权威《白虎通》在魏晋的学术与社会的影响已经式微。那么,就礼制上的"不臣天子"而言,《白虎通》的看法势必受到魏晋礼法观点的挑战(下文即将论述)。且下文所讨论的泰和、咸宁与咸康之礼,正是魏晋礼法制度化的关键阶段。

（268）的晋礼，其中有关君臣礼仪的具体内容已不可考[1]，但从后来东晋王彪之（305—377）讨论"纳后"的礼仪，其中所称引的内容可推知一二：

> （东晋）穆帝升平元年（357），将纳皇后何氏。太常王彪之大引经传及诸故事以定其礼，深非《公羊》婚礼不称主人之义。又曰："王者之于四海，无不臣妾，虽复父兄之亲，师友之贤，皆纯臣也。夫崇三纲之始，以定乾坤之仪，安有天父之尊，而称臣下之命以纳伉俪。安有臣下之卑，而称天父之名以行大礼⋯考大晋已行之事，咸宁（晋武帝年号，275—280）故事不称父兄师友，则咸康（晋成帝年号，335—342）华恒所上礼合于旧。臣愚谓今纳后仪制，宜一依咸康故事。"于是从之。华恒所定之礼，依汉旧及晋已行之制，故彪之多从咸康。[2]

王彪之对于纳后礼仪，所关注的核心在于"王者是否有所不臣"。如前面所论述，《白虎通》肯定"妻之父母"为王者不臣，但王彪之认为"妻之父母"亦应臣于王者。其理由在于"王者之于四海，无不臣妾，虽复父兄之亲，师友之贤，皆纯臣"；"父兄"与"师友"在《白虎通》中分别列入"不臣"与"暂不臣"类，但在王彪之观念中皆为"纯臣"，且进而认为"王者无不臣妾"。可见此观念与《白虎通》所划分的"王者不臣"的差别非常显著。王彪之的礼法建议最终为东晋朝廷采纳。那么同样地，"王者无不臣妾"的观点为东晋官方所接受无疑。此外，王彪之"多从"咸康（东晋成帝）华恒所定之礼，且"不称父兄师友"的仪制在咸宁年间即成故事。那么，虽不能认为咸康与咸宁采取的纳后仪制与王彪之同样基于"王者无不臣妾"的观念，但王彪之的观念承咸宁、咸康仪制演变的脉络甚为明显。随着魏晋以来礼法的制度化，东汉官方所划分的诸类"不臣""不纯臣"的合法性已不复存在。"无不臣妾"的礼制观点到东晋中期已成官方定论。

此外需要注意的是，礼制上的"不臣"虽在《白虎通》中被承认，但是宋意在《白虎通》成书后[3]上疏称《春秋》之义，诸父昆弟无所不臣，所以尊尊卑

1　"（泰始）四年（268），丙戌，律令成。"（《晋书》，第56页）
2　《晋书》，第666页。
3　宋意上疏在汉章帝建初中，乃主要针对章帝待诸父昆弟过礼，认为"西平王羡等六王皆妻子成家，官属备具，当早就藩国"（《后汉书》，第1414—1415页）；而西平王羡曾参与白虎殿讲议（建初四年），且其徙封为西平王在建初七年，由宋意疏中称"西平王"，知其上疏当在《白虎通》成书之后（《后汉书》，第1667—1668页）。

卑，强干弱枝者也"。[1] 其中"诸父昆弟无所不臣"的依据来自《春秋》，而明显与《白虎通》"不臣诸父兄弟"相对立。可见礼制上"臣"与"不臣"的争论早已在东汉初期政治思想中即埋下了伏笔。[2]

四 调和："不臣天子"与"无不臣妾"

我们知道，中古君臣关系的缔结必须通过一定的仪式，即策名委贽。就国家制度而言，只有通过严格的称臣仪式，才算是天子之臣。[3] 东汉初年的王霸以"天子有所不臣"之由，"拜称名，不称臣"；周党"陛见帝廷，不以礼屈，伏而不谒"；皆可看出"臣于天子"应具有一定的礼仪。以此观照，王衷的"未尝向西而坐"与诸葛靓的"常背洛水而坐"即含有不行君臣之礼的表示。由此而言，王衷与诸葛靓的行为使"不臣天子"带有强烈的政治抗议的色彩。那么，晋室强化"无不臣妾"的礼制努力与以上诸种"不臣天子"的行为之间，所形成的张力非常紧张。

在"不仕"的政治抗议与"无不臣妾"的礼法观念相对立的两极之间，两晋之人不得不对之进行调和（如王充所作），以缓和"不臣"以及"不仕"所暗含的对王权的挑战，进而避免遭受到悲剧性结局。调和"不臣天子"与王权者，除王充之外，参与制作泰和晋礼的庾峻（？—273）也为代表。[4] 庾峻避免论及"不臣"，以"不仕"代替之，进而从风俗教化的角度肯定"不仕"者对社会的积极意义：

---

1 《后汉书》，第1415页。
2 在此需要注意的是，宋意指出《春秋》与《白虎通》对于"诸父昆弟无所不臣"的看法不同。有趣的是，《礼记》同样地与《白虎通》关于"儒者"是否"不臣天子"也有不同的观点。此原因或在于《白虎通》乃结合朝廷官员、不同派别的儒生的意见综合而成，代表的是东汉官方的意见。但是《春秋》与《礼记》作为经典被纳入学官，那么对于东汉政府而言，《白虎通》体现的是官方的正统意见，但是对于其他经典中与《白虎通》抵牾的观点，却持缄默的态度，并没有完全斥绝之。
3 甘怀真：《中国中古时期的"国家"形态》，《皇权、礼仪与经典诠释》，台北：台大出版，2004年，第110—114页。
4 "晋国建，文帝又命荀颉因魏代前事，撰为新礼，参考今古，更其节文，羊祜、任恺、庾峻、应贞并共刊定，成百六十五篇，奏之。"(《晋书》，第581页）

斯山林之士、避宠之臣所以为美也，先王嘉之。节虽离世，而德合于主；行虽诡朝，而功同于政。故大者有玉帛之命，其次有几杖之礼，以厚德载物，出处有地。既廊庙多贤才，而野人亦不失为君子，此先王之弘也。秦塞斯路，利出一官。虽有处士之名，而无爵列于朝者，商君谓之六蝨，韩非谓之五蠹。时不知德，惟爵是闻。故间阎以公乘侮其乡人，郎中以上爵傲其父兄。汉祖反之，大畅斯否。任萧、曹以天下，重四皓于南山。以张良之勋，而班在叔孙之后；盖公之贱，而曹相咨之以政。帝王贵德于上，俗亦反本于下。故田叔等十人，汉廷臣无能出其右者，而未尝干禄于时。以释之之贵，结王生之袜于朝，而其名愈重。自非主臣尚德兼爱，孰能通天下之志，如此其大者乎！[1]

很明显，庾峻沿袭王充的做法，淡化"不仕"可能涵摄的"不臣"的色彩，认为山林之士为避宠之"臣"，非为"不臣天子"之辈。但从其反对韩非"五蠹"之说可以推断，庾峻应当认为，即使被韩非斥责的狂矞、华士之流，亦有存在的价值。可见庾峻一方面参与魏晋的礼法制度化，加强王权的礼法权威，另一方面也为"不仕"者辩护。这也是间接地为政治抗议的"不仕"者（如当时的王裒之辈）提供支持。与庾峻类似的调和在东晋道教学者葛洪（284—363）的《抱朴子》中亦得到体现：

仕人曰："昔狂矞、华士义不事上，隐于海隅，而太公诛之。吾子沈遁，不亦危乎？"逸民曰："吕尚长于用兵，短于为国，不能仪玄黄以覆载，拟海岳以博纳，褒贤贵德，乐育人才；而甘于刑杀，不修仁义，故其劫杀之祸，萌于始封，周公闻之，知其无国也。"[2]

仕人又曰："隐遁之士，则为不臣，亦岂宜居君之地，食君谷乎？"逸民曰："何谓其然乎！昔颜回死，鲁定公将躬吊焉，使人访仲尼。仲尼曰：'凡在邦内，皆臣也。'定公乃升自东阶，行君礼焉。由此论之，'率土之滨，莫匪王臣'可知也。在朝者陈力以秉庶事，山林者修德以厉贪浊，殊途同归，俱人臣也。王者无外，天下为家，日月所照，雨露

---

[1] 《晋书》，第1392—1393页。
[2] 杨明照：《抱朴子外篇校笺》上册，中华书局，1991年，第68页。

所及，皆其境也。安得悬虚空，餐咀流霞，而使之不居乎地，不食乎谷哉？"[1]

面对"隐遁之士，则为不臣"的质疑，葛洪首先肯定"率土之滨，莫匪王臣"的普遍王权观，即全天下之人，无论隐逸还是入仕，皆为王之"臣"。具体言之，狂矞、华士二人虽隐逸不仕，但并不是不臣天子，而太公诛杀之，太公此行乃为"不修仁义"。很显然，葛洪采取的是与王充、庾峻一致的策略，以"不仕"取代"不臣"，以消解"不臣"所隐含的对王权的挑战，进而为不依附于王权的"不仕"者争取到王权的容忍。且从葛洪的论述中可见，"莫匪（非）王臣"的普遍王权观已成为仕人与逸民双方辩论的共识。换言之，迟至东晋中期，无论从官方的礼法观念，还是从社会共识言之，"不臣天子"已完全失去了合法性。[2]

此外，值得注意的是，葛洪作为道教学者，其对隐遁之士的辩护，或可看作道教对王权的回应，即：隐遁修行的道人属于世俗的王权之臣。与此脉络相同的是，佛教自东晋中后期也与王权产生了沙门是否礼敬王者的争论。[3]慧远（334—416）对之回应可为代表：

> 在家奉法，则是顺化之民。情未变俗，迹同方内。故有天属之爱，奉主之礼。礼敬有本，遂因之而成教。[4]

> 出家则是方外之宾，迹绝于物。其为教也，达患累缘于有身，不存身以息患；知生生由于禀化，不顺化以求宗。[5]

1　《抱朴子外篇校笺》上册，第100—101页。
2　葛洪所持"莫非王臣"的观点，与王彪之（305—377）于东晋穆帝升平元年（357）提出的"无不臣妾"的礼法观念相合，二人所处的时代也甚相近。
3　东晋咸康六年（340），大臣庾冰即提出礼仪上，沙门应礼敬王者。见僧肇编撰：《弘明集》，中华书局，2011年，第310页。到晋末安帝元兴中（401—403之间），桓玄亦认为沙门应敬王者。此时间据汤用彤：《汉魏两晋南北朝佛教史》（北京大学出版社，2011年，第190页）所列慧远的年历推断。沙门不敬王者乃基于沙门独立于世俗王权的认识。这种认识与早期佛教的印度传统有关。在印度社会中，婆罗门作为祭司阶层独立于刹帝利（君主与贵族）。而早期佛教正是受到此传统的影响，认为佛教的僧团及其成员的身份应该超越一般的世俗人士（包括婆罗门与刹帝利在内）。而这一思想随着佛法的东传进入中国。这也是沙门不敬王者的由来。详细的研究参见康乐：《天子与转轮王——中国中古"王权观"演变的一些个案》，林富士主编：《中国史新论——宗教分册》，台北：联经出版公司，2010年，第174—181页。
4　《弘明集》，第319页。
5　同上书，第321页。

>   "达患累缘于有身,不存身以息患。知生生由于禀化,不顺化以求宗。"义存于此。义存于此,斯沙门之所以抗礼万乘,高尚其事,不爵王侯,而沾其惠者也。[1]

慧远认为沙门不需礼敬王者。世上有方内之民与方外之宾。礼敬王者的属于方内之民,而沙门属于方外之宾。那么,慧远同样承认"莫非王臣"的观念,但是"莫非王臣"的王权观念是针对于方内的天下之民而言,而非适用于方外之宾的沙门。很显然,佛教发展到此时与世俗的王权观形成矛盾。魏晋以来"莫非王臣"的观念在政治层面几乎形成共识,面对此局面,佛教徒一方面承认世俗的"莫非王臣",另一方面为了自身超越于政治与王权,不得不以佛教修行为方外之宾进行辩护。但是,这种为方外之宾的辩护是软弱无力的,因为这种辩护的基础还是承认世俗王权。沙门的现实存在离不开社会,也不可能否定王权。而王权却可以通过世俗的权力否定沙门"不敬王者"的权利。南朝以后的历史正彰示,佛教地位的升降与命运端赖于世俗王权对佛教的态度。[2]换言之,中古时期的王权观(政治)始终没有脱离优于宗教(如佛教、道教)的观念。[3]

结　论

如所周知,从东汉末年到西晋,普遍王权的观念在不断地衰落,孝先于忠、二重的君臣观念在士人与社会中广泛盛行。在此政治与思想脉络下,"不臣天子"的观念受到同情与认同,似乎是一种必然。"不臣天子"的行为,似乎也因为不断衰落的普遍王权观,并不必然会面临政治的风险与压力。

1　《弘明集》,第324页。
2　比如从南北朝到唐朝著名的"三武灭佛",可谓佛教受到世俗政权压制的灾厄;而佛教也受到世俗王权的庇护,如南朝梁武帝本身即是佛教徒,积极推扬佛教。尤值得注意的是,隋文帝杨坚利用佛教谶语,武则天利用"转轮王即佛"的观念来使他们称帝得到佛教的认同与支持,同时以此作为世俗王权宗教化的手段,最终使王权取得完全压倒宗教的权力。参见康乐:《天子与转轮王——中国中古"王权观"演变的一些个案》,第200—215页。
3　此言得自于康乐颇具洞察力的观察,"在中国早期及中古时期,(传统的王权观)其核心仍未脱离'祭政合一'或'王权'(政治)优于一切(包括宗教)的观念。"参康乐:《天子与转轮王——中国中古"王权观"演变的一些个案》,第216页。

但是从礼制方面言之，在东汉归为可以"不臣天子"的"父兄""师友"诸类到两晋皆失去了"不臣"的合法性。面对不断衰落的王权观，两晋王朝通过礼法的制度化，从礼制方面强化普天之下"无不臣妾"的观念，企图重振失落的王权观。在此背景下，士人行为的"不臣天子"与官方礼法"无不臣妾"的观念形成很强的张力。如本文开始所举王裒与诸葛靓"不臣晋室"的例子，二人的行为虽为时人称许且得到当政者的含容，但是"不臣晋室"并不必然意味着这种行为不会面临严重的政治风险。王裒与诸葛靓之后，已经很难见到如此明显的"不臣天子"的行为。"不臣"不仅失去了政治的合法性，且更为后来的论者所讳言。无论是礼法名臣（庾峻），还是佛道（葛洪与慧远）中人，都是基于"莫非王臣"的认识，而为当世的遁世者或者自我的社会身份期求王权给予承认而已。

此外，汉晋之际一直被认为是一个王权不断瓦解的时代。本文希望呈现出，汉晋之际的王权通过礼法的制度化（加强"无不臣妾"的观念），一直在积极地做着重振王权的努力；[1] 同时，两晋士人又是如何在"不臣天子"与"莫非王臣"之间进行调和。汉晋之际不同阶层之人对"王权"认知之不同，于此可见一斑。

---

1 从政治史角度研究东晋王朝不断尝试重振王权，可参阅王心扬：《论桓玄代晋的性质——兼论孝武帝和刘裕之间皇权振兴的连续性》，《新史学》（台北）第15卷第4期，2004年12月，第197—222页。而其《家与国的抉择——东晋士人对忠君观念的提倡》（《台大历史学报》第39期，2007年6月，第107—137页），从东晋忠君观念重振的角度考察，进而论证东晋重振王权的努力。二文可与本文互相发明。

旧诗视野中的王国维之死

李景疆（北京大学燕京学堂硕士研究生）

> **内容提要** 同时作为私人和公共事件，王国维自杀引发了许多声音，其中挽诗即自成一系统。此前王国维研究或有涉及这些旧诗文本，但着眼点还在其死因，论及挽诗的范围也有限。本文意在以此为切入点，还原当时众声喧哗，探讨这样一个文本系统中的种种涵义、渊源、互文、对立和影响，关注对逝者的各式书写与塑造，发掘不同作者同声、异调背后的考虑和缘由，体会哀挽诸作内在的文学性。本文中王国维虽是中心人物，却并非研究的重心。
>
> **关键词** 王国维 挽诗 学者 清遗民 文学性

1927年6月2日，王国维自沉昆明湖，一时影响极大。各种声音对其死因的猜测及为人的叙述，持续至今，聚讼不已。就当时舆论背景而言，现代纸质媒体特别是白话文的大众报刊是发声的主阵地，也成为日后王国维之死研究的主要资料来源。从社会影响看，这样的取向是无可置疑的，但本文意在指出的是，由于这种视角的局限，在当时众声喧哗的语境中，有一类重要的声音被长期忽略了：王国维挽诗。本文试图说明，没有对整个挽诗系统的了解，我们对王国维之死的把握将是不完整的。又因为挽诗作者群体身份的重要性与复杂性，我们透过人物研究能管窥时代的特征，超越对于王国维死因的狭隘关注：王国维虽是本文的中心人物，却并不是研究的重心。

6月16日，"借全浙会馆设位致吊，收得亲友、师生、海内外学者所送哀挽对联、诗文数百件，后由王氏诸子出名，罗氏天津贻安堂汇刊为《王忠悫公哀挽录》"。[1]本文收录王国维挽诗，主要据此（以下简称《哀挽录》）；检当时北京、天津、上海报刊数种，亦得数首；此外尚有若干挽诗并未发表，散见于后来文集、报刊。因时空跨度较广，搜罗未敢称全备，一并列出。在具体讨论时，也会涉及到重要人物的挽联。

由于书写对象一致，本文属于"同题共作"个案研究。[2]除了文本细读、发明心史、还原挽诗作者群体图景外，整体上本文企图保持"20世纪旧体诗词研究"[3]的文学史视角，以及近现代学术史的眼光。作为他者的挽诗作者虽然身份各异，或自命遗老，或出仕民国，或供职大学，但大部分人都有深厚的旧学渊源，有些则诗名显赫一时。他们中的许多人为民国学界"老辈"，[4]面对"新旧""中西"[5]的纠缠关系各持立场，某种程度上涉及到"遗民学术"[6]的命题，也有来自异国的学界同道。挽诗中对王国维学术成绩的不同理解方式和表述方式，以及挽诗各异的写作风格与诗学取径，正可折射一个"过渡时代"[7]"新旧文化激变"[8]的复杂景况。

一　挽诗名录

在进行具体的文本讨论之前，本章意在对整个挽诗系统作文献梳理。如下

---

[1] 陈鸿祥：《王国维年谱》，济南：齐鲁书社，1991年，第320页。又《王忠悫公哀挽录》后记成书时间为："丁卯七月"，因"南北阻兵，邮筒迟滞"，所收不全。见《王国维先生全集·附录》，台北：大通书局，1976年，第5473页。
[2] "几位乃至几十位诗人在同时同地就同一个题目写诗"，见程千帆、莫砺锋：《他们并非站在同一高度上——读杜甫等同题共作的登慈恩寺塔诗札记》，《程千帆全集·被开拓的诗世界》，石家庄：河北教育出版社，2001年，第118页。
[3] 马大勇：《20世纪旧体诗词研究的回望与前瞻》，《文学评论》2011年第6期，第209—214页。
[4] 桑兵：《民国学界的老辈》，《历史研究》2005年第6期，第3—24页。
[5] 罗志田：《道出于二：过渡时代的新旧之争》，北京师范大学出版社，2014年，"自序"，第3—7页。
[6] 赵园谓"明清之际'遗民文化'的价值，更是由遗民学术标志的"，清遗民情况虽相差较大，但其学术主张及追求亦相当重要。见赵园：《明清之际士大夫研究》，北京大学出版社，2014年，第339—363页。
[7] 梁启超语，见梁启超：《过渡时代论》，《饮冰室合集》文集之六，中华书局，1989年影印本，第27—30页。
[8] 叶嘉莹以此阐释王国维为"新旧文化激变中的悲剧人物"，见叶嘉莹：《王国维及其文学批评》，北京大学出版社，2008年，第45页。

表所示，有挽诗（词、赋）95 首，作者 57 人。由于"挽诗甚多"[1]"悼诗多如束笋"[2]，一来限于篇幅，二来同质化趋向较重，质量不一，因此不尽录其诗，只选立意出众、造语新奇之一二句，以资全窥大体。或《哀挽录》未收其诗，或此诗另在别处发表，也附上出处。个别作者生平难考，则存阙。

王国维挽诗名录表

作　　者	诗　　摘	发　表　地
溥儒（1896—1963） 五律一首，七绝六首	苑异流江水，君成屈大夫	《哀挽录》[3]
郑孝胥（1860—1938） 七律一首	云中祖背受戈者，谁信由于有不能	《哀挽录》[4]
杨钟羲（1865—1940） 五古一首	徒死竟何益，吾意殊不尔	《哀挽录》
朱汝珍（1870—1943） 五古一首	遗书心事具，应勿费猜疑	《哀挽录》
胡嗣瑗（1869—1946） 五律三首	夙学通仍约，遗言简愈真	《哀挽录》
钱骏祥（1848—1931） 七律二首	愧我草间犹独活，一钱不值任人嘲	《哀挽录》
王树枏（1851—1936） 七绝四首	一昔未偿填海志，羁魂常傍兔儿山	《哀挽录》
邓之诚（1887—1960） 五律四首	星危天失次，水漏鬼成行	《哀挽录》
林开謩（1862—1937） 五律一首	生曾衔宠遇，死有重山丘	《哀挽录》
章钰（1864—1934） 五律四首	赴水传忠壮，贤孙远嗣之	《哀挽录》
孙雄（1866—1935） 梅村体	五十余年三杰士，始知报国有真儒	《哀挽录》[5]

1　王逸塘：《今传是楼诗话》，张寅彭、李剑冰点校，见张寅彭主编：《民国诗话丛编》第 3 卷，上海书店出版社，2002 年，第 268 页。
2　甘鹏（罗继祖）辑述：《永丰乡人行年录》（罗振玉年谱），江苏人民出版社，1980 年，第 99 页。
3　《寒玉堂诗集》无收，溥儒：《寒玉堂诗集》，北京：新世界出版社，1994 年。
4　郑孝胥：《海藏楼诗集》，黄珅、杨晓波校点，上海古籍出版社，2003 年版，第 345 页。
5　孙雄：《旧京诗存》卷六，民国二十年刊本，收入沈云龙主编：《近代中国史料丛刊》，台北：文海出版社，1968 年，第 215—218 页。

续表

作 者	诗 摘	发 表 地
林葆恒（生卒年不详） 七古一首	国士遇臣国士报，此义今人贱如土	《哀挽录》
王季烈（1873—1952） 七律二首	琴旧无弦师栗里，赋成避地似梨洲	《哀挽录》
刘善泽（1885—1949） 五古一首	浙儒盛乾嘉，君复乾嘉比	《哀挽录》[1]
周学渊（？—1953） 七古一首	深仁养士到辛亥，殉国大臣仅可指	《哀挽录》
张尔田（1874—1945） 七律三首	方知朴学真儒事，为痛先皇养士辰	《哀挽录》[2]
郭宗熙（1878—1934） 五古一首	岂徒哀儒家，所悲在一国	《哀挽录》
高振霄（1877—1956） 五律一首	气运洪流荡，心情止水知	《哀挽录》
杨啸谷（1885—1969） 七律一首	君心未肯怜尸谏，学说真成泣路歧	《哀挽录》[3]
周善培（1875—1958） 七律二首	岂为伤心五代史，自酬束发几行书	《哀挽录》[4]
袁金铠（1870—1947） 五律一首	激切唤群瘁，转旋希翌辰	《哀挽录》
曹经沅（1891—1946） 七律一首	万口争哀书种绝，一池犹是鼎湖遗	《哀挽录》[5]
张鋆衡 七律二首	丛残文物殷墟感，萧瑟人物楚泽灵	《哀挽录》
符璋（1853—1929） 七律二首	知寻净土神州绝，欲唱乡音小海难	《哀挽录》
汪吟龙 五律三首	流沙搜坠简，殷契启新知	《哀挽录》

1 又发表在吴宓主编：《学衡》第60期，江苏古籍出版社，1999年影印本。又题《王忠悫国维挽诗》，见刘善泽：《天隐庐诗集》，湖南大学出版社，1989年，第606页。
2 又发表在《学衡》第60期。
3 《哀挽录》作"杨献谷"。
4 其一又题《题王静庵遗像》，见《国闻周报·采风录》1927年第4卷第46期，第2页。其二又题《王静安内翰投昆明湖殉国为诗吊之》，见《国闻周报·采风录》第4卷第32期，署名"孝怀"第2页。其二又见《辽东诗坛》1929年第45期，诗题"哀"作"悲"第8—9页。
5 诗题作《故人王静庵挽诗》，见曹经沅：《借槐庐诗集》，巴蜀书社，1997年，第83页。

续表

作　者	诗　摘	发　表　地
曾学孔 七律一首	家亡国破寻常事，十六年来恨未休	《哀挽录》
钟广生 七律四首	黍离能辨殷墟字，竹简谁编小腆年	《哀挽录》
黄节（1873—1935） 七律一首	徒闻绝学悲君者，独有纲常不敢言	《哀挽录》[1]
张伯桢（1877—1946） 七律一首	好将风节矜衰世，独把心肝奉至尊	《哀挽录》
阚铎（1875—1934） 七律一首	国瘁人亡百感并，奇觚异学况争鸣	《哀挽录》[2]
梁国常（1892—1954） 七律一首	时穷道敝寄孤危，侧立苍茫无足为	《哀挽录》
陈守谦 七律两首	天宝才人伤杜甫，义熙贞士愧陶潜	《哀挽录》
毓廉 歌行体一首	我慕公名未谋面，崇公高节心为倾	《哀挽录》
唐兰（1901—1979） 七律一首	劫灰追认年华改，蒿草流传世俗尊	《哀挽录》
王力（1900—1986） 七古一首	一自童时哭王父，十年忍泪为公流	《哀挽录》[3]
沈焜 歌行体一首	钱公北上忆昔年，排日开筵具盘匜	《哀挽录》
陈寅恪（1890—1969） 七律一首，挽词一首	敢将私谊哭私人，文化神州丧一身	《学衡》60期、64期 《国学论丛》第1卷第3期第237—239页[4]
吴宓（1894—1978） 五律一首	心事落花寄，谁能识此情	《学衡》64期[5]
李思纯（1893—1960） 七律一首	龟策难占嗟此世，鸥波独逝向何乡	似未曾公开发表[6]

1 《学衡》第60期。又见黄节：《蒹葭楼自定诗稿原本》，广东人民出版社，1998年，第182页。
2 《国闻周报·采风录》第4卷第33期，署名"无冰"第1页。
3 题为《挽王静安师诗》，见《国学月报》第2卷第8、9、10期，第522页。
4 陈寅恪：《陈寅恪集·诗集（附唐筼诗存）》，生活·读书·新知三联书店，2001年，第11页。
5 吴宓：《吴宓诗集》，吴学昭整理，商务印书馆，2004年，第174页。
6 李思纯：《李思纯文集·诗词卷》，陈廷湘、李德琬主编，巴蜀书社，2009年，第1339页。

续表

作　者	诗　摘	发　表　地
刘盼遂（1896—1966）七律一首	入世未甘风作塔，点波赖有藻为衣	《学衡》64期
戴家祥（1906—1998）五古一首（1936年）	嗟我海宁师，草草阅生死	《历史教学问题》1986年4期，第1—5页
刘承干（1881—1963）五古一首	侧闻直南斋，宏议惊凡猥	《哀挽录》[1]
海澧七律一首	时势惊心一念休	题为《昆明湖吊王静安先生》，《国闻周报·采风录》第11卷第30期，第430页
邵瑞彭（1888—1938）赋体一篇	事不可以智为兮，命不可以力征	题为《吊王静安先生赋》，见《国学月报》1927年第2卷（8/9/10期），第551页
王揖唐（1877—1948）七绝一首	忍向北邙谈不朽，霜林风叶渐辞枝	题为《故人沈南野宗畸、康长素有为、叶焕彬德辉、王静安国维相继化去》，署名逸塘，见《国闻周报·采风录》1928年第5卷第21期，第2页
马钟琇（仲莹）七绝一首	人间留得一篇书，境界无多味有余	题为《闻王静安先生于端阳前自沉于颐和园石舫下感赋》，见《辽东诗坛》1927年第25期，第11页[2]
余霖七律两首	嗟汝何为恁解脱，茫茫身世涕滂沱	《哀挽录》
王兴元挽词一首	资作楫、训诂犹其余事	《哀挽录》
周印昆七律一首	鱼藻轩前秋已残，投身应为水多澜	《夕红楼诗》[3]

1　题为《挽王静安》，见《国际周报》1928年第1卷第2期，第2页。署名刘翰怡。
2　又见天津城南诗社撰：《快哉亭诗词》，民国十五年至十六年粘贴本，见南江涛选编：《清末民国旧体诗词结社文献汇编》第四册，国家图书馆出版社，2013年影印本，第138页。
3　转录自黄濬：《花随人圣庵摭忆》，中华书局，2013年，第743页。

续表

作　　者	诗　　摘	发　表　地
内藤虎次郎（1866—1934） 七律二首	著书海上深宁叟，讲学舟中陆秀夫	《哀挽录·海外追悼录》
狩野直喜（1868—1947） 七律二首	忆到燕都谈艺日，断肠海外少知音	《哀挽录·海外追悼录》
长尾甲（1864—1942） 五律一首	断送山河美，长嗟社稷空	《哀挽录·海外追悼录》
铃木虎雄（1878—1963） 七律一首	幼安逃海元由义，正则沉湘竟得仁	《哀挽录·海外追悼录》
木村得善 五律三首	未就攀龙志，唯传吐凤文	《哀挽录·海外追悼录》
小川琢治（1870—1941） 七律一首	弃捐彝典何温古，阿附世情徒斗新	《哀挽录·补遗》
吴功补（1871—1944） 七绝二首，七律一首	凄绝兵戈乡路梗，故园应是未招魂	《哀挽录·华侨哀挽录》
李满康（1896—1974） 七律一首	学贯中西腾国誉，人无新旧仰师模	《哀挽录·华侨哀挽录》

可以看出，《哀挽录》所收录挽诗大体全备。虽然没有诗题，但作者排序大抵有所依据。在对挽诗整体面貌有了大致的体味之后，下面即将进行文本细读与作者考察，逐次摘句评点，探寻诗料背后的隐曲。为行文方便，此后分析所引用挽诗诗句不再逐个注明出处。

二　世岂能诬：王国维形象叙述与自杀意义之阐释

与任何人死后的悼念之作相同但更激烈，哀挽王国维之作更是一个充满作者情绪、印象和立场的世界。笺释是进入挽诗符号、意象、典故系统的基础，一方面死者形象经历着被书写，一方面悼念者的思维向度通过书写过程也显露出来：或无意流露，或故作姿态，或遮遮掩掩。在大量流于平庸的遣词用句中，也存在不少比附新奇、出人意料之处。至于精当与否，原因为何，则是更深层次的问题。篇幅所限不能尽解，取其突出之笔，重要的挽联也在讨论范围内。

《哀挽录》所录诗作，本有依作者身份划分的意识，只是未曾点明，也有些许不尽合理之处。下面所作区别取其最具代表性之身份，只是为了方便说明问题，界限不必僵硬，而且更加重视作者身份的复杂性。

（一）新旧中西之间：学术知交中的同声与异调

1925 年王国维受聘清华大学国学院，是所谓遗民学术圈与现代学术机构的沟通。早年东渡日本，"罗王"学派也受到国外汉学界的推崇。虽然只有"五十之年"，但王国维建立的学术关系网络跨度很广。殁后，学界的反应也最大，所谓关系到了"学术生机的断绝"[1]。

为痛先皇养士辰：张尔田、邓之诚挽诗 张、邓二人在史学上造诣很深，取径相似而亦师亦友[2]，所作挽诗造语颇类，因此并论。

张尔田以词学和史学名世，民国初也曾在清史馆任纂修。二人订交于王国维初从日本归来寓居上海时，给张尔田的第一印象是"治康德叔本华哲学"[3]的新式学者。正如其挽诗"同志三人君又弱"句自注"余与孙益安及君海上多并称之"所云，张尔田、王国维、孙德谦"齐名交好，时人目为海上三子"。[4] 沈曾植亦有句云"三客一时隽吴会"。[5] 孙德谦没有挽诗，或与其旧诗功底有关[6]，但所撰挽联云"两字得酬奇节，荷褒荣足振颓纲，为叹东海群公都应知愧；千秋又有传书，论撰述可同寿世，惟恨西山义士犹在忍饥"，言语愤慨，与张尔田挽诗"微躯系五伦"等语实在同一语境。依后世的学术史眼光来看，张尔田在学术上

1　林志宏：《民国乃敌国也：政治文化转型下的清遗民》，中华书局，2013 年，第 261 页。
2　李雷波：《1931 年邓之诚去职与北大史学系人事革新》，《北大史学》2013 年 18 期，第 171—191 页。邓之诚谓张尔田"于予颇有相知之雅"，见邓之诚：《邓之诚文史札记》，邓瑞整理，南京：凤凰出版社，2012 年，第 287 页。亦可参张克兰：《张尔田学术·师友叙论》，《江汉大学学报（人文科学版）》，2002 年第 6 期，第 72 页。
3　张尔田：《呜呼亡友死不瞑目矣——张孟劬复黄晦闻书》，见陈平原、王风编：《追忆王国维》（增订本），生活·读书·新知三联书店，2009 年，第 80 页。
4　邓之诚：《张君孟劬别传》，见《燕京学报》第 30 期，上海书店影印本，1983 年，第 324 页。
5　王蘧常：《清故贞士元和县孙隘堪先生行状》，收入钱仲联校注：《沈曾植集校注》，中华书局，2001 年，第 1202 页。
6　"为诗绝少"，但对诗词颇有研究。曾作《三末谣》，颇能道其抱负，可与其挽联互参。见夏敬观：《忍古楼诗话》，张寅彭主编：《民国诗话丛编》第 3 卷，上海书店出版社，2002 年，第 22 页。

可称旧派，或云"保守派"[1]，与王国维取径不同，二人相知甚深，更多是在政治与文化层面：张尔田与王国维书信中除论学外，更多对时局看法。[2]

其所作三首七古易解，末篇最纯粹，忆及去岁一见即是永误，"讵料重逢无好语，早拼九死不生还"，是言王之死念由来已久。首篇云"犹得微躯系五伦"，可与陈寅恪"文化神州系一身"互见。虽然"一代末流"之下"非君何以激颓波"，但张尔田看来"报君尚有城南客"，王国维毕竟仍有同道。

邓之诚与王国维私交不深，也未见书信来往保存下来，所作四首五古，各有偏重，多故实。政治身份上以"逸民""小臣"视王国维，比拟陶渊明；学问上以汉圣刘显、经神郑玄相比，显示出旧派学者的学术取向。事实上，邓之诚论及所谓"海上三子"曾云："国维或有创见，然好趋时，德谦只辞碎义，篇幅自窘，二子者博雅皆不如君。"[3]不全是客套之辞。有"南屈方三革，中原正五强"语，言及时局，是所谓"今典"。

王国维离世六年后，"旧都被兵""烽火愈急"，在学术上可谓"失语群体"[4]的张尔田、邓之诚，只有"短咏排忧""长歌当哭"，只能为他日"平添一段掌故"[5]，比之王国维在时，则又是另一番光景了。

吾侪所学关天意：后辈学者挽诗 王国维所草遗书，"书籍可托陈、吴二先生处理"[6]一句，即使无法完全从现代学术传承的角度理解，也透露出陈寅恪、吴宓在其最后岁月中的重要性。二人相交王国维时间远不能与其他知友相比，但两年内过往频繁。对三人交谊的各种关注和阐释很多，特别由于陈寅恪研究的深入而更加明晰，本文不再多述。

围绕王国维之死，陈寅恪先后有挽联、挽诗、挽词、《清华大学王观堂先生纪念碑铭》《王静安先生遗书序》，虽未彻底定调，但其借王之死所发挥出的概

---

1 张笑川：《近代中国史学转型期的传统派史家——张尔田史学思想简论》，《史学理论研究》2011年第4期，第59—70页。
2 可参马奔腾辑注：《王国维未刊来往书信集》，北京：清华大学出版社，2010年，第237—263页。
3 可与邓之诚曾评顾颉刚语互参："此君为学，大约不外是己非人是今非古八字，兼足以概今时学风。"邓之诚：《邓之诚文史札记》，第43页。
4 罗志田：《新旧之间：近代中国的多个世界及"失语"群体》，《四川大学学报》（哲学社会科学版），1999年第6期，第78—83页。
5 张尔田、邓之诚：《槐居唱和》，载吴宓主编：《学衡》，第79期。
6 袁英光、刘寅生编著：《王国维年谱长编：1877—1927》，天津人民出版社，1996年，第522页。

念、义理影响深远。吴宓"仅成短联"[1]，但在王国维去世周年时，也有悼作。其所为落花诗八首，也有王国维临死书扇诗的影响。此后详论。

陈寅恪种种挽作的经典地位早已确立，笺释者层出不穷，胡文辉"后出转精，得总其成"[2]，持论较平。刘季伦《挽词》笺注亦可参[3]，具体文本此处不再讨论。值得注意的是，陈寅恪以王氏自沉"既为殉清室所代表之政治及社会制度，亦为殉中国文化传统"[4]，几乎已成公论，二者并不矛盾。而刘梦溪新作中仍认为"吴宓与陈寅恪对王国维死因的理解，彼此并不一致""吴宓把两者等同并列，是对王之死尚缺乏深层了解"[5]，则有失允当。

李思纯与陈寅恪、吴宓交好，游欧归来后曾专程在清华园拜见王国维，并得到王国维题扇面，写诗作答。[6] 所作挽诗《哀挽录》失收，也未见诸报端，属于私人写作，但可称上品。"声歌元宋供耽玩，文物殷周费思量"，写其学术两面。"龟策难占嗟此世，鸥波独逝向何乡"一联，极工妙。虽然最后强调"西山"和"鱼藻轩"自沉之地，但在李思纯眼中，王国维是单纯的学者形象。

王力挽诗，是清华国学研究院学生悲痛情绪的写照。第一句"海内大师谁称首，海宁王公驰名久"，将王国维视作学界第一人，如此评语恐怕不是因为单纯的个人感情色彩。梁启超让座王国维，就颇有代表性。"胜朝遗老久伤心，经此世变增于邑"，虽然王国维的"辫子"在清华园出名[7]，新一辈学生已无法完全理解他的心境，但终究还不至于歪曲。"一自童时哭王父，十年忍泪为公流"[8]，虽一年师生情谊，却真挚深沉至此。唐兰"壬戌初秋始访先生于海上，辱不弃鄙陋，抵掌而谈至竟日，归而狂喜，记于先生所赠《切韵》后页，以为生平第一

---

1 吴宓：《空轩诗话》，吴学昭整理：《吴宓诗话》，商务印书馆，2005年，第192页。
2 张求会：《〈陈寅恪诗笺释〉六题》，收入张求会：《陈寅恪丛考》，浙江大学出版社，2012年，第107页。
3 刘季伦：《陈寅恪〈王观堂先生挽词并序〉诗笺证稿》，《东岳论丛》2014年第5期，第5—40页。
4 胡文辉：《陈寅恪诗笺释》(增订本)，广州：广东人民出版社，2013年，第28页。
5 刘梦溪：《王国维、陈寅恪与吴宓》，《中国文化》2013年第2期，第157页。
6 此诗发表在《学衡》第56期上。亦可参马奔腾辑注：《王国维未刊来往书信集》，收入《李思纯文集·诗词卷》，第1338页。
7 王东明：《王国维家事：王国维长女王东明百年追忆》，安徽人民出版社，2013年，第33页。
8 林志宏将此句理解为对当时社会情景的写照，可能稍有偏差。氏著：《民国乃敌国也：政治文化转型下的清遗民》，第251页。

快事"[1]，在青铜甲骨之学上直接受教罗、王[2]，学术上知王国维更深，挽诗不如王力激烈，但有款款之致："水风飒飒日昏昏，托意微波尽泪痕""劫灰追认年华改，蒿草流传世俗尊"，是诗人气质。

刘盼遂是王国维弟子，挽诗《落花感王静安先师练日作》距王国维投水已有一年，情绪也发生了变化，虽然伤感但不再激烈，甚至比吴宓所作更平和。"芳林院内雨霏霏，忍使秾姿一夜稀。入世未甘风作堨，点波赖有藻为衣。朱旛照夜真何益，青帝休春且好归。拼就香泥供燕子，结巢犹得近云帏"，整篇写风雨后昆明湖景，却又都是情语。王国维之死，何尝不是"燕子结巢"。

梁国常，字鹤铨，北京大学化学系毕业，与王国维无交，时任海军科员，擅于诗词。与缪钺过往甚密，多与其唱和[3]，如缪钺所言："为人贞介绝俗，交游甚寡，故声名不彰，知之者鲜""其所自作则直抒胸臆，独往独来，一空依傍，而奇气贯注于其间。"[4]只是挽王国维诗稍显平常，"西山碧落情无尽，太液波残泪永垂"，是局外之人。

戴家祥于1936年作长诗纪念王国维，可算学生辈挽诗的尾音。而即使是这样一篇"序其为学大概"的长诗，也不得不以"权奸弄双假，朽木支大厦。草芥子万民，皇王一孤寡。谁谓金汤固，拱手拥胡马！可怜炎黄宵，衣冠变夷夏。朝野尽惜惜，仁人泣路穷"来叙写政治和社会背景。戴家祥自谓"率尔而成，不敢言为诗也"，虽感情充沛四溢，的确欠雕琢。

断肠海外少知音：日本学者挽诗　1898年王国维由于经济困境，入东文学社[5]，是与日本种种联系的肇始。1901年在日本留学半年。1902年受罗振玉之托再次前往日本。辛亥东渡，居东四年，与日本诸位汉学家过从甚密。此后内藤虎次郎、狩野直喜等人先后来华，王国维相当重视。除了商量旧学，诗文应酬也是其交往中非常重要的部分。《定居京都奉答铃木豹轩枉赠之作并束君山湖南

1　吴泽主编，刘寅生、袁英光编：《王国维全集·书信·附录·唐兰题记》，中华书局，1984年，第471页。
2　刘绍唐编：《民国人物小传》第4册，台北：传记文学出版社，1987年，第202页。
3　二人在1927—1943间诗词来往不绝。见缪钺：《冰茧庵序跋随笔》，《缪钺全集》第7、8合卷，石家庄：河北教育出版社，2004年，第4—40页。
4　缪钺：《〈梁鹤铨诗词稿〉题记》，收入《冰茧庵序跋随笔》，《缪钺全集》第7、8合卷，第60页。
5　参陈鸿祥：《王国维传》，人民出版社，2004年，第45—49页。

君扐诸君子》《送日本狩野博士游欧洲》《海上送内藤博士》等作是此类社交化酬唱的代表，但又是典型的学者之诗，以致论者认为"词语艰涩，学究气太浓，终非佳构"。[1] 日本诸学者也多向王国维寄诗求正、乞赐和章。[2]

以《颐和园词》为代表的《壬子三诗》是王国维在日本时精心所作，本人也十分重视。呈于铃木虎雄时言"虽不敢上希白傅，庶几追步梅村""此词于觉罗氏一姓末路之事略具"[3]，并得到对方"风骨俊爽，彩华绚辉""洵近今之所罕见"[4]的评价。而下面所要指出的是，1913年王国维在日本出版《壬癸集》[5]，此二十首"至东以后诗"[6]中所表达的遗老情绪，深刻地影响了日本学界对王国维的认识，并体现在所作挽诗当中。

内藤虎次郎比王国维年长十岁，在学术上相知甚深，也是日本学者王国维追悼会的组织者。"著书海上深宁叟，讲学舟中陆秀夫"以王应麟（1223—1296）、陆秀夫（1236—1279）相比王国维避地日本。"南渡风流评乐府，湘中遗响赋名园"记录王国维在日本的学术、文学成就。"于今寒士能甘死，自古微官每感恩"，自注此语来自王士禛（1634—1711）之《徐喆殉节诗》："独有微官死报恩"。

狩野直喜早年在上海留学时即通过藤田丰八（1869—1929）听说王国维，"善读日本文，英文程度也很高，而且对研究西洋哲学有兴趣"，但在京都时，王国维发生重要学术转向，"研究中国的经学"。[7] "万里烟尘伤故国，千年伦纪奈苍生"，如此写法若以隔海相望的日本视角来看，倒别有一番兴味。"夙将朴学老儒林，供职南斋霜鬓侵"，朴学仍然是王国维在学术上最易被联想到的定位。"无策匡时臣力尽，欲谋辟世主恩深"，是肯定王国维在政治上的积极态度。"忆到燕都谈艺日，断肠海外少知音"，则是肺腑之言，可视为整个日本学界面对王国维之死的共同心声。

---

1 陈永正：《王国维诗词笺注》，上海古籍出版社，2011年，第250页。
2 如内藤湖南赴欧前请王国维作诗"以壮行色"，见马奔腾辑注：《王国维未刊来往书信集》，第68页。
3 王国维：《致铃木虎雄》，见《王国维全集·书信》，第26—27页。
4 铃木虎雄：《铃木虎雄致王国维》，马奔腾辑注：《王国维未刊来往书信集》，第70页。
5 刘烜：《王国维评传》，南昌：百花洲文艺出版社，1996年，第160页。
6 王国维：《致缪荃孙》，见《王国维全集·书信》，第35页。
7 狩野直喜：《回忆王静安君》，收入陈平原、王风编：《追忆王国维》（增订本），第292—294页。

铃木虎雄是向日本介绍王国维学术著作的译者[1]，旧诗方面两人也彼此欣赏。"幼安逃海元由义"，以辛弃疾比王国维，相当少见。最后的定论，也视王国维作"近代词林第一人"，可见由于当年王国维日本所作《颐和园词》等诗作多与铃木交流，使得其学术成绩倒是退为其次。

木村得善亦是日本汉学家，并不为世所知，生卒年难考。王国维避地日本，应有往来。木村曾有七律赋呈王国维，虽是席上应酬之作，但"若非博雅曼公戴，即是高才舜水朱"[2]一联，以戴曼公（1596—1672）和朱之瑜（1600—1682）两位明末流亡日本的书法家、学者相比，倒很贴切。其挽诗中首句"曾作避秦客"，也是与当年"避秦东海一仙区"呼应。三首诗分写东渡日本、还乡国乱、讣音传来，并无特别之处。长尾甲情况相类，与王国维相交不深，挽诗平平，有"读书义不辱，身死道斯崇"云云。

日本《艺文》杂志有专号纪念王国维，诸位学者也有文章追忆。王国维逝世十周年，竹内好（1908—1977）等人在其文学研究会会刊《中国文学》上编辑"王国维纪念特辑"[3]，影响不小。无论他究竟是单纯抒发对世变的忧患，还是真正作为遗老东渡日本，在这群"东国儒英"[4]眼中，他是"清朝遗臣"[5]无疑。

（二）风波之民：遗民政治的纠缠联系

遗民殊难定义，胡先骕（1894—1968）当年对遗老有稍细的划分："深知中国如欲立国于大地之上，必不能墨守故常；政法学术，必须有所更张。然仍以颠覆清室为不道，辛亥革命为叛乱，不惜为清室遗老者"与"有志维新，对清室初无仇视之心，而并不以清室逊国、民国兴建为纲纪隳坏的巨变，可是却以流人遗老而终其一生者"[6]，简言之，即积极对待和消极对待两种态度。同时，遗民身份的形成既有自主性的创发，同时也是他者社群的压迫力量下而产生[7]。本章

1　刘烜：《王国维评传》，第241页。
2　木村得善：《木村得善致王国维》，收入马奔腾辑注：《王国维未刊来往书信集》，第77页。
3　岸阳子：《竹内好之王国维论——以〈人间词话〉为中心》，收入孙敦恒、钱竞编：《纪念王国维先生诞辰120周年学术论文集》，广东教育出版社，1999年，第205页。
4　陈寅恪：《陈寅恪集·诗集（附唐篔诗存）》，第15页。
5　《海外追悼录·追悼会小启》，见《王国维先生全集·附录》，台湾大通书局，1976年，第5453页。
6　胡先骕：《书评：评俞恪士觚庵诗存》，吴宓主编：《学衡》，第11期。
7　林志宏：《民国乃敌国也：政治文化转型下的清遗民》，第21—26页。

为行文方便起见,将持两种立场之人并论,前者为"遗民",后者为"逸民"或"隐儒",因其即使为"逸",也大抵是因"遗"而"逸"。[1]

与学术圈的情况不同,遗民挽诗作者中不乏"接席相逢未缔交"这样"往岁于友人席间曾晤一面"之人,或"苦忆相逢处,堂堂海日楼"[2],由"寓公"沈增植处结识,与王国维并无深交。王国维投水具有的丰富的象征意味和强烈的社会影响,诱发他们作诗哀挽。大多或出于真心,也不能否认有借机发言、故作姿态之人。

宗室溥儒"以绘事举世宗仰,学术文章几为之掩"[3],挽诗排在《哀挽录》第一,诗虽无特别,但足以定调。"春秋王室乱,林下起名儒",以"春秋"比时局,并不多见。"君成屈大夫",则是对王国维之死最自然的想象。作此诗之后,或许与陈寅恪一样"意有未尽",又有六首七绝,哀婉曲折,颇多景语,不落窠臼。但立意与前诗并无二致,不外"贾生""楚客"云云。

郑孝胥诗作于6月12日[4],集中在"死"字,强调"节义何曾穷此士""天下孰敢轻儒生"。末句"云中袒背受戈者,谁信由于有不能"最奈琢磨,刘季伦云"郑氏运用此典之意,在于指出:观堂虽有所不能(如奉驾出宫赴日使馆事,观堂未预其事);而其自沉,等于代溥仪'袒背受戈',而为观堂所能为者。"[5]其说可参。另,吴宓言此句"定有误字,待考"[6],不知是何缘故,阙疑。

杨钟羲与王国维自同征南书房行走,往来渐密。王国维有《六十生日》诗赠杨钟羲,《来世家乘》中所录有异文[7]。对于王国维之死,杨钟羲"静安止水之节,愚不可及,鄙人挥涕昆明"[8],也充分体现在挽诗之中,如"徒死竟何益,吾意殊不尔"云。罗继祖对杨钟羲挽诗评价甚高,与陈寅恪挽诗七言长古并提,谓之"最能道出静安心事"[9]。吴宓也道:"杨钟羲为前清遗老……王先生自沉之次

---

1 赵园对"遗"和"逸"作了辨析和界定。赵园:《明清之际士大夫研究》,第217—224页。
2 钱骏祥、林开謩语,分别见《王国维先生全集·附录》,第5404、5406页。
3 刘绍唐编:《民国人物小传》,台北:传记文学出版社,1987年,第225页。
4 劳祖德整理:《郑孝胥日记》第4册,中华书局,2005年,第2148页。
5 刘季伦:《陈寅恪〈王观堂先生挽词并序〉诗笺证稿》,第8页。
6 吴宓:《海藏楼诗》,见吴宓:《吴宓诗话》,第301页。
7 杨钟羲:《来世家乘》,见《中和月刊》1940年第2卷2期,第108页。
8 见杨钟羲著,姜朝晖,雷恩海校点:《雪桥自订年谱(来世家乘)》,收入《雪桥诗话全编》第4卷,人民文学出版社,2011年,第2935页。
9 甘孺(罗继祖)辑述:《永丰乡人行年录(罗振玉年谱)》,第99页。

晨，首至颐和园鱼藻轩望尸而哭。挽诗亦沉痛。"[1]诗长且多故实。开篇即以劈头盖脸之句"时平惟我贤，事至责人死"定调，全诗将王国维缠绕在小朝廷的政治斗争漩涡中[2]。"得毋尸谏心，直哉史鱼矣"更是明言"尸谏"，所谏为何虽然有所隐晦，但仍非常具体：即溥仪身边"障天凭一手"的亲近大臣，引人想到罗振玉与王国维书，言小朝廷"三权鼎立，他人不能上前"之势。[3]"蜂房各自开，蚁穴梦争喜。事有违众心，云此出上旨。意有不吾如，唾弃犹泥滓"云云，写权臣异梦离心、勾心斗角之事，怨念极深。于是虽然"书生对宣室，元非绛灌指"，但最终也不得不成为"触邪比獬廌"的"蒲城相"。杨钟羲为王国维撰写墓志铭，记其交谊云："钟羲避地上海，始识公于沈氏海日楼，读其《题戴山先生遗像诗》，即心异之。既而同赴召，同被命检景阳宫书籍，过从日密。甲子秋将有所弹劾，已属草矣，以示钟羲，钟羲举胡石庄'人物凋尽、彼此当互相成就'之说为一言，乃止不果上。"[4]另有一句云"予智不后人，凭愚乃同轨"，倒是颇耐人沉思。

朱汝珍1912—1924年任南书房行走、胡嗣瑗1922年后渐为溥仪亲近、钱骏祥是老辈光绪进士，三人政治经历相仿，所作相差无几，"遗书心事具，应勿费猜疑""夙学通仍约，遗言简愈真""一纸遗书涕满巾"，不得不说王国维密草遗言增加了很多书写可能性，旧诗作者们也以坚定的姿态回应因大众媒体推波助澜而愈演愈烈的争议。"沧海惊三变""嚣然变未休"，不约而同地强调"变"字，表现出这些隶属于旧政治、社会秩序的人面对"数千年来未有之大变局"的无所适从，从而生出"愧我草间犹独活，一钱不值任人嘲"的无可奈何之语。

王树枏、林开謩均为清末要员，民国后自命遗老，虽然实际情况复杂得多[5]。

1　吴宓：《空轩诗话》，吴宓：《吴宓诗话》，第170页。
2　陈宝琛、郑孝胥、罗振玉等人意见分歧矛盾甚大，派系复杂。参溥仪：《我的前半生》，北京：群众出版社，2011年，第185—186页。
3　长春市政协文史和学习委员会编，王庆祥、萧文立校注：《罗振玉王国维往来书信》，北京：东方出版社，2000年，第649页。
4　北京图书馆所藏拓片，见郁辉：《杨钟羲年谱补编》，华东师范大学博士论文，2009年，第204—205页。
5　虽然自订年谱"以干支纪年，不书民国"，但"实际上与北洋军阀诸要员，藕断丝连"。见王树枏：《陶庐老人随年录》，中华书局，2007年，第5页。王的政治倾向，颇受时人讥议。可参林志宏：《民国乃敌国也：政治文化转型下的清遗民》，第257—258页。

两人旧学修养很深，王树枏"总纂《清史稿》""出力最多"[1]，也曾与叶恭绰、罗振玉等人同主"敦煌经籍辑存会"[2]，诗名亦佳。林开謩"入民国后，出征不出，而亦未尝以遗老厚自表襮""自挽一联云'固知无物还天地；不敢将身玷祖宗'"，死后杨钟羲、陈三立、周善培、周学渊都有挽联。[3]与宋诗派关系密切，是郑孝胥的表弟，杨钟羲的弟子，也曾是超社、逸社等诗社的重要成员。[4]两人诗平平，"伤心一片昆明水，照见孤臣万古情""生曾衔宠遇，死有重山丘"，都泯然众人。王树枏"问奇当日诣扬云，鸟篆龟书与细分"也是自己对王国维学问的片段式印象。

章钰是张尔田老师，与刘承干一样以藏书著名[5]，也是嘱咐诸子"以故国衣冠服敛"[6]之类的"自以为于国事无所裨，而文献之寄不可以无传"[7]的逸民，相知王国维较深，尤其是刘承干，挽诗"忆昔居申江，书林共捃採。结社罗胜流，名园乐幽垲"，回忆当年同入淞社之交游情形。章钰首句"赴水传忠壮，贤孙远嗣之"，自注"公远祖宋建武军节度使，讳槖。金人之难，赴汾水死。见公集补辑家传"，将家族忠节传统引入对王国维之死的叙述，在所有挽诗中独树一格。"表德诚无忝，平生静与安"，也是妙笔，颇与众人不同。刘诗"积哀到心死，荏苒逾三载"，将王国维之死归于南斋经历，匡扶无力，与罗振玉是相同立场。

毓廉，字清臣，氏颜札，满洲正黄旗人，为毓贤之弟，光绪二十三年（1897）拔贡。"毓（清臣）名廉，乃唐元素之友，今在周叔家授徒。"[8]毓廉之诗，在所有挽诗中遗老口气最重。诗虽极差，但也正作为下品中的代表。"君辱臣死死何怨，日月光照臣愚诚。君恩高厚臣莫报，君恩莫报臣虚生"，通篇皆此论

1　王树枏：《陶庐老人随年录》，第4页。
2　刘绍唐编：《民国人物小传》第八册，第36—40页。
3　徐一士：《一士谭荟》，中华书局，2007年，第235页。其为人亦可参徐凌霄、徐一士：《凌霄一士随笔》，山西古籍出版社，1997年，第716、962页。
4　杨萌芽：《清末民初宋诗派文人群体研究》，博士学位论文，复旦大学，2007年，第67—68页。朱兴和：《超社逸社诗人群体研究》，博士学位论文，华东师范大学，2009年，第17页。
5　章钰之四当斋与刘承干之嘉业堂均是民国藏书重镇。可参苏精：《近代藏书三十家》，台北：传记文学出版社，1983年，第43、215页。
6　张尔田：《章式之先生传》，见汪兆镛编：《碑传集三编》，收入钱仪吉等编：《清碑传合集》，上海书店，1988年，第4477页。
7　刘绍唐编：《民国人物小传》第三册，第186页。
8　郑孝胥：《郑孝胥日记》，第2135页。

调,王国维被高度标签化。而"我慕公名未谋面",两人并不相识相知。

孙雄是光绪二十年进士,曾官京师大学堂文科监督等职,辛亥后"以遗老自居,一度曾任清史馆协修与北京大学史学讲师"。[1] 夙有承王昶《湖海诗传》余绪,编纂道光以来诗歌的抱负,自榜其书斋曰"诗史阁""固以民国以来诗史第一人自诩者也"[2]。孙雄与王国维或曾论学,并无深交,但其所作《昆明湖曲吊海宁王君静安》(并序)"效梅村体",婉转曲折。容后详论。

周善培,清末带领学生赴日考察,归国后在成都开设东文学堂,思想开放,颇有实绩,"有善政,学识甚富,文章亦斐然可观"。[3] 民国后则潜心治学,不问政治。第一首云:"一事输君留一息,任人长看老顽民",语气无奈,但却未动摇。第二首亦有"十六年""偷活"之语,而"岂为伤心五代史,自酬束发几行书"却立意不凡,堪称王国维挽诗中经典之作,历来也为人所注意。

郭宗熙、袁金铠、阚铎出仕民国,后来都曾供职伪满,但三人的背景非常不同。郭宗熙曾入须社,[4] 诗平常,末句云"余固不识君,敬咏君之德。岂徒哀儒家,所悲在一国",倒也坦荡。袁金铠[5] 诗则非常平庸,如"灵均现化身"云云。阚铎首句耐人寻味:"国瘁人亡百感并,奇觚异学况争鸣",视王国维为"冬青树"式的传统学者。

朱祖谋(1857—1931)晚年对龙榆生(1902—1966)戏言:"身丁末季,理屈词穷。"[6] 王国维之死仿佛为这些"有情的共同体"[7] 找到了"理",从"啁啾相诉"[8] 转为"振振有词"。而王国维本身"静""安"的性格与从不标榜的作风又与

---

1 蒋寅:《孙雄与〈道咸同光四朝诗史〉》,《古典文学知识》2013 年第 6 期,第 78 页。但孙雄自编诗文集自序以"共和纪元"纪年,参孙雄:《旧京诗存》,第 4 页。其人为文为诗亦并不似一般遗老激烈。
2 钱仲联:《梦苕庵诗话》,张寅彭校点,见张寅彭主编:《民国诗话丛编》第 6 卷,第 213 页。
3 柴小梵:《梵天庐丛录》,山西古籍出版社,1999 年,第 321 页。
4 林立:《沧海遗音:民国时期清遗民词研究》,香港中文大学出版社,2012 年,第 281 页。
5 其为人可参徐凌霄、徐一士:《凌霄一士随笔》,第 661 页。
6 龙榆生:《〈彊村语业跋〉》,收入朱孝臧著,白敦仁笺注:《彊村语业笺注》,巴蜀书社,2002 年,第 429 页。
7 吴盛青:《亡国人·采珠者·有情的共同体:民初上海遗民诗社研究》,《中国现代文学研究丛刊》2013 年第 4 期,第 47 页。
8 陈三立自谓:"吾辈保余年,履劫运,遂比丛燕集苇苕之表,姑及未坠折飘浮,啁啾相诉而已",见陈三立:《余尧衢诗集序》,收入陈三立:《散原精舍诗文集》,李开军校点,上海古籍出版社,2003 年,第 957 页。

这些强烈的态度形成引人深思的比照：王国维女儿王东明的这样一个细节上的回忆，云王国维在清华园时，曾私下与妻子谈及辫子，说道，"既然留了，又何必剪呢"[1]，相当耐人琢磨。

（三）旧派诗人与词人

以"旧派诗人与词人"来界定挽诗作者中一部分人的身份，并不意味着涉及到诗文的质量较高，也不抹杀此部分作者角色的复杂性。他们的共同之处在于，因旧体诗词名世，或是不同诗社、词社的成员，活跃于种种禊集雅聚。

黄节所作一首七古，诗较平淡，但却并非因为二人相交不久，在政治上殊途的缘故——次日吴宓见黄节，"述王先生死事""黄先生大悲泣，泪涔涔下"，并对王之死作出"志在殉清"的判断。[2] 此时的黄节早已"息影"北大教授诗学，"诗亦日益高，名日益盛，篇什日富，南北诗坛无人不知。其诗咽处见蓄，瘦处见腴，其回肠荡气处见孤往之抱；其融情入景处有缥缈之思，而其使人低回往复感人心脾者，皆在全篇，难以句摘。"[3] 1934年《蒹葭楼诗》印行，此诗题为《五月初三日，王静安自沉颐和园昆明湖中毕命。越五日，余偕桥川子雍、小平绥方出西郊访其故居，为诗吊之》，且有异文。挽诗中"田流脉脉分溪涧，湖水心心隔苑垣"[4] 即可见其"刻意学后山，语多凄婉"[5]，不比众人造语激烈。"名地得人相托死，哀禽衔木可偿怨？""对王国维的轻生自沉委婉地表示不赞成"。[6] 挽诗没有评价王国维的诗词造诣或学术成就，反倒意料之外地把关注点放在了"纲常"二字上，结合黄节早年的经历，耐人寻味："徒闻绝学悲君者，独有纲常不敢言。"[7] 罗继祖云此诗"重在末句"，以杨钟羲、陈寅恪、黄节三家诗并论，与罗振玉挽联"孤忠盖代，系三千年垂绝纲常"相合。[8] 胡文辉谓"在当时以革

---

1 王东明：《王国维家事：王国维长女王东明百年追忆》，第33页。
2 吴宓：《吴宓日记》第三册，吴学昭整理、注释，生活·读书·新知三联书店，1998年，第347页。
3 汪辟疆：《近代诗人小传稿》，收入汪辟疆：《汪辟疆文集》，上海古籍出版社，1988年，第442页。
4 《学衡》《蒹葭楼诗》本作"寻常溪径多污浃，绝代湖山隐缭垣"，自注："贾谊《吊屈原文》曰：'彼寻常之污渎兮，岂容吞舟之鱼。'"
5 汪辟疆撰，王培军笺证：《光宣诗坛点将录笺证》，中华书局，2008年，第217页。
6 刘斯奋选注：《黄节诗选》，广州：广东人民出版社，1993年，第255页。
7 《学衡》《蒹葭楼诗》本"绝"作"朴"。
8 罗继祖编：《王国维之死》，广州：广东教育出版社，1999年，第45页。

命为进步、以忠君为反动的政治气氛及思想潮流中,对王氏求死的动机多有讳饰,多强调其学问方面,而淡化其政治方面",黄节此作"即指当时论者感慨学术上的损失,而回避王氏之死所代表的古典政治气节",并指出陈寅恪"并世相知妒道真"句"内涵当与黄诗相近"。[1]

林葆恒从1915年在上海加入春音词社始,先后入须社、沤社、声社、午社等词社,非常活跃。[2]也曾参与1933年庐山"万松林"诗会、扫叶楼登高、1934年上巳日玄武湖禊集、重九鸡鸣寺豁蒙楼登高等文人雅集。[3]所作挽诗单言"气""义",造语平直慷慨,如"国士遇臣国士报,此义今人贱如土"。落脚点还在王国维之死的社会教化意义,"此心岂必人能喻,要使孱夫自厚颜",并无出新之笔。

相形之下,王季烈所作两首七律倒独树一格,典故奇特。王季烈与王国维订交甚早,光绪二十四年(1898)汪钟霖召其佐彼编辑《蒙学报》,与罗振玉、王国维相识。《题王忠悫公遗墨为罗鄴斋》:"回忆光绪戊戌,余识公事于申江。"又《罗雪堂先生七十赠寿序》:"烈自光绪戊戌识公沪渎,订交将四十年。"[4]第一首云:"共工触头不周倾,未睹娲皇炼石成。白昼公然魑魅见,黄图到处触蛮争。何堪朝服临涂炭,忍见残棋竟弈枰。报国忠贞拚一死,顽廉立懦圣之清。"其实立意并无不同,叙时局,赞忠贞,只是造语古奇。第二首云:"琴旧无弦师栗里",自注云:"公不解音律而著《曲源》《曲录》等书,于词曲源流考之甚详,故以靖节无弦琴为喻。"可谓独此一处。由于自身的曲学造诣,使得王季烈格外看重王国维早年的学术研究。"书画留题虹月舟",则是强调王国维书法成就,也不多见。

刘善泽有《天隐庐诗集》,孙雄称许其诗,列为"同光十子"。所作挽诗只谈一"学"字。"五经精研""敦煌奇文""殷墟龟甲",能得王国维学术精髓,

---

[1] 胡文辉:《陈寅恪诗笺释》(增订本),第44—45页。
[2] 查紫阳:《民国词人集团考略》,《文艺评论》,2012年第10期,第142—149页。又可参郭则沄:"尝与余共结'须社''沤社',近又续举'瓶社',皆主于词者也",见林葆恒:《词综补遗·郭则沄序》,张璋整理,上海古籍出版社,2005年,第4页。
[3] 沈卫威:《文学的古典主义的复活——以中央大学为中心的文人禊集雅聚》,《文艺争鸣》2008年第5期,第68—69页。
[4] 张慧:《王季烈研究》,硕士学位论文,苏州大学,2009年,第6—7页。

只是最后归于"浙儒盛乾嘉,君复乾嘉比",学术视野仍是旧派的。"孤生丛感伤,幽贞谨素履",对王国维的性格刻画入木三分,也回避了死因中的"忠"字。结尾以"斯文蓦将丧,衰运谁兴起""君死何足悲,呜呼学亡矣"收束,倒也纯粹。周学渊刻有《晚红轩诗存》,难觅。曾与辜鸿铭(1857—1928)等组织诗社。所作与刘善泽正相反,所作挽诗对于"学"只字不提,仍是遗老套路,如"深仁养士到辛亥,殉国大臣仅可指""今逢汉家阳九陃,死而得所君所喜""行朝相顾气亦壮,遗老为诗讳其美"等,造语轻浮。

曹经沅虽入仕民国,但因主持《国闻周报·采风录》而名噪一时,被称为"近代诗坛的唯一的维系者"[1]。挽诗记其诀别场景云:"匆匆执手记花时,危语心酸最可思。"自注:"春暮西山归途,余与孤桐访君清华园,此最后一诀也。"孤桐即章士钊(1881—1973)。"万口争哀书种绝,一池犹是鼎湖遗",此句在王国维挽诗中亦有名。"从教入地饶孤愤,何止酬君费白词",自注:"万词不足酬此贤,周君孝怀来笺语也。"曾学孔是清史馆校勘曾恕传之子[2],也是曹经沅学生。挽诗平常,有"家亡国破寻常事,十六年来恨未休"一句,语虽泛泛,但颇能道出辛亥以来之悲怀怅触。

汪吟龙是清华国学院首届新生,工诗文,擅赋体。其挽诗第二首颇清新:"吾道凭谁寄,斯文不在兹。流沙搜坠简,殷契启新知。海国人争学,归来鬓已丝。清华今夜月,遥望泪空垂。"和王力所作是不同境地。

沈昆是王国维在沪时旧友,1923年王国维北上,也曾作诗送别,"大事敢担当""补天或有权"[3]云云。挽诗中也有追忆:"饯公北上忆昔年,排日开筵具盘匜。虹口三老捧袂来,合社蹲蹲颜色喜。"挽诗措辞激烈,颇沉痛,但多是私情,对其道德学术并无评语。

邵瑞彭,民国时曾任众议员,"反对曹锟贿选,著声于世"[4]。虽然历任大学教授,但仍主要以词名,"清浑高华……传诵一时"[5]。其《吊王静安先生赋》是唯

---

1 卢前:《悼曹纕蘅先生》,收入曹经沅:《借槐庐诗集》,第271页。
2 李思清:《民国时期的"光宣文人"——以清史馆文人群体为中心》,《中国现代文学研究丛刊》2012年7期,第11页。
3 沈昆:《沈昆致王国维的诗》,马奔腾辑注:《王国维未刊来往书信集》,第92页。
4 龙榆生编选:《近三百年名家词选·邵瑞彭·小传》,上海古籍出版社,2012年,第227页。
5 叶恭绰选辑:《广箧中词》,傅宇斌点校,人民文学出版社,2011年,第406页。

——篇赋体悼亡之作,全文集中在"死"字上,却不言"忠",以"士不可以夺志"为核心出发点,最终"哀夫子之时命也"。整体来看造语艰涩,佶屈聱牙,以学问入赋,故实太多,并非上佳之作。

(四)情绪与判断:挽联考察

挽联的社交性和工具性往往更为显著。但在印刷文化影响下的民国语境中,挽联也不单是纯粹的私人文本。由于文体本身的限制,在表意生挽联作者往往会进行对仗或照应,面对王国维这样内涵丰富的人物时,更会生出很多联想与比附。纵观一百六十八副(算上华侨哀挽录中所收两副)挽联,不外乎三种情况:或全言"节义",或全言"学问",但更以"节义"与"学问"的并列结构为多。"绝学/高文""孤忠/大节"反复先后出现,立意上很难突破,在所使用的符号与意象群中更能见出异同:整体来看,虽然屈原、鲁仲连、陶渊明等人(节义)与郑玄、许慎、乾嘉诸老等人(学问)出场率很高,但王应麟、高攀龙、祝渊与桓郁、王通、桓荣等冷门人物也能帮助我们理解他者眼中的复杂的王国维形象,尽管有时失于偏颇。

由于挽联太多且质量参差,这里只选其中比较重要的一些进行讨论,特别是和王国维相交较深的作者,作为挽诗的补充。与挽诗相似,整个挽联文本系统中也充满激烈的情绪,发泄范围往往超出王国维之死本身。又因挽联本身"盖棺论定"的文体特性,多见从自身视野出发而进行的对王国维的判断。由于王国维为人深得"静""安"二字,挽联中对其为学的讨论张力更大。

先看未作挽诗的几位长辈所撰联语。陈宝琛(1848—1935)"死岂为名,蹈海沉湘同此愤;痛还自念,移山追日况吾哀。"陈三立(1853—1937)"学有偏长,与乾嘉诸老相抗;死得其所,挟鲍屈孤愤同归",二人作为长辈,用语收敛。柯劭忞(1850—1933)即"北门学士邀同死"[1]之学士,王国维推其诗为"当世第一",[2]挽联只有"臣义不再辱;天鉴此孤忠"聊聊几语,想来是五味杂陈,一时语塞。柯劭忞曾自谓云:"自顾儒臣,国亡无所苟,修故国之史,即以恩

---

1 陈寅恪:《王观堂先生挽词并序》,见陈寅恪:《陈寅恪集·诗集(附唐篔诗存)》,第16页。
2 吴宓记载"王静安先生于民国十四年尝语人曰:'今世之诗,当推柯凤老为第一,以其为正宗,且所造甚高也'",见吴宓:《空轩诗话》,见吴宓:《吴宓诗话》,第198页。

故国，其职也"，[1]或许曾参与修史一事，多少化解了他内心的道德危机。

再看几位同辈遗民圈人物所写。胡嗣瑗有挽诗，挽联亦有可观："平生所学为何？障此横流，唯君与天地立命；来日沉忧曷极？傑然后死，嗟我犹风波之民。"末语"风波之民"，极能道出遗民心境。罗振玉集吴梅村句"故人慷慨多奇节；书卷消磨绝可怜"，当时为人称道。[2]章梫（1861—1949）"其学少从德清俞曲园先生治经，入词馆后肆力于史，而其遭变匿处，泣念故国，有不可明言之隐"[3]，联长不录，但有"辛亥一辱"语，并未提冯玉祥逼宫。如果把"再辱"理解为"第二次受辱"而不是虚指的话，"一辱"当是冯玉祥军入京，因王国维涉入颇深："忠悫乃为详言逼宫状，为之发指眦裂。"[4]袁金铠云"伤心人别有怀抱；前头事执与斡旋"，所语隐晦，似是言小朝廷中诸事。

最后看几位重要的学界同道。吴宓之联"离宫犹是前朝，主辱臣忧，汨罗异代沉屈子；浩劫正逢此日，人亡国瘁，海宇同声哭郑君"历来流传较广，立意虽与众人无异，但造语平正，可称佳作。但用郑玄来比拟王国维，老辈学者若作此尚可理解，吴宓尚云此则还是未能真正理解王国维之学术，虽然在其他方面相知较深。相比之下，陈寅恪"十七年家国久魂销，犹余剩水残山，留与累臣供一死；五千卷牙签新手触，待检玄文奇字，谬承遗命倍伤神"的思路虽然类似，但没用具体的历史人物作比，不落窠臼。而他特别强调"谬承遗命"一事，情真意切，勾勒出现代学术史上非常重要的一次传承。

叶恭绰（1881—1968）云"春去世，谁知便到九原无曲处；陆沉天，亦醉忍看八表竟同昏"。无论"忠""学"，只是感慨世变，以景写情，笔致独到，是词人之语。而"春去世"堪称审美化了的"时代之音"，与王国维身前身后的落花诗系列紧密互文。容后细论。梁启超（1873—1929）写道："其学以通方知类为宗，不仅奇字译鞮，创通龟契；一死明行己有耻之义，莫将凡情恩怨，猜拟

---

1 张尔田：《清故学部左丞柯君墓志铭》，见汪兆镛编：《碑传集三编》，收入钱仪吉等编：《清碑传合集》，第4018页。
2 如王逸塘评罗振玉联"甚佳"，见王逸塘著，张寅彭、李剑冰点校：《今传是楼诗话》，收入张寅彭主编：《民国诗话丛编》第3卷，第285页。
3 刘承干序，章梫：《一山文存》，收入沈云龙主编：《近代中国史料丛刊》，第12页。
4 罗振玉：《集蓼编》，见罗振玉：《罗雪堂先生全集》续编第2册，台北：文华出版公司，1969年，第773页。

鹓雏。"梁启超1927年6月15日《给孩子们的书》云:"此公治学方法,极新极密,今年仅五十一岁,若再延寿十年,为中国学界发明,当不可限量。今竟为恶社会所杀,海内外识与不识莫不痛悼。研究院学生皆痛哭失声,我之受刺激更不待言了。"可作挽联的注脚。一来梁启超极佩服且了解王国维学问,因此"通方知类"一语甚为妥帖。二来他认为王国维之死因其"平时对于时局的悲观,本极深刻。最近的刺激,则由两湖学者叶德辉、王葆心之被枪毙"[1],而非"凡情恩怨"。曹云祥(1881—1937)当年罗致王国维入清华,其挽联"胸罗万卷书,铸史镕经,是梨洲亭林之流,国学赖保存,环顾当代大儒,首推此老;目击千里厄,愤时嫉俗,同贾谊屈原而逝,昆明竟自尽,太息及门多士,劻[2]失名师"则把王国维之死从殉清的意义上超脱出来,对其学术成就推崇备至,最后的落脚点在"名师"的身份上。乔曾劬(1892—1948)云"浮生颇惜须臾我;古意终怜绝代人",最有诗意,见艺术家兼诗人本色。

三 文本价值的再发现

以上章节透过文本内涵来关注"人物",下面则更多依据"人物"而回到书写与修辞本身。二者的关系只有侧重点不同的区别,而不能分开讨论。一方面,由屈原自沉而引起的伤悼文学传统和寄托对亡友哀思的传统诗学因素结合起来,造成了王国维挽诗的大量出现;另一方面,新文化、新文学之后的文学生产模式深刻变化,许多人没有选择传统的套路,或者说更注重撰写白话文章进行追悼,无论是从个人情感抒发的畅快还是引发社会影响的角度出发。因此,当旧体诗文从惟一的表达途径变为可选甚至是备选之后,挽诗写作本身就意味着一定的文化惯性与文学立场。

《哀挽录》作为私人刻本,代表着一种旧的传播方式;报纸、期刊等新媒体特别是大众媒体的出现对其构成颠覆性的挑战。尽管前者一直处于逐渐边缘化

---

[1] 丁文江、赵丰田编:《梁启超年谱长编》,上海人民出版社,1983年,第1145页。
[2] 《哀挽录》"劻"误"助"。

的过程¹,但二者又不是完全对立的:许多作者的挽作在两方面都有发表。这得益于许多对传统文学抱有期望的人开拓旧体诗词在现代报刊上的席位,如《青鹤》同人汤漪(1881—1942)所言:"就荒野以尽地力之所宜"。²

以下所作讨论,一来是对王国维挽诗系统进行文学性的、有文学史视野的判析,二来是对王国维之死本身作为文学事件而不是政治事件或学术事件进行梳理,主要针对与旧诗发生牵涉的部分,即对王国维身前身后"落花诗"脉络进行考察。

(一)"哀挽诸作之冠"的先声:孙雄挽词

少有研究者关心陈寅恪挽词的创作时间与过程,及其背后可能隐藏的互文影响的问题。唐筼录陈寅恪语:"王先生自沉后,余当日曾撰七律一首及一联挽之,意有未尽,故复赋长篇也。"诗后标举时间为"一九二七年秋"³。吴宓1927年10月3日日记:"夕,陈寅恪来,以所作《吊王静安先生》七古一篇见示。"⁴所作时间应在此前月间。而陈寅恪所作挽词的经典地位,很早就得到确立。吴宓《空轩诗话》第十二则云:"王静安先生自沉之后,哀挽之作,应以义宁陈寅恪君之《王观堂先生挽词》为第一""陈义甚高,而至精切""包举史事,规模宏阔,而叙记详确,造语又极工妙,诚可与王先生《颐和园词》并传矣。"⁵晚年这两篇并传之作更是成为吴宓最重要的精神寄托。⁶罗振玉寄陈寅恪信中也说:"……奉到大作忠悫挽词,辞理并茂,为哀挽诸作之冠。"⁷本文也持这一基本立场,而不论其是否真正反映了王国维之死的实际情况。⁸历来笺注者甚众,蒋天

---

1 孙志军:《现代旧体诗的文化认同与写作空间》,博士学位论文,华中师范大学,2004年,第65—68页。
2 汤斐予(漪):《青鹤别叙》,《青鹤》第1卷第1期,第1—2页。
3 陈寅恪:《陈寅恪集·诗集(附唐筼诗存)》,第12、17页。
4 吴宓:《吴宓日记》第三册,第415页。
5 吴宓:《空轩诗话》,见吴宓:《吴宓诗话》,第193—196页。
6 可参吴学昭:《吴宓与陈寅恪》(增补本),生活·读书·新知三联书店,2014年,第480页。
7 罗振玉:《罗雪堂先生寄陈寅恪书》,见《王静安国维先生纪念号》(国学论丛刊行),收入沈云龙主编:《近代中国史料丛刊》续编,台北:文海出版社,1968年,第239页。
8 也有不同意见。陈寅恪1953年癸巳秋夜诗自注回忆道:"寅恪昔年撰《王观堂先生挽词》,述清代光宣以来事,论者比之于七字唱",见陈寅恪:《陈寅恪集·诗集(附唐筼诗存)》,第99页。又如高阳谓"其诗既不佳,也不通""实有极大的苦心",并谓罗振玉"明知道陈寅恪骂他是邮寄,佯装不解,且致书大为恭维",见高阳:《清末四公子·陈三立》,台北:南京出版公司,1980年,(转下页)

枢、吴宓、高阳、卞僧慧、胡文辉、刘季伦等人皆有释解。下面不再讨论其文本，而是企图以文学史的视角，探寻其文本形成过程中所可能接受的影响。

作为王国维"遗命"的受托者以及后事的主要参与者，几乎可以确定陈寅恪在 6 月 16 日追悼会后、写作《王观堂先生挽词并序》前的几个月中，对王国维挽诗、挽联的情况有着全面的了解。所谓"意有未尽"，应不无受到其他诗文叙述刺激的因素。这些影响中又可能以孙雄挽词为代表。两篇作品的关系历来未受重视，孙雄诗文集亦难觅，因此全文录入孙雄挽词，以便参考。其诗多自注，摘出附于诗后。因其造语运典不繁且多自注，以下不再详加笺释，个别需要注解之处附于脚注。

昆明湖曲吊海宁王君静安

孙雄

孔子云志士仁人无求生以害仁，孟子言所恶有甚于死者、惟贤者能勿丧。吾因海宁王君静安之死，而忆及皋兰吴柳堂前辈[一]与桂林梁君巨川[二]，是皆能不求生以害仁、而知所恶有甚于死之义者。夫吴梁王三君所处之时与地不同，而皆可以无死，然竟视死如归；彼与人家国、谋人军师，分宜握节死绥致命遂志者，反靦颜而偷生，甚或作桀犬之吠，卖主媚敌以求荣者，何可胜道。宜乎如郑人之不狂为狂，多方吹毛以求死者之疵，昌黎所谓小人之好议论、不乐成人之美，固如是也。方今人道绝矣，饮食男女之欲纵恣至于无等，先民正直仁义之德摧残无遗，而争夺相杀之祸遂如燎之方扬，非至玉石俱焚不止。¹ 痛乎殆哉。静安之死，但云经此世变义无再辱，其词浑涵隐约，而其意弥可悲矣。世

（接上页）第 125—171 页。或见高阳：《高阳说诗》，沈阳：辽宁教育出版社，1998 年，第 80 页。又如钱仲联谓："全诗如白头宫女，细说开元，虽遣词为尽凝练，不足为病也。"见钱仲联：《梦苕庵诗话》，第 233 页。

1 知识阶层无论政治立场，对于辛亥之后的混乱局面，此论几成共识。如汪兆镛批评："至于今日，三纲堕，五典废，无人不图自私自利，于民生国计，懵然无所动于心。"见汪兆镛：《复王玫伯书》，汪兆镛：《微尚斋杂文》卷四，沈云龙主编：《近代中国史料丛刊》续编，第 96 页。梁漱溟：《吾曹不出如苍生何》："辛亥以来，兵戈迭兴，秩序破坏一次，社会纲纪经一度之堕毁，社会经济遭一度之斫丧。"收入梁漱溟：《梁漱溟全集》第四卷，济南：山东人民出版社，1991 年，第 524 页。

人不察，或谓别有原因，实为处境所厄，如新名词所云经济压迫者，又有援西人之说，诋自杀为无能力者，固属蚍蜉撼树之谭。即彼惋惜而赞叹者，或谓其平生著述，能洗尽从前国学家之通病，而别树一帜；夫国学浩深，新旧相互为益，今欲尽量褒许，遂将前贤概行抹杀，恐亦非九京所乐闻。或又谓静安为中国文士，故必以名节自立，以洗文士之耻；其言虽痛，窃恐亦未能得其真际也。因效梅村体，作长歌以抒余悲。

昆明湖水清且涟，红莲万朵礼白莲。孤臣坚白任磨涅，一暝幽怀照九泉。人生自古谁无死，死得其所光青史。无生久已慨苕华，延秋门侧乌难止。怀忠追步梁与吴，马伸桥[三]与净业湖。[四]五十余年三杰士，始知报国有真儒。皋兰心逐虞渊皎，末命王言悲眇眇。[五]遗直应褒卫史鱼，百身难赎秦黄鸟。桂林类稿语苍凉，天理民彝一线亡。[六]殉道丰碑峙潭左，我来凭吊几回肠。海宁绝学空流辈，王蒋齐名谐觳佩。[七]殷虚书契龟甲文，辛苦钻研逾廿载。上虞都讲有行窝，投分倾襟啸也歌。[八]一别繁霜盈两鬓[九]，惊飙落叶竟辞柯。南斋供奉高[十]黄[十一]侣，近代潘[十二]王[十三]堪继武。[十四]若论词林号外班[十五]，能成诗圣希工部。彝器蒐罗薛尚功，散盘盂鼎勘残丛。[十六]水经跋尾源流熟，唐代兵符绘画工[十七]。诸葛一生甘澹泊，寄巢鸲鹆清逾鹤。固穷俗客屏营蝇，耐静臣门可罗雀。鲍系从亡等坠瓜，有姜白马叹五家。芳馨空赋王孙草，零落谁怜帝女花。颐和园曲梅村体[十八]，连昌宫词漫相拟。长沙绝调悲广陵，八千子弟乌江水[十九]。龙王庙畔水潺潺，一跃曾无双履还。疑有灵旗迓天半，长留词话在人间。[二十]怀石灵均葬鱼腹[二十一]，文山揽揆追芳躅。[二十二]成仁正气烛九闽，辟恶军威祛五毒。我闻衣带有遗书，一死完贞返太虚。世变屡经无再辱，昆仑河水识归墟。[二十三]身后惟余书万卷，一贫如洗蚕无茧。高密柴桑戒子书，谨慎俭勤期实践。[二十四]吾侪偷活真堪羞，原伯赵孟哙等俦。[二十五]频年怕涉伤心地，萧飒陂塘五月秋。虞庠弟子泣如雨[二十六]，鱼藻轩前萍影聚。鸿毛泰岱漫评量，观堂集林自千古。[二十七]

[一] 可读。

[二] 济。

［三］柳堂先生自缢处。

［四］巨川自沉处。

［五］穆宗宾天时，不以兄终弟及为然，持顾命大臣高阳相国之手而泣谓："必为朕立嗣。"高阳因两宫圣宗旨已定，不敢言也。柳堂前辈之以死谏，实为此而发。[1]

［六］梁巨川《自书辛壬类稿后》云：辛亥革命如果真换得人民安泰，开千古未有之奇，则抛弃固有之纲常，而应世界之潮流，亦可谓变通之举。乃不惟无幸福可言，而且祸害日酷，观今日之形势，更虐于壬子年十倍。直将举历史上公正醇良仁义诚敬一切美德悉付摧锄，使全国人心尽易为阴险狠戾，永永争欺残害，无有宁日，而民彝天理将无复存焉，是乌可默而无言耶。

［七］辛亥以前，静安官学部，与蒋君伯斧相契洽。

［八］宣统初元，余与罗君叔言同任京师大学堂分科监督，屡往象来街叔言寓斋谭艺，与静安接晤，时共唱和。静安默默寡言，余与叔言伯斧辩论时，静安微笑而已。[2]

［九］文科大学弟一班学生毕业后，余因学风渐嚣，决意不入教育界，遂与静安久别。

［十］江村。

［十一］左田。

［十二］文勤。

［十三］文敏。

［十四］君因升吉甫制军，得供奉南书房。

［十五］从前不由馆选而转入词曹者，谓之外班翰林。君之入南斋，非常格也。

［十六］君有《散氏盘释文及跋》。

［十七］有《隋唐符兵图录》及《水经注跋尾》。

［十八］壬子癸丑，闻君《颐和园曲》七古，传诵一时。

［十九］长沙饶石顽亦有《颐和园词》七古，悲凉沉郁，有句云：十九信条初誓庙，八千子弟已临河。石顽后不得其死。

---

[1] 吴可读之死"终有疑问"，孙雄此说可参。见夏敬观：《忍古楼诗话》，张寅彭校点，张寅彭主编：《民国诗话丛编》卷三，第22页。
[2] 王国维之性格，众人所言皆大同小异。如容庚谓"先生沉默寡言笑，问非所知，每不置答"，容庚：《王国维先生考古学上之贡献》，见《燕京学报》第2期，第326页。

[二十] 君精研词曲，著有《人间词话》。

[二十一] 君于端午前数日始自沉，盖有追从屈子之意。今年湖广同乡于五月五日公祭屈子。

[二十二] 文文山生日为五月二日，君逝之前一日也。

[二十三] 衣袋中遗书前数语云：五十之年，只欠一死。经此世变，义无再辱。

[二十四] 遗书谓：我虽贫无财产，汝等但能谨慎勤俭，亦不至饿死也。

[二十五] 尝为《乐庵写书图》序云：今世之号为才智者，皆颥颥焉为朝夕之计。苟可以博一时之高名厚利者，虽祸其身及其子孙而不顾，其谨愿者率为原伯之苟、赵孟之偷。

[二十六] 闻北京大学及清华学校生徒多行哭失声。

[二十七] 君之诗文集曰《观堂集林》，六册。系蒋氏排印，用仿宋字体。君逝后厂肆书估，骤昂其值。

先来看两篇"可以见史才"[1]的诗序。孙序大约有两层意思：一来将吴可读、梁济、王国维并提，叹其儒者"视死如归"的报国精神，感方今道德败坏；二来论静安死因，驳斥众说"未得真际"。陈序则明显是对孙序语焉未详、意犹未尽之处的延展，或曰续篇，立场更加坚定，阐述更加理论化。对照而读，其起始之句"或问观堂先生所以死之故"也就不显突兀。两篇序文中都对时局深感忧患，不过一是"方今人道绝矣，饮食男女之欲纵恣至于无等，先民正直仁义之德摧残无遗，而争夺相杀之祸遂如燎之方扬，非至玉石俱焚不止"，描述现象；一是"近数十年来，自道光之季迄乎今日，社会经济之制度以外族之侵迫，致剧疾之变迁；纲纪之说，无所凭依，不待外来学说之掊击，而已销沉沦丧于不知觉之间"，解释原因。孙雄与陈寅恪对于"流俗恩怨荣辱委琐龌龊之说"的态度相同，称其为"蚍蜉撼树之谭"或"皆不足置辩，故亦不及云"。只是相比于孙雄对其他稍显合理的阐释有所保留的语气，陈寅恪更进一步，通过一系列假定与推论将王国维定义为"文化精神所凝聚之人"，言其"不得不死"。至此，两篇序文相互补充，互为表里，王国维之死的"意"被阐述得酣畅淋漓。

挽词本身则呈现了陈寅恪诗才对孙雄的压制，即使两人的侧重点有所不同。

1　陈寅恪：《陈寅恪集·元白诗笺证稿》，生活·读书·新知三联书店，2001年，第5页。

一方面陈寅恪有更多时间酝酿，一方面孙雄的确才力不逮，其勉力而作相去陈诗甚远。粗糙、杂乱之感比较明显，如"身后惟余书万卷，一贫如洗蚕无茧。高密柴桑戒子书，谨慎俭勤期实践"等，正犯了陈寅恪所忌讳的"滑"字之病。又如把"长留词话在人间"这样的学术成就置于自沉叙事中间，严重失序，有凑韵之嫌。"能成诗圣希工部"，对王国维诗学评价也偏离严重。[1] 甚或有"人生自古谁无死，死得其所光青史"几乎流于俗滥之语。虽号曰"梅村体"，但从诗史思维上看，小者如王国维避地日本、讲学清华之事皆无细叙，大者如时代骤变也未涉及。又转韵等诗艺层面来看，也难称佳作。自注虽多，夹杂叙事、议论却平平，多无必要。孙诗着重写自己熟知的王国维，且由于"一别未再见"，相交未深而显得无话可说，于是不停强调"死"字，支离破碎；陈诗则包举王国维一生遭遇与时代政治变迁甚详。

但孙诗仍对陈诗产生了很大影响。诗体上的承续关系自不必言，在具体的内容上，陈诗有时是对孙诗字句的转化，如"今日吾侪皆苟活"即源自"吾侪偷活真堪羞"无疑；有时是对孙诗赘语的整合，如将"殷虚书契龟甲文，辛苦钻研逾廿载"与"彝器蒐罗薛尚功，散盘盂鼎勘残丛"合并，变为"古器奇文日思量"；有时又是对孙诗语义的延展，或曰对其造语的诗性改造，如论述王国维早年成名，孙诗云"海宁绝学空流辈"，陈诗则云"入洛才华正妙年，渡江流辈推清誉"。

更显而易见的是，孙诗在许多层面上的缺失或错位直接刺激了陈寅恪的创作。王国维避地日本、讲学清华等重要经历均未被孙雄书及。孙雄所强调的"水经跋尾源流熟，唐代兵符绘画工"学术成就，也似乎有些不得要领。但这些错位也可作某种程度上的补充，如由"王蒋齐名"可知其在学部时学术交往情况等。

综上所言，如果我们把陈寅恪《王观堂先生挽词》作为经典文本来考察的话，孙雄此前所作《昆明湖曲吊海宁王君静安》就理应受到文学史视角上的重视，尽管作为文学作品而言并非上乘。

---

[1] 同样以此为喻的只有陈守谦，挽诗云："天宝才人伤杜甫。"陈守谦是当年与王国维、叶宜春、褚嘉猷一起"里人目为四才子"的"惟一赴悼致祭的少年友人"，见陈守谦：《祭王忠悫公文》，《王国维先生全集·附录》，第5400页。陈鸿祥：《王国维传》，第19页。

(二)私人化与公共化的取舍：挽诗系统的整体评估

哀挽之作因其文体属性，本来并不十分适宜文学性的考察，历来也未受特别的重视（悼亡诗例外）。由于死者身份特殊且引起社会种种议论[1]，王国维挽诗系统整体呈现了一种独特的两种叙事角度的对立及融合，在此称之为私人化叙述和公共化叙述。两者的区别在于个体情感的介入程度，也影响着挽诗在书写修辞意义上感染力的强弱。当然，挽诗作者本身的诗学修养与风格亦相当重要。

挽诗中有如下三类，整体水平高出。一是学人之诗，以陈寅恪为代表；二是专攻旧诗之作者所作，以黄节为代表；三是以清史馆文人为中心的光宣文人所撰[2]，以杨钟羲为代表。与王国维关系的远近，成为挽诗水平的主要影响因素；但关系疏远之人完全站在远观的视角抒写一身感慨，也有一流之作。即使是关系亲密之人，所作上佳之诗也必须与王国维保持一定距离。私人情感与公共叙事的双重要求必须拿捏得当，这非常考验挽诗作者的诗学造诣。

学人之诗此处不再讨论。在专攻旧诗的作者中，郑孝胥是闽派领军，论者曾评海藏楼"尤工哀挽"[3]，比照之下，此诗感情甚为寡淡。或许与此时和罗振玉等人之政治分歧有关。汪辟疆谓"近三十年中，清室彭亲，以诗画词章有名于时者，莫如溥贝子儒"[4]，溥儒之作可当其名。其挽诗特别是后来所作六首七绝，没有单纯地为"死"字所限制，情语与景语达到融合之境。黄节是一时名家，陈衍评其诗曰"清婉""闲雅""苍老"[5]，陈三立评曰"格淡而奇，趣新而妙"[6]，黄濬谓"致力宛陵、后山极深，笔极刚峭，晚年始多为五言古体，取径大谢"[7]，时人比为"江上湘灵，独弹瑶瑟"[8]，挽诗虽不如其他诗作风格突出，但也使人有如见其人之感。

---

1 如张尔田谓："比阅杂报，多有载静庵学行者，全失其真，令人欲呕。呜呼，亡友死不瞑目矣！"见张尔田：《呜呼亡友死不瞑目矣——张孟劬复黄晦闻书》，见陈平原、王风编：《追忆王国维》（增订本），第80页。
2 李思清：《民国时期的"光宣文人"——以清史馆文人群体为中心》，第1—14页。
3 郑孝胥：《海藏楼诗集》前言，第7页。
4 汪辟疆：《光宣以来诗坛旁记·溥心畬》，见汪辟疆：《汪辟疆文集》，第593页。
5 陈衍：《石遗室诗话》，张寅彭、戴建国校点，张寅彭主编：《民国诗话丛编》卷一，第367、293、335页。
6 赵元礼：《藏斋诗话》，李剑冰校点，张寅彭主编：《民国诗话丛编》卷二，第270—271页。
7 黄濬：《花随人圣庵摭忆》，第45页。
8 汪辟疆：《光宣以来诗坛旁记·近人诗评》，见汪辟疆：《汪辟疆文集》，第599页。

周善培是"今之陈同甫、叶水心一流人物""苦吟成癖""不多作，然每作必有独到语"[1]。其挽王国维诗立意虽无甚特别之处，但遣词不落俗套，属对颇工，堪称一流之作。同样为官有为的王树枏是"河北派"，"古诗则步趋杜韩"[2]，陈衍曾为其诗作序云"历少陵、嘉州所历之地，为少陵、嘉州所为之诗"[3]，评价甚高。但所作王国维挽诗则相当平常，只是偶尔一处造语，如"横流何处葬斯文"等，能观其功力。

在新文学、新文化占强势地位的语境下，诗社、词社成为联结旧文人的重要形式。吴盛青肯定了诗社及其活动在强化联系，提供抒发被压抑、阻塞情感机会的功能[4]，而时代背景的动荡更是在很大程度上刺激了旧派文人结社活动。如杨钟羲曾为淞社作序，不无无奈地感慨道："非海内风尘，中原板荡，吾与诸君子安得搏沙不散，如今日之多且久哉。"[5]在挽诗作者中，活跃于诗社词社的人不在少数，且其中许多人通过这样的方式建立了联系。

杨钟羲"颇与江左诗人相习"，"所作《圣遗诗集》，情韵绵远，思深味永"[6]，邓之诚谓"其诗最为当行"[7]。挽诗虽不能体现其风格，但更显其功力不凡，富有张力。孙雄1919年举瓶社于天津[8]，也是虞社、漫社成员[9]。时人评价不一，如林庚白云："生平好附庸风雅，略能为骈文，于诗词皆为门外汉"，郑孝胥也有诗讥讽[10]，钱仲联亦不喜其诗，谓其"鹭技铃医，自诩圣手"[11]。但也有交好的诗

1　王逸塘：《今传是楼诗话》，见张寅彭主编：《民国诗话丛编》卷三，第269页。
2　汪辟疆：《近代诗派与地域》，见汪辟疆：《汪辟疆文集》，第298页。
3　陈衍：《石遗室诗话》，张寅彭、戴建国校点，张寅彭主编：《民国诗话丛编》卷一，第203页。
4　Wu shengqing, "Contested Fengya: Classical-Style Poetry Clubs in Early Republican China", Ed. Kirk A. Dendon and Michel Hockx, *Literary Societies of Republican China* (Lanham, MD: Lexington Books, 2008), pp. 16.
5　周庆云辑：《淞滨吟社集甲集一卷乙集一卷》，民国四年刻本，收入《清末民国旧体诗词结社文献汇编》第十册，第367页。
6　汪辟疆：《近代诗派与地域》，见汪辟疆：《汪辟疆文集》，第306页。
7　邓之诚：《邓之诚文史札记》，第109页。
8　孙雄编：《瓶社诗录二卷》，民国八年铅印本，《清末民国旧体诗词结社文献汇编》第九册，第111—177页。
9　钱玉仁等辑：《虞社菁华录三卷》，民国二十年铅印本，《清末民国旧体诗词结社文献汇编》第十五册，第277页。张朝墉等撰：《漫社集二卷》，民国间铅印本，《清末民国旧体诗词结社文献汇编》第二十册，第384页。
10　林庚白著，张寅彭校点：《孑楼诗话》，张寅彭主编：《民国诗话丛编》第6卷，第123页。
11　钱仲联著，张寅彭校点：《梦苕庵诗话》，张寅彭主编：《民国诗话丛编》第6卷，第290页。

友,如同是挽诗作者的马仲莹赞云:"选楼补诗史,大雅长留存"[1]。孙雄的乡人费行简斥之为"文人之无耻者也",讥诮他"尝纂《诗史》,乃藉以宣上德,并表扬达官贵人,故诗史成而雄之月俸以增",但虽然"散体文尘俗拉杂,一字不可通",却"工骈俪,能诗"[2]。其挽诗上文已有充分讨论,此不赘语。

林葆恒"工诗词,性好游览""闲谈处颇近姚合"[3]。春音词社、沤社、须社都有参与,且创作甚多,[4]《午社词》中也有多首词作[5]。挽诗难脱浮滑之病,即使其用意深沉。遍览挽诗作者,曹泾沉、曾学孔在青溪诗社[6],章钰、周学渊、林葆恒、胡嗣瑗、唐兰都在须社,作品收入"烟沽渔唱"七卷。孙雄、杨钟羲、林开謩、胡嗣瑗、林葆恒、曹经沉、郭宗熙、周学渊都在蛰园吟社[7],彼此之间或多或少都有联系,王国维之死对他们来讲无异于一次更大规模、更具冲击力的诗题唱和,只是突破了时间、空间上的限制。

(三)春去世:王国维之死与"落花"诗

"落花"之咏是中国古典文学中一支抒情传统,在新旧过渡的语境下又被赋予了不同的意义,与时事交织起来,值得文学史注目。围绕王国维自沉,有多首"落花诗"交缠在一起,甚至一直影响到陈寅恪晚年之诗。[8]此前少见系统论述,近来胡晓明《落花之咏:陈宝琛王国维吴宓陈寅恪之心灵诗学》[9]可参,但侧重理论。因论题所限,以下着重讨论与王国维之死直接相关的部分。

据吴宓记载,"王静安先生(国维)自沉前数日,为门人(谢国桢字刚主)

---

1 马仲莹:《寄怀孙师郑雄先生》,收入天津城南诗社撰:《快哉亭诗词》,民国十五年至十六年粘贴本,见《清末民国旧体诗词结社文献汇编》第四册,第159页。
2 费行简:《近代名人小传》,收入沈云龙主编:《近代中国史料丛刊》,第408—409页。
3 陈诗:《尊瓠室诗话》,林建福、张寅彭主编:《民国诗话丛编》卷二,第101页。
4 林立:《沧海遗音:民国时期清遗民词研究》,第257、266、280页。
5 午社辑:《午社词七集》,民国二十九年铅印本,收入《清末民国旧体诗词结社文献汇编》第一册,第297—397页。
6 关赓麟编辑:《青溪诗社诗钞第一辑》,民国二十五年仿古书局铅印本,《清末民国旧体诗词结社文献汇编》第十二册,第315—318页。
7 郭则沄辑:《蛰园击钵吟二卷》,民国二十二年铅印本,《清末民国旧体诗词结社文献汇编》第二十四册,第259—261页。
8 余英时:《陈寅恪晚年诗文释证》,收入余英时:《陈寅恪晚年诗文释证》(增订版),台北:东大图书股份有限公司,1998年,第180页。
9 胡晓明:《落花之咏:陈宝琛王国维吴宓陈寅恪之心灵诗学》,《安徽师范大学学报(人文社会科学版)》2014年第5期,第546—560页。

书扇诗七律四首,一时竞相研诵。四首中,二首为唐韩偓(致尧)之诗。余二首则闽侯陈弢庵太傅宝琛之《前落花诗》也。兹以落花明示王先生殉身之志。为宓《落花诗》之所托兴"。[1]现将两首诗录如下:

> 生灭原知色即空,眼看倾国付东风。唤醒绮梦憎啼鸟,罥入情丝奈网虫。雨里罗衾寒不耐,春阑金缕曲方终。返生香岂人间有,除奏通明问碧翁。

> 流水前溪去不留,余香驰荡碧池头。燕衔鱼唼宁相厚,泥污苔遮各有由。委蜕大难求净土,伤心最是近高楼。庇根枝叶从来重,长夏阴成且小休。

针对这两首诗,黄濬云:"亦有本事,先生未尝详述其寓意。以余测之,大抵皆为哀清亡之作,自憾身世。"[2]王国维早年诗作如《蚕》等,均有渗透了叔本华哲学思想的"生死"表述。[3]在中年学术兴趣转移之后仿佛隐匿起来,偶尔流露在词作中。至死意已决,又重现于旧诗之中,只是假托于他人之诗而已。

吴宓的托兴之作《落花诗八首》序曰:"古今人所为落花诗,盖皆感伤身世。其所怀抱之理想,爱好之事物,以时衰俗变,悉为潮流卷荡以去,不可复睹,乃假春残花落,致其依恋之情。近读王静安先生临殁书扇诗,由是兴感,遂以成咏。亦自道其志而已。"诗长不录,亦是表达社会时代与个人理想遭际的冲突。诗成之日,正是王国维逝世一周年。于是有了另一首五律总结全篇,题云《六月二日作落花诗成,复赋此律,时为王静安先生投身昆明湖一周年之期也》,诗曰:"心事落花寄,谁能识此情?非关思绮靡,终是意凄清。叹凤嗟尼父,投湘吊屈平。滔滔流世运,凄断杜鹃声。"

值得注意的是,张尔田1928年《题雨僧落花诗后》云:"应有高枝果落时,近前粉黛已纷披。早拼绛蜡同寒烬,忍委红蚕与断丝。常是开迟那易谢,便教空谴更难持。情知此恨人间别,怊怅吴郎锦段辞。"下面有一段自注道:"尊诗凄泪哀断,读之辄唤奈何。宗教信仰既失,人类之苦将无极。十年前曾与静安言之,相对慨然。静安云,中国人宗教思想素薄,幸赖有美术足以自慰。呜呼,

---

1 吴宓:《吴宓诗话》,第197页。
2 黄濬:《花随人圣庵摭忆》,第78页。
3 陈永正:《王国维诗词笺注》,第79页。

今竟何如耶！"¹ 在与黄节的信中，张尔田再次提到王国维的这番观点："又尝谓读古书当以美术眼光观之，方可一洗时人功利之弊。"² 从审美的、抒情的层面来体味落花诗，以及整个挽诗系统，或许正是对王国维之死限于一时一地的沉重意义的超越。

王国维之死，在几乎所有挽诗叙述和追忆文章中，都充满了政治性或文化内涵，沉重无比。站在各种立场的论者借此加以阐发，很多时候难免会有目的性、功利性，尽管动机或是不坏的。本章所想强调的是，在其遗产中值得反复体味的，还有抒情的诗学部分。叶恭绰挽联有"春去世""陆沉天"这样感事与抒情交融之语，正可作为王国维之死本身蕴涵或隐喻的个体与时代间的诗性关系。

结　语

1918年梁济投水自尽，"经过长时间的预备"，也"预测了世人可能的各种反应"，但影响"并不算大""且限于特定的社群"³。与梁济相比，王国维似乎亦可作为另一个"道德保守主义含混性的实例"⁴，两人虽然"分别代表两个时代的文化保守主义者的极向选择"⁵，但后者自杀之举却造成了更为普遍的社会震动。1929年梁启超之死，"舆论界似甚为冷淡"⁶。吴宓为之打抱不平，且与王国维作对比，云："梁先生为中国近代政治文化史上影响最大之人物，其逝也，反若寂寞无闻，未能比于王静安先生之受人哀悼。吁，可怪哉！"⁷ 各种偶然性因素夹杂在一起，造成了王国维之死的特殊影响。陈平原谓："关系亲近的人之制造

1　吴宓：《吴宓诗集》，第174—175页。
2　张尔田：《呜呼亡友死不瞑目矣——张孟劬复黄晦闻书》，见陈平原、王风编：《追忆王国维》（增订本），第81页。
3　罗志田：《对共和体制的失望：梁济之死》，《近代史研究》2006年第5期，第3—10页。
4　林毓生：《论梁巨川先生的自杀——一个道德保守主义含混性的实例》，收入林毓生：《中国传统的创造性转化》（增订本），生活·读书·新知三联书店，2011年，第233—240页。
5　沈卫威：《回眸"学衡派"：文化保守主义的现代命运》，人民文学出版社，1999年，第271页。
6　张其昀：《悼梁任公先生》，见夏晓虹编：《追忆梁启超》，中国广播电视出版社，1996年，第120页。
7　吴宓：《吴宓诗话》，第199页。

'神话',本身便是一种很值得关注的'事件.'"[1]本文把关注点放在了未被重视的挽诗写作上,试图呈现出一时挽诗作者的群体图景,发掘这场公共事件中曾被忽略的声音和细节,最后将王国维之死看作一场文学史现象。

回顾本文的论述,可以粗略得出以下几点结论:

一、在遗民圈的广泛联系及其自杀不可否认的政治道德性,在学术界沟通"新""旧"的特殊身份,造成王国维身后哀荣,特别是挽诗的大量出现,而反过来挽诗系统又以不同于白话文章的特征和方式,对王国维的形象与自杀原因进行带有各自目的和立场的书写和阐释,是不可忽视、值得进一步研究的重要文本;

二、在承认挽诗作者身份复杂性的前提下,将其大致分为"遗民政治圈""学术界""旧派诗人与词人"三个大部分进行对比,并且在各自范围内对作者身份相类的挽诗作细读:情真意切之作与标榜应酬之作区别明显,即使是背景相近的挽诗作者对王国维也有相当不同的理解,庞杂多样、差距很大的喻体与意象选择非常有力地证明了"过渡时代"的涵义,而几乎所有挽诗表达的情绪都超出了王国维之死本身的范畴;

三、以私人化与公共化的纠缠为特征,王国维挽诗群整体上在文学性上达到了一定的水准,尽管个别质量参差不齐。旧学修养很深的学者与旧体诗坛的重要人物都参与进来,不同的诗学风格得到充分展现。作为收束和巅峰的陈寅恪挽词,受到了孙雄挽词的重要影响,一直被研究者忽略。王国维之死除了沉重的政治、文化象征意义,还具有很强的个体层面的抒情性,身前身后的"落花诗"谱系值得注意。

1976年,时隔半个多世纪,夏承焘(1900—1986)泛舟昆明湖,有词一首,可视为老一辈哀挽王国维的余音。词云"但怪书城倦客,为谁误赋投湘"[2],吟咏再三,引人感慨万千。本文也以此作结:无论王国维究竟是"为谁"而死,被赋予了多少复杂的意义,"书城倦客"或许更能得其本真。

---

1 陈平原:《"学者追忆"丛书总序》,陈平原、王风编:《追忆王国维》(增订本),第3页。
2 夏承焘:《天风阁词集前编》,见夏承焘:《夏承焘集》第4册,杭州:浙江古籍、浙江教育出版社,1998年,第246页。

吉泽诚一郎教授访谈录

戴海斌采访整理（复旦大学历史学系副教授）

采访时间　2014 年 8 月 22 日下午 16:00—19:00
受访地点　东京大学文学部东洋史研究室（法文 2 号馆 2119）
受采访者　吉泽诚一郎（1968—），日本群马县沼田市人，1991 年东京大学文学部卒业，1995 年东京大学大学院人文科学研究科东洋史学专攻博士课程中退，任东京外国语大学亚非语言文化研究所助手。2000 年获东京大学文学博士学位。现为东京大学大学院人文社会系研究科准教授。主要从事中国近代社会史研究。代表著作有《天津の近代：清末都市における政治文化と社会統合》（名古屋大学出版会，2002）、《愛国主義の創成：ナショナリズムから近代中国をみる》（岩波書店，2003）、《清朝と近代世界 19 世紀—シリーズ中国近現代史①》（岩波新書，2010），主编有《近代中国研究入門》（东京大学出版会，2012）。
采访者　戴海斌，上海社会科学院历史研究所副研究员；殷晴，东京大学人文社会系研究科硕士研究生

戴海斌（以下简称"戴"）：吉泽老师，您好！很荣幸能够对您做这一次访谈。主要想请您谈一谈个人求学、治学方面的一些经历和经验。中国国内有不少读者对您的研究感兴趣，也希望了解目前日本学界研究中国近代史的情况。

吉泽诚一郎（以下简称"吉泽"）：谢谢！我尽力回答您的问题。

戴：那就先从您什么时候开始接触中文或中国历史谈起吧。

吉泽：我是 1987 年高中毕业，从家乡来到了东京，进入东京大学，也就是

在驹场的教养学部。¹ 那个时候东大有规定，本科学生必须选择学习两种外语。英文当然是第一外语，这没有问题，第二外语我选择的是中文。那时候和现在的情况完全不一样。现在选择中文的人很多，但当时选中文的是少数派。选择德语的人最多，第二大概是法语。听说最近是西班牙语最受欢迎。现在的学生不太重视哪种语言对自己来说最重要，选课的最大的动机是容易拿学分。（笑）

戴：所以您学习中文时，同学也很少？

吉泽：当时学中文的人在慢慢增加。我是八七年进入东大，前一年也就是八六年，选择中文的人数大概有四十到六十左右，八七年增加得多，接近一百了。我们有一种说法叫"文科三类"，即东大的文科有三类，文科一类是法学，二类是经济学部，三类是文学部。来本乡²的时候，我还想再考虑一下自己最想学习的东西。

戴：这是在教养学部完成前两年学业之后，面临的选择。

吉泽：对。东大的制度非常有特色，其他学校没有这种制度。

戴：您对中文和中国史产生兴趣是在进入大学后发生的吗？

吉泽：也不是。我念中学的时候，就非常喜欢中国古典，比如《史记》《论语》、唐诗一类的东西。这在日本叫做"汉文"。在日本的教育制度里，把汉文作为国语的一部分，另外两部分是日本的现代文和古文，这个"古文"是指日本的古典。那个时候我非常喜欢汉文古典，在家里找到了一本《十八史略》。³ 江户时代的日本人很喜欢这本书，我也非常喜欢。上大学之后，我对历史学有兴趣，对社会学、文学也有兴趣。东大的学风就是这样的。刚刚入学的时候，我还没有决定（具体选择什么方向）。

戴：真正有学习东洋史的想法是两年之后分科的时候吗？

吉泽：其实我本科三年级时候的专业不是东洋史，而是日本史。（笑）

戴：为什么？

吉泽：并没有什么深刻的看法。我本来就对日本史有兴趣。还有一个原因，

---

1 东京大学驹场校区，凡东大本科学生，第一、二年级均属于教养学部，只分大类为文ⅠⅡⅢ、理ⅠⅡⅢ，至三年级始按专业分班，教养学部即在驹场校区。
2 东京大学本乡校区，东大文学部所在地。
3 《十八史略》，元代典籍，基本内容是按朝代顺序，以帝王为中心叙述上古至南宋末年史事，在明代为畅行的书塾读本，并东传日本，产生较大影响。

当时在驹场,有一位義江彰夫先生,是非常有个性的日本史老师。通过和他的交流,我对日本史感到比较强烈的兴趣。

戴:那是怎么转到东洋史的?

吉泽:我三年级的时候就在这个房间隔壁的日本史研究室学习,但那个时候还没有决定毕业之后做什么工作。当时日本的经济情况非常好,毕业以后去保险公司呀、银行、贸易公司之类的地方,总之找工作很容易,工资也非常高。不过我还是喜欢做研究,所以念三年级的时候还是在考虑以后做研究工作。如果研究日本史,我慢慢感到一些不太满意的地方。因为在日本,日本史的基础比较坚固,成果很多,学风太细,研究的对象也越来越小。我感觉未来的研究空间比较小,但研究中国史的话,更有意思,可以开发新的(领域),能做的事情会比较多。

戴:我插问一句。在您那个时期,既然日本经济比较好,选择留下来做研究的人多吗?文学部的毕业生中,留校做研究和进入社会工作的比例大概是多少?

吉泽:大部分毕业之后都去工作了,基本上都是在民间公司。1980年代,大学毕业以后,还继续研究的人不太多。(笑)到了90年代后半期,那时候找工作有点困难,所以毕业后继续研究的人比较多。当时毕业的人现在大概三十多岁,正是刚刚拿到博士学位或者是开始寻找教职的时候。

戴:这种现象倒可以和中国相比较。在中国,像您这样60年代出生的这一辈学者也比较少,当然我们有自己的原因,和日本的情况还不大一样。

吉泽:是的。60年代出生的人,做学术的不太多。所以我的学长和学姐很少。我是六八年出生,刚刚参加滨下(武志)老师的课程时,留学生过半,日本学生很少。当时还有饭岛涉,他是1960年出生的,是我的学长。

戴:请介绍一下您开始学习东洋史时,东大的师资情况。当时还有哪些老师?

吉泽:那时候在驹场有并木(赖寿)教授。他是1988年来驹场,所以我在本科二年级时认识了并木老师。那个时候他大概四十岁左右,算年轻的老师。村田(雄二郎)老师也在,大概三十岁出头,非常年轻。我二年级的时候参加了村田老师的中文课,他提供的教材是冯友兰的《三松堂自序》。

戴:当时东大中国史研究的格局和现在一样吗?

吉泽:基本上差不多,驹场和本乡两边都有。本乡有文学部,岸本(美绪)

老师是1989年从御茶之水（女子大学）来到东大的，那时候我三年级，虽然是日本史的学生，但也听了她的课。其他还有一些中国古代史的老师。另外，东洋文化研究所（简称"东文研"）也有研究中国史的老师，滨下（武志）老师就是那里的。

戴：您上研究生时候的指导老师是谁？

吉泽：是滨下老师。但是滨下老师基本上不在日本，大部分时间是在海外。（笑）研究所的老师一直是这样，现在也是。需要说明的是，当时我在文学部，东文研本身没有学生，所以研究所的老师和文学部的老师一起带学生。现在也是如此。

戴：我看您的《天津的近代》这本书的"后记"，提到您博士论文的主审是滨下老师，副审是岸本、黑田老师。

吉泽：对。我念硕士研究生一年级的时候，滨下老师去了美国一整年，没有课。二年级的时候他在香港，每个月回来，在东文研开一次课。

戴：所以见到滨下老师的场合比较少。

吉泽：（笑）所以滨下老师的学生也都参加岸本老师的课。川岛真可以说是我的学弟，他的指导老师也是滨下老师。

戴：研究生阶段受哪些老师的影响比较大？

吉泽：主要就是滨下老师和岸本老师，这两位都很有个性。滨下老师比较重视国际交流。1980年代，中国的学术界慢慢开放，开会的时候经常邀请滨下老师做报告。据说滨下老师本来不太会讲中文，那个年代的老师没办法来中国留学，岸本老师也没有留学的经验。但是后来滨下老师经常去中国，所以当东大老师之后，他的中文能力进步非常快。这是一个传说。（笑）岸本老师比较重视细读中文史料，这是比较传统的办法。当时我们看的资料是清代一个官僚张英写的《恒产琐言》。

戴：主要训练史料阅读。

吉泽：对，主要是史料课，她的课一直是这样。

戴：主要是老师讲还是和学生互动比较多？

吉泽：日本的研究生教育基本上是专题讨论（seminar）的形式，基本上没有讲课，本科的话讲课比较多。岸本老师采取的是这边东洋史教学比较传统的方法。

戴：是不是和学生数量也有关系？

吉泽：那时候参加岸本老师课程的研究生大概有十多个人，不算太多。如果超过二十个人的话就太多了。现在听说有三十多个人一起上课的情况，这样就太多了，顾不过来。

戴：课堂之外还有和老师交流的机会吗？

吉泽：在日本，尤其是东京的学术界，一个非常好的地方是重视研究会。我念研究生的时候经常参加的是辛亥革命研究会。那时候野泽丰教授、久保田（文次）教授等老一代都在。这个研究会从很早就开始了，一直持续到90年代，年轻人也很喜欢参加。会场基本上都在东京女子大学，但参加者并不是来自某一两所固定的大学，是一种跨学校的研究会。

戴：而且研究会还会办刊物。

吉泽：有，辛亥革命研究会办过《辛亥革命研究》。野泽丰老师的贡献非常大。除了辛亥革命研究会，民国史研究会、中国现代史研究会都是野泽丰教授创办或者是以他为核心的。他后来还创办了《近きに在りて》(《近邻》）杂志，影响很大。

戴：我看这本杂志，发现里面的作者覆盖的世代很宽，有老一代学者的文章，也有像您以及比您更年轻的学者的文章。

吉泽：是的。就日本学界来说，在60年代到70年代受到政治的影响，产生了一些矛盾。有一些学者称赞"文革"的伟大，也有一些人对此提出批评。所以当时日本的中国史研究，尤其是近现代史研究者当中有比较深的分裂。野泽丰和久保田（文次）老师可能对"文革"提出怀疑，但像其他一些学者就会对文革表示支持。80年代发生了围绕"五四运动"的论争，一部分人认为"五四"是中国近代史和现代史的分期，也有人持不同意见。当时的人讨论得很厉害。野泽丰教授以及其他的一批学者，他们的立场是不太愿意完全按照中国官方的看法进行研究。对于年纪比较大的、现在刚刚退休的那一批学者来说，当年学者之间的关系可能不太愉快，受政治影响比较大。但是对于60年代之后出生的学者就没有这种事情。

戴：这种政治对学术的影响，每个时代都有。像您这个世代的学者基本上对此是不参与或者说不关心？

吉泽：嗯—怎么说，比较复杂。中国的 80 年代末事件对日本学界很有影响。1990 年代以后，我们比较重视客观的看法，和中国的交流也越来越多。我们比较重视中国的现实。

戴：比较能够保持距离地看中国？

吉泽：是的。二三十年以前，关于中国的信息很少，留学中国的人也非常少。当时中国和日本没有正式的外交关系，所以留学也比较困难。80 年代前半期开始，去中国留学的机会越来越多。饭岛涉教授就是在非常年轻的时候去了中国留学，京都大学的石川（祯浩）教授也是在本科的时候就去了中国。

戴：他们是最早的一批有留学经验的中国史学者。包括村田（雄二郎）教授去的也很早，大概是 1982 年。

吉泽：是的。

戴：回到研究会的话题。除了研究会，日本还有学会吧？

吉泽：日本有很多学会，比如说史学会，从明治时代就有。史学会的对象是史学全部。史学会每年 11 月的时候开年会，我也经常参加。但是只是一年一次而已。

戴：《史学杂志》是史学会的刊物吧？

吉泽：对。我念硕士研究生的时候，把我的毕业论文修改后投稿到《史学杂志》，所以我最早发表论文就是在那里。其他的学会还有很多，比如历史学研究会，虽然叫"研究会"，但其实是一种学会。这个会本来是比较重视马克思主义的、左派的学会，现在久保亨教授是会长。

戴：东大还有中国社会文化学会？

吉泽：对，这是很有特色的，不仅史学，包括了多个学科。最初是东大的沟口雄三教授提倡的，他比较重视"学际"（跨学科）的研究方法。

戴：我在本乡东文研旁听了今年社会文化学会的年会，刚好有岸本美绪教授作报告，我发现同时报告的，除了史学，还有文学和法学的。[1]

---

1 中国社会文化学会 2014 年度大会以"中国的规范与道德"为讨论主题，本年 7 月 6 日在东京大学东洋文化研究所举行了主旨报告会，现场报告的有以下几位：铃木贤（北海道大学）:《中華人民共和国法の論理と構造》；中村元哉（津田塾大学）:《中華民国憲法制定史 — 憲政と德治をめぐって—》；山口守（日本大学）:《パラダイムとしての中国文学》；岸本美绪（お茶の水女子大学）:《德治の構造—寛容の在り処を中心に—》。

吉泽：在日本，研究东南亚的有东南亚学会，研究非洲的有非洲学会，研究印度的有南亚学会，都是包括历史学、经济学、人类学等多个学科的。但由于研究中国的学者非常多，所以没有规模那么大的学会或者研究会。这或许是沟口教授的意图所在。

戴：其实中国的研究者也面临跨学科的问题，但和日本情况又不大一样。外国研究中国，可以有"中国学""汉学"或者"支那学"这样的说法，以整个中国为研究对象，并且有意想打破学科壁垒，但就每个具体学科而言，又会有自身的学科本位意识。您作为历史学者，对此怎么看？

吉泽：这不是一个简单的问题。对于我来讲，我比较重视我的史学认同。史学是有比较明确的、特定的研究对象的，比如英国史或者德国史，而且要学习研究对象的语言。但是经济学、社会学就不一定。

戴：您怎么看待其他学科的研究方法？

吉泽：比如说，研究中国经济的人，内心可能有一点矛盾。他们重视经济学的普遍性，但是在研究中国经济的时候，中国特色的现象也比较多。学政治学的人，即便能深入把握理论，也没有办法了解中国的具体问题。做社会科学的人，大概都有这种内心的矛盾吧。

戴：大学时代读西方著作吗？受影响比较大的社会科学是什么？

吉泽：我上学的 80 年代，在日本学界比较流行的是法国的后现代理论，比如米歇尔·福柯。另外，我自己因为研究社会史，所以比较喜欢看社会学理论，比如说社会调查方法。东大有社会学系，我参加了他们的社会学实习，就是一种田野调查的训练。

戴：去了哪里做田调？

吉泽：去了千叶县做调查问卷。我们带着问卷到各个住户的家里，向他们提问题。

戴：这个经历对您后来做天津的研究有什么帮助吗？

吉泽：基本上没有直接的关系。但是在利用民国时期中国社会学者的调查报告时，当时的经验对于理解史料是有帮助的。

戴：大学时代在中国发生了政治局势的变化，对您有什么影响？

吉泽：80 年代末，我上学期间发生的事件，对于老学者来说这是很大的冲击,但对于我来说并没有很大的影响。

戴：您是91年大学毕业直接升入研究生,毕业论文题目是什么?

吉泽：我的本科毕业论文就是研究晚清时期的天津。

戴：当时怎么想到做这个题目?

吉泽：80年代的时候,研究城市史的人很少。那个时候,老学者主要关心农村问题或者与政治运动相关的问题。那时候研究中国近代史的人,大概都用"革命"或者"人民斗争"这样的说法。从城市问题分析中国近代化的思路在日本学界很少。有一批人按照现代化理论进行研究,但是我不太同意那种方法。我的本科毕业论文题目是天津的警察问题。当时研究城市史的人比较重视商业化,或者是从西方进口的新东西、民主思想的发展等等,简单说就是比较重视现代化的进步方面。但是我可能受到了福柯的影响,感到近代化也有控制民众的一面,包含着权力的问题。那个时候在日本学界很少有人提出这样的问题。

戴：也就是对现代化的反思。

吉泽：是的。现在中国也有这个看法,但那个时候在日本很少。

戴：现代性反思也要具体问题具体分析。中国的城市和城市之间也很不一样,比如上海的权力结构就很特别。

吉泽：是的。那时研究上海的学者也有一些,比如有上海史研究会,以小浜正子教授为核心。但是很少有人研究其他城市。那时候我偶然在东文研看到了晚清时期《大公报》的影印本,感觉很有意思,于是就选择天津作为研究对象。其实没有非常深刻的考虑。(笑)

戴：关于天津,也有一个专门的地域史研究会?

吉泽：是的,天津地域史学会。那是1991年成立的,第一次报告会上,我做了报告。在上智大学,有一位美国籍学者Linda Grove,中文名叫顾琳。她本来研究河北高阳的棉布问题,和天津学界的关系非常密切。参加天津地域史学会的学者比较少,我们有时候和上海史研究会合作或交流。1990年代日本的中国近代史学界,城市史开始成为比较流行的题目。

戴：这种趋向和当时的日本史研究是否有关系?

吉泽：会有一点关系。城市史是日本史研究中成果比较丰富的一个领域。在我读本科时,东大的日本史研究室有一位非常有名的日本城市史学者,吉田伸之先生。我听了他的课，受到很大启发。

戴：您第一次去天津是什么时候？

吉泽：我第一次去中国是1988年。那是本科二年级的暑假，我想自己一个人去中国看看。那时直接飞到北京或者上海的机票太贵，所以我首先到香港，再从香港去北京，又去了沈阳、大连。

戴：跑了很多地方啊。那时对中国有什么样的印象？

吉泽：感觉很有意思。社会、制度跟日本很不一样。那个时候我对中国的了解不够，中文也不太会，但是很多中国老百姓帮助了我。

戴：旅途顺利吗？

吉泽：当时买火车票很困难。（笑）我首先从香港到广州，然后从广州坐火车到北京，然后去了大连。再从大连坐船到上海，从上海坐船回到神户。当时感觉买火车票非常困难。

戴：第一次正式留学是什么时候？

吉泽：我念研究生的时候还去了中国几次。第二次去中国是1991年，硕士研究生一年级，那时候第一次去了天津，但只是看一看，不算正式留学。正式留学是1994年，博士研究生二年级，去了南开大学历史系留学。本来我要长期在那边学习，但9月份到天津后不久，我就找到了东京外国语大学研究所的助教工作，所以1995年3月份回国，在天津只待了半年多。

戴：您在南开的指导老师是？

吉泽：陈振江老师。陈老师主要研究义和团问题。

戴：在南开留学期间，有哪些印象深刻的事情？

吉泽：那时我去找张利民老师，请他介绍我到天津社会科学院找资料。1993年张老师来过东京一年，当时我们已经有交流了。除此之外，我在天津市档案馆也找了一些资料。那时的天津还保留着老城，现在都没有了。天津开发比上海晚一点，所以那个时候还是保持着晚清、民国时期的面貌。天津的老城地区，在90年代的时候多都被破坏了，所以19世纪时期的风貌早就没有了，但晚清新政到民国时期的房子还有，租界那边也还没有商业开发。

戴：可能您去天津后不久，中国大规模的城市化运动就开始了。您在天津看到的，刚好赶上了最后那几年。

吉泽：是。那个时候的天津城虽然不太干净，或者说不太好看，但是我觉得还是应该保留它本来的样子。

戴：谈谈您看到的中国学界的情况。

吉泽：那个时候中国的学生开始追求赚钱，历史系学生听课的时候偷偷学英文。（笑）

戴：90年代初是中国学术界最萧条的时候。

吉泽：对。据说，一部分老师也开始想要下海。

戴：您当时和中国学生一起上课？

吉泽：我听了本科生的课。印象比较深的是侯杰老师。他研究中国的秘密社会问题，课上会介绍各种秘密社会的口诀。那一部分我听不懂，可能中国学生也听不懂。（笑）陈振江老师是河南人，口音很重，他的话有时候我也听不懂。

戴：天津话怎么样，听起来困难吗？

吉泽：天津方言不算是普通的河北方言，听说天津话受到安徽方言的影响。

戴：您博士没毕业就找到了工作？

吉泽：那个时候没有问题。现在的情况完全不一样了，没学位的话没办法找到工作。我的老师，滨下老师、岸本老师都没有博士学位，到今天也没有。当时比较传统的方法是，学者在50岁左右的时候会出版比较厚的代表作，然后把这个代表作作为博士论文提交，拿到学位。所以50岁才拿到博士学位，这是过去比较普遍的办法。

戴：现在基本上是和欧美接轨了？

吉泽：是的。90年代开始，日本文科慢慢引进欧美那种重视博士学位的制度。各个老师的指导方针不太一样。滨下老师比较强调早一点写博士论文、拿博士学位，因为他和国外学者交流比较多，知道没有学位的话在海外会有不便。所以滨下老师的学生大概都拿到了博士学位。（笑）

戴：您的博士论文通过答辩是在2000年？

吉泽：是的。

戴：那么中间的过程就是一边修改博士论文一边工作？

吉泽：那时候我在东京外国语大学亚非语言文化研究所（The Research

Institute for Languages and Cultures of Asia and Africa,简称"AA 研")工作。这个研究所的气氛非常自由,研究所没有学生,也不要教学,作为助教任务很少。AA 研的制度很有意思,有一种有趣的制度叫"助手投入"。本来在日本研究亚非地区的学者不太多,比如印度、中东、非洲之类的地方,过去去那里长期留学比较困难。所以 AA 研会选择比较优秀的助教,把他们"投入"到现地,让他们学好当地的语言。这是 60 年代的情况。80 年代以后,留学普遍化,比如研究缅甸的人,念研究生的时候也会有机会去缅甸留学。我们研究所一个研究缅甸的助教就说"我不想再去缅甸,研究生的时候已经去过两三年了",于是他去了英国找资料,因为缅甸是英国的殖民地。像这样,制度本来的意义,也在被慢慢改变。所以我也可以去英国留学。在 AA 研时,去过英国牛津大学一年。又去过台北中研院近代史所访问进修一年,我在那里的指导教授是黄福庆老师。

戴:您当时的研究题目有没有受到研究所的规定?

吉泽:没有。规定的工作是有的,但是很少。那个时候我感觉非常自由。

戴:您是什么时候到东大的?

吉泽:2001 年。

戴:就是取得博士之后的一年。

吉泽:是的。

戴:博士论文很快就出版了。

吉泽:是的,2002 年出版。日本的博士制度有两种,一种是课程博士,还有一种是论文博士。论文博士是比较传统的做法,老学者都是通过这种途径拿博士学位。我在学校念博士的时间只有两年左右而已,大概没有拿课程博士的资格。一般应该是学习三年才有资格拿课程博士。当时最优秀的人,也有硕士毕业之后直接到东洋文化研究所当助手的情况。现在东大文学部的小岛毅教授就只有硕士学位。东大法学部也很有趣。本科毕业后,一些特别优秀的人会拿到助教的职位,所以这些人的学历只是大学毕业而已,连硕士学位都没有。以前在文学部中国思想文化研究室的佐藤慎一教授,他是丸山真男的学生,从东大法学部本科毕业后就当了助教,所以学历只是大学毕业而已。90 年代是一个过渡期,有些还是按照以前那种比较传统的办法来培养学者,但也有渐渐改变的动向。

戴:您也没有经历过"非常勤"的阶段吧?

吉泽：没有。

戴：现在很难了。

吉泽：是的。现在的助教大概都有任期，三年左右。但是我在东京外国语大学当助教的时候是没有任期的。（笑）

戴：您在东京外国语大学的时候，有和其他研究中国史的学者合作或者交流吗？比如研究义和团运动的佐藤公彦教授。

吉泽：东京外国语大学也是非常特殊的大学。大学里面有两个单位，一个是研究所，一个是外国语学部，佐藤教授是在学部教书。研究所和学部的关系不太密切。研究所里研究中国近代史的学者是我的上司，Christian Daniels 教授，中文名叫唐立，是从澳大利亚过来的学者，也是从东京大学的东洋史博士毕业的，所以他很会日语也很会中文。他本来研究中国近代制糖业的问题，然后开始研究云南的历史，基本上都在昆明。他还很会泰语，是个语言天才。

戴：您是到了东大之后才开始指导学生的？

吉泽：是的。

戴：开过什么课？

吉泽：本科有一个讨论课。本科的课程我比较重视读资料，每年选择一种资料来一起读，大概是清末或者民国时期的史料。此外还有讲义课，叫做"特殊讲义"，由老师自己选择每年的课程主题。我有时候会讲中国近代民族主义的起源，也讲过中国近代思想史的主要问题，又或者是中国农村社会研究方法等等。我不讲中国通史之类的课程。

戴：在东大有通史类课程吗？

吉泽：没有。可能其他的大学会有，但是东大没有。至少我没有讲过。

戴：所以开什么课，由学者根据自己的研究专长来决定？

吉泽：对，差不多是这样。

戴：在开共同读史料的课程时，主要注重哪方面的训练？

吉泽：首先是要了解找资料的工具，比如怎么在工具书、网络上查找典故。还会讲到看资料的一些技巧，如何理解资料背后的意义。这个学期我在本科的讨论课上选择了《筹办夷务始末》。我们一行一行地仔细读资料，我会讲这个时候李鸿章提出某个主张，有什么样的背景，看起来他好像在说什么，真正的意图又是什么，等等。看资料的时候，需要看到背后的意思，这当然很难，但也是解读资料时必须具备的能力。

戴：如果只有这种专题性质的课程的话，学生对于中国历史的普通知识从哪里来呢？

吉泽：在日本，学生念高中的时候都会学习世界史。东大的学生大概是优秀的，所以对高中课本应该能有所把握。读文言文的能力也应该在高中的汉文课上受到一定训练。

戴：您带过留学生吗？

吉泽：我念研究生的时候，来日本拿博士的留学生比较多，滨下老师的课上一半以上都是留学生。大概是2000年以后，留学生开始减少。在中国大陆拿博士学位大概是三四年吧，但是来日本要多花很多时间，大概至少五六年。可能中国大陆的研究生不太愿意来日本拿博士。台湾也有它具体的原因。本来在台湾做台湾史有一点政治上的困难，另外要做台湾史的话，培养日语能力也十分重要。所以80年代来日本做台湾史的人比较多。但是最近在台湾本岛，研究台湾史的水准越来越高，不太需要来日本留学了。留学生现在有也是有的，但我感觉减少了一些。

戴：关于留学的问题，一方面是学制比较长，另外还有语言障碍。我印象当中，来这边留学的学生，日语专业出身的比较多，这当然是留学考试的优势，但要从事历史研究的话又会有一个重新学习的过程。

吉泽：是的。我每年收到很多中国学生的电子邮件。他们大概本来都是从日语系毕业的，想来东大留学。他们会日语，但是这和做历史研究有差别。现在我比较忙，各种杂务比较多，所以不能照顾那么多人。中国国内历史系本科毕业的，来这边不太多，可能他们大多愿意在中国拿博士，因为会比较快。

戴：您在培养学生时，会比较注意哪些方面？因为东大有它自己的教学传统。

吉泽：我很看重学生的个性。我的主要要求比较简单，日本学生必须要学中文和英文，另外研究生期间一定要去海外留学。假如不太想去中国（大陆）的话，去台湾、美国、英国都可以。出国是非常重要的经验。日本有日本学术界的传统，但是各个国家都有自己的传统，我感觉学术界的"相对化"是非常重要的。日本的学术传统当然有保存的价值，但不是绝对的。

戴：作为日本研究中国史的学者，会有一种紧张，比如我听到有的学者说，要研究中国，就要学会像中国人一样思考，在您的著作中，您好像也提到要重视对"中国的内面"的理解，不过也有很多学者注重自身的立场，强调外国人研究中国史的意义，正在于区别于中国人研究本国史。您怎么看这个问题？

吉泽：日本人研究中国都是从外面看中国，这是当然的事情。但是看中国学者的著作时，如果不太了解中国的学术传统，就看不到文字背面的东西。所以留学经验非常重要。侯杰老师的课我听不懂，但"听课"本身也是十分重要的。看其他学生上课的时候做什么，也十分重要。这些都是学术背景的一部分。日本学者当中有各种各样的人，价值观不太一样，各人感兴趣的方面也不太一样。在我看来，发挥自己的个性是非常重要的。中国学者里，各人的立场和价值观也是多种多样的。

戴：日本学术界现在也鼓励个性发展吗？

吉泽：我尊重各个学生选择自己的题目。很多中国学者会把研究题目提供给学生，但是我不太喜欢这样的做法，还是希望学生根据自己的个性选择自己的题目。研究方法上也是如此，尽量让各人自己找自己需要的资料。当然学术界内部有自己的规矩，这是老师应当教给学生的比较重要的事情。最近日本理科方面有小保方（晴子）事件，我觉得这就是学问规矩的问题。老师需要教会学生遵守某一底线。

戴：您的研究关注面比较广，涉及的时段也比较长。这样的治学取向是个性使然，还是有什么别的原因？

吉泽：（笑）我来东大之后不得不把握很多事情，因为我要指导很多学生。有的人要做乾隆时代的天主教，有的人要做共产党的农业政策，有人要做民国时期的知识分子问题。所以指导学生的时候我自己也要学习那一方面的知识。还有，我上课的时候，特别是给本科生上讲义课的时候，需要把自己的眼光放宽一点。来东大以后，我慢慢改变了自己本来的关注点。

戴：这和东大的特殊环境有关系。

吉泽：是的。此外还有一些偶然的情况。比如我有一个朋友叫黑岩高，他在武藏大学教书，研究中国回民的历史。我和他一起申请了科研项目，拿到了研究费。这个项目去年刚刚结束。我们去中国的回族地区做实地调查。我本来就对中国的少数民族有兴趣，但做这个研究主要是我的个人关系。去年，我在大阪做了一个报告，主题是民国时期中国的羊毛贸易问题。这是社会经济史方面的题目，但和刚刚说的回民调查也有关系，因为当时的羊毛商人以回民为主。而羊毛出口的重要港口又是天津，所以和天津也有关系。这是我研究题目不断发展的一个例子。

戴：在结束天津的课题之后，接下来有什么主要的研究计划？

吉泽：最近我最感兴趣的是辛亥革命时期的皇帝问题。很多人认为袁世凯称帝是因为想要强化自己的权力，但我觉得他那时的民国总统权力已经非常大了，为什么还要追求帝制这条有些危险的道路？以前的研究有一些说明，但我感觉还是不够。民国已经是共和国了，但辛亥革命前后有很多计划，比如梁启超说的虚君共和，他的看法是君主和共和可以并立。当时英国有国王，日本有天皇，所以说那个时代，认为国家需要君主的看法也是比较普遍的。我申请了一个研究项目，已经拿到了研究经费，从今年开始研究清末民初的君主问题，准备写一本书。袁世凯当时的顾问是美国人古德诺（Frank Johnson Goodnow），下周我要去美国找古德诺的个人档案。另外，西北的问题也还要做，但西北好远，研究角度的选择也有困难，所以我想要慢慢研究这个问题。

戴：我注意到，除了个人的专业研究以外，您还写过一本岩波新书系列的《清朝与近代世界》。

吉泽：是的。那一本书现在比较好卖。很多高中学生和老师，或者是普通的对历史感兴趣的人都可以参考那本书。

戴：在专业论文之外，您会尝试做一些史学普及的工作。

吉泽：有时候会根据报纸记者的要求，做一些访谈。另外，我在放送大学上课，和其他两位老师合讲中国历史。我的部分是从明代讲到胡锦涛。

戴：岸本（美绪）老师之前也讲过类似的课程。这是东大东洋史的一种传统吗？

吉泽：那不一定。岸本老师很厉害，她从商周的上古时代写到毛泽东，一个人写，好厉害！除了写教材，我还要录电视节目。录像太麻烦了。每次需要讲43分钟，不多不少，超过时间就不行。（笑）

戴：您对这些工作的态度是什么？一般学者认为做好自己的工作就可以了。

吉泽：这是把学术界的成果提供给日本社会普通民众的工作，是非常重要的。在日本研究中国历史，这是我们不得不做的任务。另外一个任务，是我们编写高中世界史的教科书。我写的大概是从鸦片战争到胡锦涛的历史。

戴：是什么性质的教科书？

吉泽：日本的教科书都是民间公司出版，文部科学省审查。我编的是帝国书院出版的教材。高中的世界史教科书，现在大概有十几种。选择用哪种教科书的权力掌握在各个学校的老师手里。

戴：作为中国史研究的专家，您会利用这种身份对中国现实问题发言吗？

吉泽：基本上没有机会写关于当代中国的文章。（笑）因为我不是当代中国研究的专家。

戴：比如说，我想到冈本隆司先生写过《近代中国"反日"的源流》[1]，这是一本有很强现实关怀的书。

吉泽：是的。不过，冈本先生那本书里写的主要还是历史吧。我本人也有些写这类书的可能性，如果有合适的机会。但是，关于当代中国的问题，以及将来中日如何发展，诸如此类问题，大概不大需要我写这样的文章吧。我要做的事情已经太多，没有这样的精力和时间。我是研究历史的，只能拼命做这一个方面的工作。

戴：在日本是不是也有不同类型的学者？在中国，学院里面也有"公知"一类对现实问题特别热衷和喜欢发言的学者。不同的学者有各自的定位和选择。

吉泽：这大概关系到学者社会责任的问题。在日本社会当中，知识分子的作用不算很大。举一个例子，60年代的时候，东大经济学部的老师大多都是马克思主义者，很喜欢读《资本论》，但他们对政府里的人没有什么影响。那时经济学部的毕业生基本都在日本的大企业工作，可以说是大力推进了日本资本主义的人。日本政府基本不受学术界的影响，但基本尊重学者做学问的自由。日本学者在政治方面的作用非常小。我们学者没力量。（笑）

戴：从您开始研究中国史，已经有十几年的时间了。这段时间里，中国的研究也发生了变化，对此，您有何印象或感受？

1　岡本隆司：《中国"反日"の源流》，東京：講談社，2011年。

吉泽：研究中国近代史的中国人当中，有一批非常优秀的学者，可能外国人怎么努力也赶不上他们。但中国学界也有一些问题，尤其是年轻学者，我感觉他们对前人研究的重视不够。日本学界非常重视先行研究的梳理。中国大陆的学术出版现在非常盛行，每年我都看到很多新书，几乎都来不及看，但不少作者不太重视整理前人的研究。他们有时声称自己发现了一份"新"档案，提出了一个"新"问题，但我会觉得，这真是新的吗？

戴：相关的问题是，随着技术条件的进步，现在能找到的史料越来越多了，但是如何利用又变成了一个问题。

吉泽：是的。现在认真考虑这个问题的人还不太多。

戴：从中国国内的研究现状来看，存在一个问题，历史是需要大量积累的学科，但现在很多研究者过早就进入了专题研究，"找资料"代替了"看书"，没有能力顾及这个专题背后或以外的部分。

吉泽：这关系到学问基础的问题。日本也有这个问题。现在还有研究题目分散化的倾向。有的人只关注自己的研究问题，对其他人的研究不感兴趣。这个问题我也没办法解决，但是我们当老师的，需要让学生留意到更宽广的领域，这是身为教师的责任。不然，每个人都只是想做自己的那个小问题，那是不行的。

戴：谢谢您的回答。殷晴还有什么问题可以补充吗？

殷晴（以下简称"殷"）：您刚才提到本科三年级的时候还在学习日本史，那是什么时候转到东洋史的？

吉泽：本科四年级，是岸本老师刚开始讲课的时候。

殷：对学生的"放养"是东大特色吗？

吉泽：这个可能是滨下老师的个人特色，不算是东大传统。（笑）滨下老师和岸本老师的老师是田中（正俊）教授，他是非常严格的人，听说他每周的研究生讨论课都是从上午开始，一直到晚上七八点才结束。学生们都希望早点结束，可以吃饭。（笑）滨下老师和岸本老师年轻时，应该都参加过那门课程。

殷：因为我读您和冈本老师合编的《近代中国研究入门》[1]，后面附录的作者座谈会纪要里专门谈到了"放养"，觉得很有意思。

1　冈本隆司、吉澤誠一郎编：《近代中国研究入門》，東京：東京大学出版会，2012年。

吉泽：（笑）京都大学可能会有"放养"的办法，东大不一定。比如驹场的并木（赖寿）教授是比较"放养"的，不太干预学生。"放养"是有"放养"的好处，但老师就不需要了吗？（笑）所以我是一边尊重学生的个性，一边完成老师自己的角色。

殷：您上本科时如何获取关于中国史的基本知识？比如哪些书是必读的，或者哪个版本的辞典特别有用。

吉泽：我说了，那个时候学长学姐很少啊。和岸本老师接触的机会比较多，常常去向她请教。我也会听滨下老师比较宽广的观点，很有启发性。当然也会抓住机会，和同年龄辈的学者交流。

殷：日本学界有很多"研究案内""研究入门"一类的书，而且都是有地位、有成就的专家写的，这对于初学者很有用。在中国就很少这类书。

吉泽：对。这也是日本的一个特色。

殷：您刚才谈到了要尊重学者的个性。您如何看待个性和历史客观性之间的平衡？

吉泽：在我看来，所有好的历史学著作都有作者的个性。当然写论文、写书时也要遵照一定的规矩。历史重视客观的分析，但没有个性的话就不是好书。这大概是历史学的特征，其他的社会科学在这方面的冲突不会这么厉害，这也正是历史学有趣的地方。

殷：您觉得自己作品的个性是什么？

吉泽：这个我自己可不敢讲，你看怎么样就是怎么样。（笑）

殷：在《爱国主义思想的创成》一书的"后记"里，您专门提到了梁启超的影响，可以理解成您在写书时有与梁启超的"共鸣"吗？

吉泽：梁启超在日本的时候是30岁左右，正好和我写那本书时的年龄接近。他对上一代人有一些不太满意的地方，那时的我可以了解梁启超的立场。那篇"后记"大概就算是有个性的地方了，没法客观地说明。（笑）

【附识】2008年3—8月、2014年4—9月，笔者曾两度在东京大学大学院综合文化研究科进修访学，多受教于吉泽诚一郎教授。今次幸蒙俯允，顺利进行了访谈。又，目前就学于东京大学人文社会系研究科的中国留学生殷晴为访谈提供了帮助，一并致以谢忱！